U0906513

温儒敏谈读书

温儒敏　著

商务印书馆
创于1897 The Commercial Press

图书在版编目（CIP）数据

温儒敏谈读书 / 温儒敏著．—北京：商务印书馆，2020（2023.9 重印）
ISBN 978-7-100-18021-4

Ⅰ．①温… Ⅱ．①温… Ⅲ．①读书方法—青少年读物 Ⅳ．① G792-49

中国版本图书馆 CIP 数据核字（2019）第 290993 号

温儒敏谈读书
温儒敏 著

商 务 印 书 馆 出 版
（北京王府井大街 36 号 邮政编码 100710）
商 务 印 书 馆 发 行
北京艺辉伊航图文有限公司印刷
ISBN 978-7-100-18021-4

2020 年 2 月第 1 版 开本 880×1230 1/32
2023 年 9 月北京第 7 次印刷 印张 11½

定价：39.80 元

目录

语 文 教 育 与 读 书

应当把阅读放在首位*

阅读：快乐至上

语文教学通常讲“听说读写”，哪一样最重要？“读”最重要。应当把阅读放在首位。现在那种一切指向高考的语文教学和阅读教学，是很枯燥、很累人的，难怪很多学生中学毕业了，也没有读过几本书。阅读对他们来说不是一件优雅有趣的事情，他们没有形成阅读的爱好与习惯。这样的语文课即使把学生送进了大学，也不能说是成功的。

学生的阅读与社会大环境密切相关，当今我们的社会阅读状况令人担忧。最近北京统计局调查，北京市民阅读时间相当少，不敌上网看电视的时间。调查涉及 1500 户居民，3733 人，

---

* 本文根据笔者 2009 年前后在几次“语文教学与阅读”研讨会上的讲话整理，发表于《中国教师报》2009 年 8 月 21 日。

年龄15—74岁，发现城镇人均可支配时间4小时21分，其中平均看电视1小时53分，上网32分钟，读书包括读报纸杂志通通加起来才22分钟，占可支配时间8.4%。农村更少，人均每天阅读时间只有8分钟，占3.5%。而打牌打麻将的时间超过阅读时间，为14分钟。可以说在我们的公民生活中，阅读的地位仍然很低，我们的社会没有多少书香味。

在这样一个不爱读书的环境里培养学生阅读爱好，难度可想而知是非常大的。就像希腊神话中那个推着大石头上山的西西弗，费了很大力气把巨石推上山，随时又可能滚下来。但我更欣赏把热心儿童阅读事业的老师与出版家喻作"点灯人"，他们在如此艰难的条件下仍然抱有理想，希望搞好儿童阅读教学，推进青少年的课外阅读，让新的一代公民能养成良好的阅读习惯。

关于学前儿童及小学低学段的阅读问题，我觉得总的还是要减负，把其他方面加给孩子的负担减少，阅读也注意适量，不要太多功利性阅读。孩子们负担实在太重，除了教育体制（比如高考、中考、择校，等等）的制约，更严重的是社会上对儿童与幼儿教育可能存在误区。要推进儿童阅读，千万不要一窝蜂搞"提前量"，不要增加儿童的负担。对孩子而言，阅读应当是快乐至上的。现在有一个口号，大家都似乎认可和习惯了，就是"不要输在起跑线上"。这个观念极大地影响和制约着千百万家长，让他们紧张。我认为这是错误的口号，并没有经过科学的论证。一个人的成长不是短时间的，是十几年几十年的，就如同跑马拉松，一开始在起跑线上就绷那么紧，能跑下来吗？可是这种似是而非的观念，几乎成为“集体无意识”了。

目前我们对学前儿童及低学段学生的阅读还缺少科学的研究，需要整合多学科来共同完成，给千百万家长一些可靠的认识。儿童阅读很重要，但其重要性在于让孩子快乐健康成长。在儿童阅读问题上，我们再也不要被类似“不要输在起跑线上”的“集体无意识”误导了。

阅读：兴趣的培养是前提

阅读教学除了学习知识，提高能力，还有更重要的目的，是培养高尚的读书习惯，把阅读作为一种基本的生活方式。一个人成年后不管从事什么工作，无论贫穷富贵，如果没有读书的习惯，甚至基本上不怎么读书，就很难实践终身教育，也很难提升自己的素养。阅读习惯是给一生打底子的事情。那么怎样才能培养阅读习惯？特别是在一个缺少读书氛围的环境里，如何让我们的下一代有读书习惯？关键是先要引发“兴趣”。

阅读教学，包括课外阅读，一定要把激发兴趣放在首位。老师费了很大功夫，教了多少年，可是学生对阅读仍然缺乏兴趣，那这样的语文教学就是失败的。

最近北京大学语文教育研究所进行全国招标，实施 11 个调查项目。其中一个是由张杰老师主持的关于北京市中学生课外阅读情况的调查。调查表明，初中有 78％的学生表示喜欢课外阅读，可是到了高中，兴趣就减少了，只有 36％的学生喜欢阅读。更令人惊讶的是，高中三年居然只有 32％的学生完整读过 1—5 本课外书。小学与初中的阅读大都是老师要求和指定的，其中也不全是学生的爱好，而高中要应对高考，读书受到限制，阅读兴趣就递减了。无论什么原因，都无可否认现今中小学生的阅读兴趣培养仍然面临很大困扰。如果高中毕业了还没有读书的习惯与爱好，日后要培养兴趣，难度就更大了。

现在社会生活节奏紧张，儿童生活节奏也跟着紧张，社会竞争的紧张感转移到儿童这里来了。小学生除了繁重的作业，还要参加各种辅导班，还要学琴、学画画、学书法……负担太重，而家长老师又不断灌输竞争意识，很多儿童的阅读兴趣不是越来越高，而可能是越来越低。本来一般小学三四年级进入阅读兴趣的“高值段”，现在到六年级就落入“低谷”了。而初中的阅读兴趣比小学低，高中又比初中低。儿童的阅读现状不容乐观。

值得注意的是，还有几样因素在制约和削减学生的阅读兴趣。一是电视，二是游戏，到中学阶段都大量侵占读书时间。北京市的调查表明，中学生花在读书、电视、游戏这三样的时间差不多。此外，还有一个相当普遍的原因，就是家长老师不让孩子“看闲书”。所谓“闲书”大都是课外书，是学生自己选择的书。

事实上，不让读“闲书”就意味着扼杀读书兴趣。道理很明白：太过功利性的阅读（主要面对考试），目标过于明确和死板的阅读要求（比如一定要求学生做笔记，或者就是为了提高作文成绩，等等），不但不能提升学生的兴趣，反而可能煞风景，扼杀读书兴趣。所谓“闲书”也不必过于强求限制，应当给学生一点选择的空间。要求太严格就适得其反。记得我上初中时也没有什么课外阅读要求，当然那时考试也不像现在这样要命，所以我们阅读是比较随意的、散漫的，主要按照自己兴趣选择。那时我读了大量小说如《三侠五义》《七侠五义》《隋唐演义》《包龙图断案》之类，结果阅读习惯与兴趣都培养起来了，也不见得就受到多少不好的影响。所以对学生阅读的目标不能太功利，让他们少读教辅，多读一些“闲书”、课外书，也可以是“好读书不求甚解”。家长和老师不必过多干涉。只有自由阅读，才能引发兴趣，培养习惯。

还有一个阅读兴趣的“拦路虎”就是教辅类书。目前小学生特别是中学生读教辅花费的时间很多，比如读“作文书”，越读越添加“匠气”，也越没有读书兴味。在应试教育还不能彻底摆脱的情况下，要求完全拒绝教辅不太实际，可是能否调和兼顾一些？起码小学和初中阶段少读一点，让孩子们多读一些优秀的课外读物。

语文课本来应该是能养成阅读兴趣的，人文的、感性的、审美的内容，都会在个性化的阅读中唤起灵性和兴味；但如果只是瞄准考试，纯粹是应试的技能性的培训，甚至连课外阅读也全都纳入考试的目标，那就容易扼杀了兴趣。在应试教育还不可能完全取消的情况下，最好还是要兼顾一些，除了“为高考而读书”，适当让孩子们保留一点自由阅读的空间，让他们的爱好与潜力在相对宽松的个性化阅读中发展。反过来，阅读面宽了，人文素质高了，也是有利于考试拿到好成绩的。每年那些高考“状元”，大都是比较喜欢读书，而且阅读面也比较广的学生。

分级阅读与阅读教学理念的更新

与中学生阅读比较，儿童阅读当然要有更细致的指导。要注意分级阅读，根据儿童不同年龄段的心智发展程度，从引发培养趣味入手，在什么年级读什么书，有个大致的安排。由浅入深，不断扩大范围，逐步让出一部分属于孩子们自由阅读的空间，培养他们的阅读兴趣与习惯。

有些学者认为随着年龄段的变化，学前儿童与小学生阅读大致可以分为几个阶段，即：摇篮童话阶段、民间故事阶段、寓言阶段、童话阶段，还有故事阶段、传记阶段、文学阶段、思索阶段，等等。这些划分有点琐碎，不一定准确，但说明阅读确实应当考虑适合不同年龄段儿童的心智发展水平，阅读兴趣的培养也要充分考虑到阶段性。

关于阅读教学的问题，我认为最重要的是阅读教学理念的更新。应当强调在阅读教学中尊重孩子的天性，激发学生的好奇心、求知欲，培养想象力。阅读除了获取信息、认识世界，还有一个重要功能，就是发展思维，获得审美体验。阅读应当是学生的个性化行为，要珍视和鼓励学生独特的感受、体验和理解，不应完全以教师的分析来代替学生的阅读实践。当然也要防止用集体讨论代替个人阅读，或远离文本过度发挥。考试评价要把课外阅读情况考虑进去，要注意评价学生的情感体验和创造性的理解，鼓励学生自主选择优秀的阅读材料。阅读教学应注重培养学生具有感受、理解、欣赏和评价的能力。这种综合能力的培养，各学段有所侧重，但不应把它们机械地割裂开来。在理解课文的基础上，提倡多角度的、有创意的阅读，利用阅读期待、阅读反思和批判等环节，拓展思维空间，提高阅读质量。

“课改”之后，不少老师为了突出教学的人文性目标，放松了对各个学段的阅读训练。其实阅读能力还是需要训练的。课程标准那些基本的要求不应当放弃。小学各个学段的阅读教学都要重视朗读和默读。应加强对阅读方法的指导，让学生逐步学会精读、略读和浏览。优秀诗文的诵读与背诵非常重要。具体来说，小学一、二年级，主要引起并逐步培养孩子喜欢阅读，感受阅读的乐趣；学习有感情地朗读课文；而且从这时候起就学习默读，背诵优秀诗文。三、四年级的默读要有一定的速度；要开始学习浏览，扩大知识面；诵读诗文注意让学生通过语调、韵律、节奏等体味作品的内容和情感。五、六年级应当养成默读的习惯，并能较熟练地运用略读和浏览的方法，扩大阅读范围；能利用图书馆、网络搜集自己需要的信息和资料，帮助阅读。

以上是义务教育语文课程标准的基本要求，做到就不容易了，不必层层加码。如何达到这些基本标准，每位老师都可以发挥主动性，根据学生实际情况来决定教学方法。

另外，要注意引导那些对阅读缺少兴趣的学生克服阅读障碍问题。为什么阅读兴趣和习惯培养不起来？除了负担重等原因，可能还有心理因素。比如阅读时紧张，没有轻松的心境；阅读速度太慢，总希望每次阅读必有收获，欲速则不达；有的孩子自卑，不敢在课堂上朗读；还有的孩子特别在意别人的看法，生怕读错了引起同学笑话；等等。现在的课堂阅读教学因为面对考试，要求过于严格和琐碎，这也可能是造成阅读障碍的原因之一。比如教学生读一篇散文，就只讲时代背景、主题思想、段落大意、词语形式，等等。不是说这一套不必要，特别是在应试教育环境中，有时不得不如此。而且“课改”之后，很多老师讲课也比较注重调动学生主动性、创造性，强调多种理解了。但是，这种太过机械、琐碎，目的性过于强烈的学习，对于阅读兴趣的培养显然不利，还可能制造阅读心理障碍。所以除了改进课堂阅读教学方法，发挥学生主动性，还应当特别注意容许学生在课外有更多的自由。如果课外阅读也用课内教学的规定与办法，目标那么固定，对于那些本来就有某些阅读心理障碍的学生，可能特别不利。

关于经典阅读

前面说了现在许多学校与老师家长都给孩子阅读加码，要求过高过急，是不利于培养阅读兴趣的。我曾经碰到一个年轻的母亲，问如何让她读小学的孩子喜欢《三国》《水浒》。我回答说，没有必要要求他们现在就读，年龄还不到嘛。课程标准里边，小学阶段课外阅读主要读一些浅易有趣的古典诗文。其中诗是主要的，文可以少一些。小学低年级阅读应当以童话、传说、故事为主。到高年级就可以增加经典的儿童文学与当代优秀的儿童文学。还可以适当增加一些科普读物、励志故事之类。这主要考虑儿童的心智发展。《三国》《水浒》《红楼梦》，等等，没有必要强求在小学阶段阅读，不要提前加码要求。他们喜欢读杨红樱，喜欢哈利·波特，就让他们去读好了。

这里我再说说初中以上学生的经典阅读问题。

为什么要读经典？因为经典是人类文化积淀下来的精华部分，读经典可以接触体验人类文化智慧。所谓素质培养，最重要的就是用人类最精华的智慧成果去熏陶、感化，让人格思想得以健全发展。从这个意义上说，需要引导学生阅读一些经典。问题是，经典和当代青少年之间有很多障碍，读起来可能有隔阂，事实上青少年学生一般不太喜欢读经典。这是正常现象，因为有时代距离。学生读经典不宜强迫，宁可先说明：不喜欢是正常的，但读了会大有好处。很多孩子踌躇满志地选择了经典的书来阅读，可是半途而废，有些甚至刚一开头就读不下去了。这种情况也正常。要求每一本书都从头看到尾，是做不到，也没有必要的。“读不下去”这本身可能就是一种选择，也许这本书太深，不适合他们。

确定合适的阅读书目，是重要的第一步工作，老师家长应当有所指导。虽然有些经典读完了也不太懂，这不要紧，总有一些阅读感觉和印象存留下来，他们在以后的人生中会慢慢去理解。好的阅读习惯逐步形成了，终身都大有好处。

读书方式可以分为两种，一种是浏览略读，主要是由兴趣引导，快速获取信息，有时一本书就是看看前言、后记，或者开头、结尾部分，阅读面是广的；另一种是精读、细读，主要读经典作品。

培养读书兴趣是语文教学的"牛鼻子" *

——从"吕叔湘之问"说起

1978 年，著名语言学家吕叔湘在一次会议上曾批评语文教学的"少慢差费"，效果不佳。他说："十年时间，2700 多课时，用来学本国语文，却是大多数不过关，岂非咄咄怪事？中小学语文教学少慢差费的严重程度，我们恐怕还认识不足。"① 从"吕叔湘之问"提出至今三十多年过去，尽管有过一轮又一轮的改革，也提出很多新的教学理念，推广过这样那样的教学法，活动多了，课堂热闹了，多媒体也普及了，可是整体上看，学生的阅读、写作能力未见得就有多大的提高。在许多地方和学校，"吕叔湘之问"仍然悬挂在头上，并没有答案。②

---

* 笔者 2015 年前后在北京大学"中小学教师国家级培训计划"等处有几次讲课，本文根据讲稿整理，发表于《课程·教材·教法》2016 年第 6 期。

① 吕叔湘：《当前语文教学中两个迫切问题》，《人民日报》1978 年 3 月 16 日。

② 温儒敏：《温儒敏论语文教育》，北京大学出版社 2010 年版，第 107 页。

在小学低、中学段，大多数孩子还是喜欢读书的，到了小学高年级和初中，他们也还会接触较多的图书。可是从初三开始，学生读书的兴致和数量就一路下滑。到高中，读书变得尤其功利，一些家长和教师甚至不让学生读那些和考试无关的书。整体而言，中小学生的读书状况是不好的，年级越高，情况越糟。很多学生除了教科书和教辅，几乎不怎么读书，不喜欢也不会读书，更不会读完整的书。就如同“吕叔湘之问”所说，我们教了多年的语文，学生也花费大量心血在这门课上，可是到头来只会做题、考试，对读书不感兴趣，也不会读书；即使考上了大学，许多学生还是不会读书，也不喜欢读书。这是基本事实。

试想，不读书，或者读书少，怎么可能学好语文？怎么可以又要马儿跑，又要马儿不吃草？但事情往往就是如此悖谬。“吕叔湘之问”其实并不难回答。少读书、不读书就是当下“语文病”的主要症状，同时又是语文教学效果始终低下的病根。

教师们对少读书、不读书的“语文病”是不满的，他们往往抱怨应试教育，认为这一切都是现在教育体制的不完善，以及功利化的社会大环境所造成的，因此很无奈。这当然是重要的原因。在高考和中考这个巨大的现实面前，无论学生还是家长和教师，都会有非常实际的考虑，就是如何更有效地应对考试，在激烈的竞争中取得尽可能好的成绩。这就难免有应试教育，有急功近利的题海战术。这种背景与氛围，显然是不利于读书，不利于提升语文教学效果的。

我们必须承认考试和竞争这种巨大的现实。高考和中考无论怎么改，也是考试。既然是考试，就必然有竞争，也就难免会有应试教育。国情决定，在相当长时间内，我们必须与应试教育的大环境“共存”，不可能独善其身。但“共存”不等于完全被裹挟，不等于随波逐流，关键要有清醒的平衡意识。既要让学生考得好，又尽可能不要伤害他们的学习兴趣，不把他们的脑子弄得死板，这就需要在应试和素质教育之间取得一些平衡，而不是非此即彼。有水平的教师就懂得适当的平衡，和应试教育严峻的大环境共存，又始终在谋求自己的空间，尽可能改进语文教学，能改一点，就是一点。

提高语文教学效果有各种各样的办法，但最管用的是读书，是培养读书兴趣，这是关键，是“牛鼻子”。抓住了这个“牛鼻子”，就可能一举两得，既能让学生考得好，又能真正提高学生的语文素养。这种平衡的前提是不把考试和读书对立起来。即使为了考试，也要注重培养读书的兴趣，少做题，多读书。事实上，对读书有兴趣，喜欢读书，有较宽阅读面的学生，他们的思维比较活跃，语文素养比较高，考试的成绩也不会差。再说，读书不仅是一种能力，也是一种良性的生活方式。在中小学阶段培养读书的兴趣与习惯，是为学生的一生打底子。讲平衡，既照顾考试升学等现实的利益，更要从长计议，着眼于给学生的终身学习做准备，为他们走向社会之后的发展以及生活质量的提升打底子。今天重新提出“培养读书兴趣”，是把近期目标（考试）和长远目标（学生的发展）结合起来，兼顾目前和长远的需要。

语文课最基本的内容目标，是培养读书的兴趣和习惯。有了读书的兴趣和习惯，才能把语言文字运用的学习带起来，把素质教育、人文教育带起来。现在重新提出要抓住培养读书兴趣这个“牛鼻子”，去改进语文教学。这不是什么新观点，但在语文的概念被弄得很混乱的当今，重新回到朴素的立场来考虑问题，从“多读书”的角度去理解语文的本质，是有现实意义的。

一、反思语文教学的普遍模式，树立“读书为要”的自觉

课标有段话很精辟，应当记取：“要重视培养学生广泛的阅读兴趣，扩大阅读面，增加阅读量，提高阅读品位。提倡少做题，多读书，好读书，读好书，读整本的书。”①

---

① 中华人民共和国教育部：《义务教育语文课程标准（2011 年版）》，北京师范大学出版社 2012 年版，第 26—29 页。

很多语文教师不否认读书的重要，但一到教学的层面，就有意无意把促进读书兴趣这一点忘记或者放弃了。备课的时候，写下多条教学目标，唯独不考虑如何去引发读书兴趣。可能因为急功近利，总是考虑如何应对考试，提高成绩，结果舍本逐末，未能把“读书”摆到语文学习的高位。

为何要高度重视语文课中的“读书”问题？怎么抑制语文教学中的急功近利偏差？首先要加强对语文学科特点的认识。现在语文教学普遍都是课堂教学和课文讲解带动整个教学，依赖教材，依赖课文精讲，依赖课后作业操练。对这种普遍的做法，大家很习惯了，已经轻车熟路，习以为常，所谓改革，也就是增加一点学生的活动。有时我们也对此不满意。

看来得跳出来想一想：现有的语文教学模式是怎么形成的？是天然合理的吗？为何如“吕叔湘之问”所说，会“少慢差费”？是否应当有所调整改进？

其实，传统的语文教育不是像现在这样的。古人学语文从蒙学开始，就是读书为主，先生是很少讲的。从《千字文》《增广贤文》《大学》《中庸》《左传》等，一路读下来，似懂不懂地读下来，慢慢就读得熟了，由不懂到懂，文字过关了，写作也过关了。这是浸润式的学习，整个身心沉浸在阅读之中，文化的感觉有了，语言的感觉也有了。传统语文教学和现代语文教学最主要的区别就在读书。传统的语文教育并没有明确的教学体系，也没有教材、课堂精讲和作业操练，但要大量反复地读书，整本整本地读书；而现在的语文教学主要是一篇一篇地讲，一次一次地组织活动，唯独很少读书，特别是读整本的书。

以现代的眼光来看，传统的以读书为主的方法太过奢侈。现代人要学的东西比古代多，除了语文，还有外语、数理化等，靠古代那种大量读书的浸润式的方法显然不适应了。所以从新式学堂开始，就改为“概论式”的学习，即以课堂的讲习为主，课文的分析作为重点，把各方面的知识加以体系化，以概论的方式传输给学生。在二十世纪二三十年代的中学国文，古典诗文还是占很大比重，不过不同于传统语文学习的办法，不再是一本一本地读，而是一篇一篇地读。这时期的国文学习虽然和传统不一样了，但还是注重读的。五六十年代以后，学习苏联的教学模式，中小学语文也开始突出知识性传授，学习语法修辞和文学常识，加上文选的精读精讲，就成为现在普遍流行的语文教学基本模式。

当初设计这种语文教学模式，是为了适应时代变化，力求在有限时间内达到一定的教学效果，让学生具备读写能力。可是采取这种方式，读书就少了。记得我上小学时，语文教师还经常给我们读小说，读诗歌，激发读书的兴趣。大概当时教师也是意识到光是讲课加练习，难于提升语文水平，所以还补充一点读书。可是现在呢，本来比较怠慢读书的教学，又加上应试教育，就越加紧缩，学生越来越不习惯，也不喜欢读书。语文课就在应试教育的束缚之下，像吕叔湘说的，愈加“少慢差费”了。

回顾语文教学的历史变化，是为了说明，现有的普遍的语文教学模式，也并非只是这些年应试教育的产物，它是有历史来路的，它存在不合理的方面，需要反思，做一些调整。怎么调整？适当吸收传统语文教学中好的经验，增加读书量，扭转近百年来语文教学存在的偏至，让语文教学更加符合规律。

现在完全回到传统的语文教学，是不现实的，但我们应当了解这一百多年来语文教育的得失利弊，在基本实施现代语文教育方式的同时，适当补充传统的经验，多少加点慢功夫，培养读书的兴趣与习惯。

语文课改有太多的经验，太多的流派，太多的措施，但最重要的要先想办法改变不读书少读书的病况。“读书为要”，千方百计把读书兴趣的培养放到头等位置，有这方面的自觉，语文教学才能祛病健体，提高效能，“吕叔湘之问”也会自然而释然的。

二、区分不同的课型，采用“1+X”方法

阅读教学效果不佳和学生不喜欢语文课有多方面原因。课

型混淆，模式僵化，扼杀读书的兴趣，是其中的主要原因。

现在语文教材很多都分为精读和略读两类课型。教材分精读和略读，是有讲究的。精读课主要靠教师教，一般要求讲得比较细，比较精，功能是给例子，给方法，举一反三，激发读书的兴味；而略读课是让学生自己读，把精读课学到的方法运用到阅读实践中，主要是泛读，自主性阅读。两种课型不同，功能也有不同，配合进行，才能更好地完成阅读教学。

但是如今的阅读课往往混淆了精读与略读，几乎全都设计成精读精讲。而且程式相对固定，不管什么课，都要讲写作背景、段落大意、主题思想、艺术手法，等等，抠得很细，加上几乎全都是以分析性的精讲记忆为主的教学方式。这种精读课独揽全盘的做法有很大的弊病，的确太死板，压抑了学生的自主性、学习兴趣和读书的兴趣，应当改一改。

要分清精读和略读两种课型，精读课以教师讲为主，略读课就让学生自主阅读。讲课也不要老是那一套程式，应当根据课文内容、文体以及单元要求的教学目标等，来设计不同的教案程序，突出每一课的特点和重点。除了区分精读与略读，还要更加细致地区分与不同文体、内容相适应的课型。比如，散文、小说、诗歌与童话的课型也应当各自有所不同，古代诗歌和现代诗歌的课型也有差别。有的教师讲童话《皇帝的新衣》，和分析小说一样，还是人物形象、叙事结构、主题思想的分析等，唯独没有激发学生去想象，把童话教成了小说，这也是课型混淆。

略读课的教学目标就是要鼓励学生自主阅读，实践和体验读书的方法，激发读书的兴趣。如果处理成像精读课那样，就等于消除了略读课的功能，阅读教学就不完整了。为什么教师会普遍地不分课型，几乎全都讲成精读课呢？是因为担心考试，生怕有遗漏，就把所有课全都精读精讲，细嚼慢咽，学生自己阅读延伸的空间就被挤压，读书的兴趣也被扼杀了。这叫适得其反。

现在各种版本的语文教材，安排学生的自主阅读、自由阅读还是太少，只靠教材是远远不能满足阅读教学需要的。为了弥补这一缺陷，除了区分课型，把略读课归还给学生，还有一个建议，就是实施“1+X”的办法。即每讲一课（主要是精读课），就附加若干篇同类或者相关的作品，让学生自己去读。可以在课内安排读那些附加的作品，也可以安排在课后。不只是读散篇的作品，也要有整本的书。教师可以稍加点拨，但千万不要用精读课那一套要求去限制学生，只要求学生能读就好。

区分课型，或者实施“1+X”方案，不是反对讲课的精细。课文的分析有时必须要细、要精、要透。但这种“细”要有意义，意义就是指向学生读书的兴趣，并要学生学会读书的方法，而不能只是为了考试，其他不管。起码这两方面都要兼顾，不走极端。课上得死板，千篇一律，又几乎全部指向考试，这就是语文课的一大弊端，是会扼杀读书兴趣的。

目前教育部组织编写的新的小学、初中语文教材，就加大了精读和略读两种课型的区分度，干脆改“精读”为“教读”，“略读”为“自读”。新教材格外注重往课外阅读延伸，这就建构了“教读—自读—课外阅读”组成的“三位一体”的教学结构。在新教材尚未全面铺开之时，教师们不必等待，可以自己朝课型区分这个方向做一些改进。

三、授之以渔，要教读书方法

“吕叔湘之问”所指出的语文教学的费时而低效，牵涉到“教什么”的问题。现在的语文课不是完全不教读书方法，只是单打一，光教精读，轻慢其他。比如默读、浏览、快读、跳读、猜读、互文阅读，以及如何读一本书，如何进行检索阅读，等等。这些方法各有各的技巧，可是教师并没有教给学生，甚至没有这方面的教学意识。结果学生就只会精读，无论碰到什么文章，全都用主题思想、段落大意加艺术手法等一套分析办法去套。一些学生上了大学还不会默读和浏览，碰到文章就只会用精读法，读得很慢，还不得要领。其实生活中用得最多的是默读和浏览，是检索式阅读，是互文阅读，包括非连续文本阅读，可是我们的语文课偏偏就很少教这些，这是语文课致命的缺失。

课标对于阅读教学是有方法上的要求的。课标提到从小学高年段开始，要让学生养成默读习惯，有一定的速度，阅读一般的现代文每分钟不少于 500 字。能较熟练地运用略读和浏览的方法，扩大阅读范围。默读与浏览都是常见而又实用的读书方法，是基本的阅读能力，只有具备这些能力，才有阅读的速度，才能扩大阅读面，增加阅读量，也才谈得上读书的习惯与兴趣。

比如跳读，它是浏览、快读时必须要有的方法之一，可以跳过与阅读目的无关，或者自己不感兴趣的内容，也可以跳过某些不那么精彩的章节，这样，读起来就会很快，也很有兴趣。又比如猜读，这也是很常用的方法。小学生认字还不多时，要读一篇文章或者一本书，不能碰到生字生词就查字典，可以根据前后文意思猜着那些生字生词读下去，只要大致能读，就不要中断，最好一鼓作气读下去。这样才有读书的兴趣，也才读得快，读得多。想想，我们小时候读《西游记》等小说，不就是这样跳读、猜读的？本来这是无师自通的方法，如果语文课也能教一教，从方法上指导一下，那效果就不一样了。

教给默读、跳读、浏览等方法，要有窍门，要有可操作性。光要求“抓住关键词”，要求“读得快”，学生还是不会，等于没有讲，这就需要有可以模仿学习的具体技巧。拿浏览来说吧，就要把默读、快读、跳读等多种阅读方式结合起来，尽量在“一瞥”之间掌握一个句子甚至一个段落，眼睛最好看文章的中轴线，不要逗留。但是有些孩子阅读时还是要不断逗留，读不快。怎么办？可以让他这样训练自己：五个手指并拢，顺着书的字行往下移动，速度要比眼睛的感觉稍快，而且越来越快。这就训练出来了。总之，教师要教给学生具体的读书方法。

阅读一本书的方法可以训练。拿起一本书，要教学生先看书名、扉页、提要简介、前言，等等；再翻一翻目录，或者挑选一两个与主旨联系密切的章节重点看看，跳着读，读几段，或者几页；最后要比较认真看看书的结尾部分，往往是对全书提要性的总结，或者还可以看看后记，很快就可以大致了解这本书的大致内容，甚至能判断写得怎么样，决定是否值得再细读精读。这叫“检视阅读”，或者叫“检索阅读”，是迅速读一本书的办法。[①]

还可以教给学生如何把精读与略读结合。比如，一本书

① 莫提默·J. 艾德勒、查尔斯·范多伦：《如何阅读一本书》，商务印书馆 2013 年版，第 30 页。

可以读三遍，第一遍粗读，大致了解其轮廓主旨，有个基本印象；第二遍细读，对各章节内容有更加深入的理解；还可以有第三遍，就是带着问题包括疑问去读，选择重点章节读。当然，不是所有书都需要读三遍。这里指的是比较重要的基本的书。

现在的语文课对于阅读方法的传授太过单一，几乎都是分析性阅读，非常注重作者意图、背景、主题、段落大意，以及思想意义、教育价值等，顶多加上修辞和艺术手法。这就有点文体混淆、一锅熟了。其实不同的文体，不同的课文，阅读方法应当有所区别。教师要教给学生面对不同的书，采用不同的阅读方法。而不是全都分析性地提炼主题思想之类。比如，小说、诗歌、散文，就不宜采用议论文的读法，不能以分析性理解为主，而应当着重鼓励想象与体验，要设身处地，要非常重视第一印象。有些方法是很具体的，比如读一首诗，头一遍很重要，要重视直观感受，最好快读，朗读，一口气读完，获取带有鲜活的个人感觉的第一印象。[①] 但现在有许多教师教诗歌，一上来就要求理解、分析，在主题、作者感情、意象和语言等方面做很细的解读，偏偏放弃了读者的经验与感受的引导，那

---

① 温儒敏、赵祖谟主编：《中国现当代文学专题研究》（第二版），北京大学出版社 2013 年版，第 22 页。

是违反诗歌阅读要义的。

还有，各种文体的阅读，方法也是有区别的。读小说和读诗歌不一样，读文学性的散文和读论述性与说明性的文章有区别，读历史、哲学和科学的文章又各有门径，都要用不同方法。我发现有的教师设计童话的教案，就还是用小说解读的办法，讨论主题思想和艺术手法，偏偏未能讲一讲童话的特点，未能把教学重点放到激发阅读的想象力这一点上。这就偏离了，学完这一篇，还是不会读童话，或者本来是天然的会读童话的学生，上了语文课反而不会读了。教师要强调读书方法的传授。一堂课下来，有把握得住的“干货”。读书方法就是“干货”。当然，教无定法，面对不同的学生，可以有多种多样的教法，但无论哪种教法，都要让学生有兴趣学，又能把握方法，学会学习，学会读书。

就小学语文特别是低年级的教学而言，虽然识字认字为主，还谈不上读书方法，但也要开始重视阅读习惯兴趣的培养。一切教学行为，都要聚焦在激发孩子学习包括阅读的兴趣上。新编的语文教材一年级一开头，就有专栏“快乐读书吧”，还有“和大人一起读”，都是引导培养读书兴趣的。从中年级到高年级，每一学期都有名著选读和课外阅读指导。在新教材使用之前，教师们可以根据教学需要，适当加强关于读书兴趣培养方面的内容。

四、提倡“海量阅读”，鼓励“连滚带爬”地读

为何我们的阅读教学效果不理想？还得检讨一下某些关于读书的观念。有些观念长期笼罩着我们的头脑，好像是天经地义的，一代一代教师从来不会去怀疑，就那样去认同和要求学生。

最常见的一个观念，就是“不动笔墨不看书”。在一定情况下，是可以也应当这样去要求的，比如精读某一篇课文，或者为了积累去读书。但很多情况下，又不能这样要求，事实上也很难做到。规定学生凡是读书都必须做笔记，凡是阅读都得考虑如何提高写作能力，这就会变成束缚，扼杀兴趣。我们当老师当家长的要设身处地，如果自己也老是带着任务去读书，负担就很重，甚至会大煞风景，趣味索然。不能每逢读书就要求孩子做到“不动笔墨不看书”。

在一定的条件下，可以这样去要求，读写结合自然会有好处，但不能时时处处都要求学生这样做。特别是当学生自主选择阅读或者自由阅读时，还是不应该这样要求。

还有就是批评“好读书不求甚解”。其本义是要求学习要认真、精细、踏实，不要似懂非懂、马马虎虎。如果我们是在认真阅读分析一篇精读课文，或者做研究性阅读，这样要求是完全应当的。但对于一般的读书，特别是课外阅读，就不宜强求了。在很多时候，读书了解一个大概即可，不一定本本书都

要精读，都要像精读课那样“求甚解”。有的时候，“不求甚解”恰好是可以拓展阅读面、培养读书兴味的。我们当老师或家长读书时是否全都做到“求甚解”呢？这是难事，也没有必要，因此也不能要求孩子做到。总之，有些传统的读书观念，要适时而用，不宜一概要求，更要防止其成为桎梏。我们的目的还是要激发读书兴趣。

我现在特别赞成让中小学生“海量阅读”。这是山东潍坊小学老师韩兴娥的办法。韩老师认为语文教学最大的弊端是一本教材一统课堂，教师讲得可能很有激情，学生当堂互动也表现很好，但并没有真正提升语文素养。为什么没有落实到读书上面？韩老师认为语言学习应以积累为本，读书为本，数量为先。对低年级学生而言，课本就是识字教材，文章的“深度理解”要等学生在大量阅读中慢慢反刍，不必一步到位。低年级大量朗读儿歌、小故事，中年级海量诵读美文和诗词，高年级大量诵读经典和白话文。在大量阅读的过程中，学生的阅读、写作、口语表达能力也会明显提升。[①] 大道至简，韩老师的办法就是带领学生在课内课外都多读书，真正做到了“读书为要”，“读”占“鳌头”。我看这是培养读书兴趣的好办法，也是提升语文能力的好办法。当然，语文课是否采用和如何采用这

---

① 韩兴娥：《以海量阅读超越一本教科书》，《中国教育报》2013 年 5 月 8 日。

些好的经验，还要结合各自的学情。

我还在不同场合提出过要鼓励“连滚带爬”地读。不要每一本书都那么抠字眼，不一定全都要精读，要容许有相当部分的书是“连滚带爬”地读的，否则就很难有广泛的阅读面，也很难培养起阅读兴趣来。我说的“连滚带爬”地读，包括浏览、快读、猜读、跳读，学生可以无师自通，但有老师略加指导，甚至纳入教学，就会事半功倍了。这也是激发阅读兴趣的好办法。其实，我们小时候读书，很多情况下都是“连滚带爬”地读的，老师不怎么管，但我们自己也读得不错。

五、把课外阅读纳入教学计划

通常讲阅读教学，往往就只是课堂上围绕课文的教学，对课外阅读并不重视，甚至放弃了。这种状况，可称之为“半截子”的阅读教学。

课标提出，语文课程是一门学习语言文字运用的综合性、实践性课程；应着重培养学生的语文实践能力，而培养这种能力的主要途径也应是语文实践。这里所说综合性、实践性和语文实践，并不限于课内教学，也包括课外阅读。

以课标精神理解阅读教学，应当有新的思路，那就是：让语文教学贴近学生的生活实际；让课堂阅读教学往课外阅读伸展；让课堂内外的阅读教学相互交叉、渗透和整合，联成一体。课标在“课程设计思路”一节专门说到语文学习的“资源和实践机会无处不在，无时不有。因而，应该让学生多读多写，日积月累，在大量的语文实践中体会、把握运用语文的规律”。这里所说的“大量”，主要就是指课外阅读，而不是现在常见的反复做题，也不限于课堂教学。

要唤起学生学习语文的兴趣，在阅读上就要给他们一些自由选择的空间，好的办法是把课内的阅读教学与课外阅读结合起来，让学生自己找书来读，这就能培养起阅读的爱好。现在是网络时代，学生大量接触网络阅读，这当然也是一种阅读，但容易造成浮光掠影，思维碎片化、浅化，所以提倡多读书，还要加上“读整本的书”，这还可以让学生磨磨性子，养成好的习惯与学风。

为了落实课外阅读的要求，课标对九年的课外阅读量专门做了规定：背诵优秀诗文240篇（段），课外阅读总量应在400万字以上。背诵的优秀诗文以古代的为主。240篇（段）不算多，九年平均每学期也就10多篇（段）。400万字阅读量也不算多，一本《安徒生童话》就10多万字，一本《红岩》就40多万字。课标是在充分调查研究的基础上提出这样一个阅读量的，这是一个基本的阅读量，只能在这个基础上增加，不应当减少。像韩兴娥老师实施的“海量阅读”，每个学段的阅读量就大大超出课标的建议量，因为学生有兴趣，未见得就增加了负担。

课外阅读要给学生自主选择，但不是放任自流，必须有所指导。这就需要有相应的教学计划，根据各个学段的教学目标，安排适当的课外阅读，注意循序渐进，逐级增加阅读量与阅读难度，体现教学的梯度。当然，课外阅读很难像课堂教学那样有非常明确的要求，但又必须有一个大致的要求，总之，要不断激发学生阅读的积极性，把读书习惯作为很基本的素养来培育。课标对不同学段的课外阅读是有具体指导意见的，这里择其要点，分开来学习领会一下。

第一学段，小学低年段，课标要求“阅读浅近的童话、寓言、故事”，“诵读儿歌、儿童诗和浅近的古诗”。这不只是课堂教学的要求，也是课外阅读的指导性建议。教师可以结合课内的学习，并参照教材的内容，安排学生在课外多读一些童话、寓言、故事等。不要把课外阅读当作家庭作业来布置，那样负担就重了，但可以给家长一些建议，提供大致适合低年段学生心理特点及认知水平的书目范围，提倡亲子阅读。

现在有些学校和家长一味搞“提前量”，在小学低年段甚至学前班就要孩子们“读经”，是不合适的。在需要童话、寓言的阶段，还是要多读童话、寓言、故事，不能拔苗助长。低年级的学生多读想象性的作品，有助于形象思维的发展。在学生喜欢“做梦”的时候，就应该为他们提供这样的机会和条件，允许学生“做梦”。如果在适合“做梦”的年龄没有去做，甚至被剥夺了“做梦”的权利，这就违背了孩子的天性。

到第二学段，小学三、四年级，课标开始重视叙事性作品的阅读。根据这个学段学生的阅读心理特点，学生喜欢具有生动形象、故事性较强的作品。因此，叙事性的作品应该成为这个学段课外阅读的主要部分。还要看到，课标对这一学段开始要求“初步学会默读，做到不出声，不指读。学习略读，粗知文章大意”。这些要求对课外阅读也是适当的。此外，课标要求在阅读中积累优美词语、精彩句段，以及在课外阅读和生活中获得的语言材料。这也是读书习惯的培养，把课内外打通。课标又提出“养成读书看报的习惯，收藏图书资料，乐于与同学交流”，这就把阅读习惯的养成当作一个目标了。当前不少孩子玩网络游戏成瘾，并不利于身心健康，应当把他们往读书方面引导。这一学段课外阅读总量不少于 40 万字。

第三学段，小学五、六年级，要求更高了，提到“扩展阅读面”，课外阅读总量不少于 100 万字。对阅读水平的提升也提出具体的要求：阅读叙事性作品，了解事件梗概，能简单描述自己印象最深的场景、人物、细节；阅读诗歌，大体把握诗意，想象诗歌描述的情境，体会作品的情感；阅读说明性文章，能抓住要点；诵读优秀诗文，注意通过诗文的语调、韵律、节奏等体味作品的内容和情感。这些既是课堂阅读教学的要求，也是课外阅读的引导性意见。

六、容许学生读“闲书”，尊重他们的“语文生活”

所谓“闲书”，是和考试好像关系不大的书，也是学生按照自己兴趣选择的课外书。有些教师和家长总是担心妨碍考试，他们可能会限制读“闲书”。其实，我们每个人都有过读“闲书”的经历，那是自由阅读的享受，也是最有阅读兴趣的时候。为了应对中考和高考，有些制约也难免。但限制过甚，彻底不让读“闲书”，也就等于取消了学生阅读的个人空间，扼杀了读书的兴致。读“闲书”也是一种阅读，可以引发阅读兴趣，扩大阅读面，提高阅读能力，更重要的，这是学生的“语文生活”的重要部分。如果教师对学生的“语文生活”有所了解，能与学生对话，那么语文阅读教学便可能别开生面，并可以事半功倍，大大延伸出去。

事实上，凡是课外阅读量大、知识面广，读过很多“闲书”的学生，思想一般比较活跃，整体素质也高，他们往往也能在考试中名列前茅；而那些只熟悉教材和教辅，课外阅读“闲书”少，没有阅读习惯，即使考试成绩不错，视野都比较窄，思路也不太开阔，往往是高分低能。① 所以，在应试教育

① 温儒敏：《温儒敏论语文教育二集》，北京大学出版社 2012 年版，第 29 页。

还不可能完全取消的情况下，最好还是要兼顾一些，让学生适当保留一点自由阅读的空间，使他们的爱好与潜力能在相对宽松的个性化阅读中发展。阅读面宽了，思维开阔了，素养提高了，反过来也是有利于考试拿到好成绩的。

有一种普遍的现象，就是教师和家长推荐给学生的书，学生往往不喜欢读。而学生圈子里互相推荐介绍的书，他们读起来津津有味。对此也不必大惊小怪。我们当老师的也可以读一读学生中流行的读物，多少知道孩子们喜欢哪些书，他们为什么不喜欢读推荐的经典，而偏偏喜欢这样的一些“闲书”。

读书其实是个人化的事情，不同的年龄段、不同的性情，甚至男生和女生，各自的读书兴趣可能都会有所不同。比如男孩的空间感一般比女孩强，可能更喜欢探险、破案、推理的书。女孩一般比较喜欢故事性强、情感优美的读物。老师和学生应当了解不同年龄段孩子们喜欢读些什么，他们正在彼此交换阅读些什么，不应当很简单地推荐和布置学生去读经典作品，更不能粗暴地制止孩子们读那些他们喜欢的闲书。当然，我们应当主动提倡并引导学生去读经典。但要想到，闲书读得多了，对阅读能力肯定也有很大帮助，他们读书的习惯养成了，阅读和欣赏水平也会提高。

也有些教师会问，学生不喜欢读经典，怎么办？经典和青少年是会有些隔膜的，而且不一定喜欢。甚至可以说，学生不喜欢经典，是天然的。只能慢慢引导，不能强制。要用孩子们能够接受的方式去帮他们接近经典。其实孩子们在不同年龄段会有不同的兴趣，他们也会自我调整，自我塑造。我们老师的责任就是引导，而不是强制。

要尊重学生的语文生活。我这里特别提出“语文生活”这个概念，希望能拓展眼界。现在小学生从中、高年级开始，就逐渐形成了他们的语文“圈子”与表达形式，包括他们的课外“闲书”的阅读交流、上网、微博、微信，等等，其实这些都是他们语文能力成长的重要方面，又关系到语文兴趣的培养和阅读习惯的形成。我们也许不能完全进入学生的语文生活，但应当给予尊重和必要的关照，尽可能在语文课和学生的“语文生活”之间疏通一条通道，那肯定会加倍引发学生学习语文的兴趣，培养起读书的习惯。应当看到现在的应试教育是扼杀兴趣的，学生除了课本和教辅再没有兴趣读书，这是可悲的。我们这个讲课说的是培养读书兴趣，怎么培养？办法之一就是多进入学生的“语文生活”。阅读教学，甚至整个语文教学，都要高度注意培养学生广泛的阅读兴趣，扩大阅读面，增加阅读量，提高阅读品位。

为什么教师进入不了孩子们的“语文生活”，不知道学生的阅读兴趣呢？这跟教师不读或者很少读儿童作品有关。教师要读书，包括读儿童的书，才能和学生一起讨论；有共同的话题，也才有可能更好地引导学生读书。

七、读书状况要纳入评价

“读书为要”，提倡多读书，不能停留于一般提倡。光有阅读量的要求也不行，还要有相应的评价。课标中提出的阅读教学评价的建议，不只针对课堂教学，也适合课外阅读。如“应加强形成性评价，注意收集、积累能够反映学生语文学习发展的资料，可采用成长记录袋等各种方式，记录学生的成长过程。对学生语文学习的日常表现，应以表扬、鼓励等积极的评价为主，采用激励性的评语，从正面加以引导”，这里所说“学生语文学习的日常表现”，就包括课外阅读。课标还特别提到“要关注其阅读兴趣与价值取向、阅读方法与习惯，也要关注其阅读面和阅读量，以及选择阅读材料的能力”。这几点，涉及课外阅读的几个基本方面，是教学中应当关注，同时也可以再细化为阅读评价的几个维度。那么，到底应当如何来落实这些评价？课标建议：“应根据课程标准各学段的要求，通过小组和班级交流、学习成果展示等活动，考察其阅读量、阅读面以及阅读的兴趣和习惯。”[①] 这只是一般的建议，具体到教学

① 中华人民共和国教育部:《义务教育语文课程标准（2011 年版)》，北京师范大学出版社 2012 年版，第 26—29 页。

中，还需根据各自情况，拟定更具体可行的办法。

课标就在教学评价上提出这样一种思路：语文教学的效果好不好，不只是看课内，或考试，很大程度上要看课外，看是否培养了阅读的兴趣与习惯。如认可这一思路，各个学校就都可以根据各自情况，在教学评价上设计一些具体的可操作的细则。值得注意的是，现今有些地区中考或者高考，也越来越重视考查学生的阅读面与知识面，有些题出得较活，光是读教材教辅，是难于完成的。这对课外阅读教学的推动就会起到积极的作用。

高考命题这几年有很大变化，这会波及中考命题，最后必然也会影响到一线的语文教学。有几个变化是有利于鼓励多读书，特别是读课外书的。比如高考命题所依赖的材料范围已经大大拓展。除了文学，还有哲学、历史、科技、社会、经济、时政等。如果考生平时读书少，知识面窄，是很难考到好的成绩的。另外，是更加注重逻辑思辨能力的考查。比如去年全国卷的阅读题，就采用了“非连续文本”的样式，给一组材料，观点并不连贯，甚至彼此相左，让考生去辨识、归纳和发挥。这有点类似于考公务员的“申论”，看重的是思辨能力。

如果读书少，缺乏逻辑思维训练，缺少理性分析能力，也就很难应对这种命题的变化。还有，是有意识考查读书的情况，包括课外阅读、经典阅读、阅读面与阅读品位。高考命题在改革，这将辐射到教学，语文教学如果原地踏步，不重视读书，显然就赶不上趟儿了。

当然，语文教学要抓住培养读书兴趣这个“牛鼻子”，真正实现“读书为要”，还得有条件，那就是——语文教师要以身作则。

很多教师也读书，但读的主要是与职业需要相关的实用的书，可称之为“职业性阅读”。明后天要上课了，今天赶紧找有关材料来读；或者要评职称了，匆忙读一些“救急”的书，此外就很少自由地读书、个性化地读书了。很多教师一年到头除了读几本备课用的书，其他书很少读，顶多读一些畅销杂志，大部分时间都是网上的“碎片化阅读”。这怎能提高教学水平？又如何能面对“吕叔湘之问”？语文教师自已先要养成读书的良性生活方式，成为“读书种子”。这样，你的学生自然也会喜欢读书。

语文老师要做“读书种子”*

前不久我在《课程·教材·教法》杂志发表一篇文章，题为《培养读书兴趣是语文教学的“牛鼻子”》，其中谈到“吕叔湘之问”。三十多年前吕叔湘批评语文教学“少慢差费”，这种状况至今未有根本的改变，我认为主要原因是未能抓住培养读书兴趣这个“牛鼻子”。语文课改来改去，还是未能改进读书少的病况，很多语文课仍然是老师讲得多，活动讨论多，作业操练多，唯独读书不多，孩子们读书的兴趣不多。语文教学要提升效果，必须回到语文的本质，就是“读书为要”。

文章提出一些具体的建议，认为有必要加大教读课和自读课两种课型的区分，最好采用的“1+X”的方法；扩大阅读量。提出要授之以渔，教给学生多种有用的读书方法；要提倡“海量阅读”，鼓励“连滚带爬”地读，以培养读书兴趣和习惯；

* 本文是 2017 年 4 月 22 日在北京师范大学文学院举办的“教师阅读与基础教育”座谈会上的发言记录稿，有删改。

还要容许学生读“闲书”，尊重他们的“语文生活”，把课外阅读纳入教学计划；读书状况要纳入评价。但要真正实现“读书为要”，并不容易，因为还得有个前提条件，那就是——语文老师自己先要喜欢读书，把读书当作良性生活方式，成为“读书种子”。

很多语文老师也读书，但读的主要是与职业需要相关的实用的书，属于“职业性阅读”。一年到头除了读几本备课用的书，其他很少读，顶多读一些畅销杂志，大部分时间都是网上的“碎片化阅读”。手机上的媒体有一种“魔力”，捆绑住很多老师，他们在繁忙的工作之余腾出来的那点时间，也被流行阅读占据了。古人云，“腹有诗书气自华”，如果我们的语文老师不读书、少读书，“腹中”装的大都是所谓“戏说”“文化快餐”“二手货”“鸡汤”，或者塞满许多“爆料”“段子”“揭秘”之类，那个“气”怎么可能“华”，又怎么可能提高教学水平？我们不能指望所有老师都成为“气自华”的“读书种子”，但起码有相当部分的语文老师喜欢读书，并带动学生喜欢上读书，那我们的语文教学就有希望了。

现在社会心态浮躁，拜金主义流行，大家都没完没了地忙，难于沉下心来读书做事。但教语文是要有心境的，语文课人文性很强，教师的学养以及人格素养就格外重要。讲学养，既是教书的需要，也是教师自身精神成长的需要。因此，无论多么忙，最好有自己的精神家园，哪怕是一块不大的“自留地”。不要一窝蜂都在应对现实需求，评级呀、教学检查呀，还有没完没了的各种事情。当然这些都要应对，谁也不可能完全超越，但要保留一份清醒、一点距离，免得被动地全部卷进去。喜欢读书，有自己某一方面的专业爱好，能多少进入相关领域，有一定的研究，有些发言权，这太重要了。在这种状态中，会有成就感，同时也让自己保持思想活力，还能帮助抵制职业性疲倦。

《光明日报》将发表我的一篇演讲稿，题目是《信息时代的读书生活》（本文主体内容见本书《读些基本的书，读经典》《如何看待网络阅读》两文），刚好和这次会议的议题吻合，不妨也就说说其中几点认识和建议。我在这篇讲话中提到，为何现在人们普遍比较焦虑？可以有多种不同的解释，比如解释为“文化冲突”“社会转型”“市场化”“两极分化”，等等。但还有某些更深层的引起焦虑的原因，那就是信息过量。

如何解决信息过量可能造成焦虑这个问题？面对信息过量现象，要有自觉，让自己具备一点信息传媒素养，知道现代信息传播的规律。对信息时代带来的阅读方式的一些重大变化（比如传播渠道方式），既要接受它，又要“看穿”它，而不是被动面对，不是被裹挟。对于网络信息，自媒体包括微博、微信的传播特点，都要有一定了解；尽量选择相对良性的信息渠道，适当减少信息量；对铺天盖地的信息，自己要有一些过滤分析。要培养自己的“定力”，这里说的“定力”，包括应对和过滤复杂过量信息的能力，实事求是、尊重规律的态度，以不变应万变的眼光，还有平常心。具体来说，要少看微信多看书。

在烦躁的“大气候”中，尽量让自己能心静，有一个好办法，就是用更多的时间沉下心来用传统的方式读书，重新捡起纸质的书来读。读书可以让你适当超越过量的浮躁的杂乱的信息环境，有定力，有眼光。

我还特别用了一个词——“读书养性”。无论是网络阅读，还是纸质书的阅读，总之，都是要营造一个“自己的园地”，养成读书和思考的习惯，把读书当作一种生活方式。读书可以养性，可以练脑，这不仅是能力，也是涵养，是素质，是一种高雅的生活方式。阅读可以拓展视野，可以接触人类的智慧，可以不断提高自己的素质，可以让人在精神气质上超越庸常的环境。

“读书养性”和读书的实际目的不矛盾。读书为考试、为谋生谋职，都是必要的、合理的、实际的，但也要树立更高的“养性”的目标，让这个目标把考试、谋职等实际的目标带起来。“读书养性”其实是“大格局”，也可以从人生观、世界观培养的角度来看。人生观和世界观决定人对整个人生意义和世界价值的基本看法，包括人生的意义、真善美、生与死的本质、人与自然、人性与社会性、社会公平的准则、伦理道德的底线，等等，这些问题都是本源性的，有的还富于哲学含义，属于终极关怀。对这些本源性问题的探讨与摸索，也就导向人生观、世界观的确立，可能从根本上决定人一生的追求及其思想行为模式。这种人生观、世界观的培养，甚至比知识获取更加重要。而读书，特别是在浮躁的信息时代培养起良好的阅读品位和习惯，对于建构健全的人生观、世界观是至关重要的。这些建议不只是给学生的，同样也可以和老师们共勉。

围绕如何读书，我在那篇文章中也提到一些建议，我想中小学老师也是可以参考的。

首先就是要列读书的计划和书单。读书总不能抓到什么是什么。网上阅读一般容易无计划，跟潮流。如果要“充电”，就必须有一定的计划性，还要注重经典性，多选适合“悦读”又启迪心智的作品，而不能采取网上阅读的那种姿态，只跟随潮流或者完全由着性子来读。

我建议每个老师都有一份自己的书单，设定在几年内应当读哪些书。要有计划，有整体考虑，让读书有些系统。书单要考虑时间的安排，有可行性，一般来说，可以包括三部分，这是可以套在一起又彼此交错的三个圆圈。最外围的那个“圈”，是通识的部分，这些书应当是最基本的，凡是上过大学受过良好教育的人，都应当读过的。主要是中外文化经典，是最基本的书。阅读的目的，是接触中外文化经典，感受人类智慧的结晶。这是一部分，最外围的一个大的阅读圈，量不一定很多，比如三四年能通读十来种中外经典，就很不错了。

第二个“圈”，是与自己从事专业或者职业相关的部分。比如，学物理的，可以给自己安排读点化学、数学、生物以及信息科学等方面的书，还有就是与物理学有关的邻近学科领域方面的书，也可以读点类似科技史、科技哲学以及教育类等领域的书。学文科的，也要读点理科的书。语文老师读书的面应当比其他学科更宽一些。这样做的目的是打基础，拓展专业视野，触类旁通，活跃思维。

第三个“圈”，是核心部分。这一部分的书目主要围绕自己的专业，或者自己特别感兴趣，希望有所研究，有发言权的那些专业，应当有比较明确的指向。倒过来看，最核心的那个部分，是专业和职业需要，当然最好不完全就是现炒现卖的书，要有自己保持兴趣的课题或者领域。

当然，这三部分书目之外，还可以有一些消遣的、娱乐的书，但不应当是主体，也不必计划太强，不用专门设定一个“圈”，随意读一点，调节一下就可以了。

以上建议老师设定各自书单的三个圈，应当理解为就是三个部分，彼此可以交错进行。总之要有些系统，有些计划，促使自己在一定的时段内读完一些基本的书。书目不要设定太多太满，主要是基本的书、经典的书。现在社会比较浮躁，大学生除了考研究生，很难安心读书。大学四年，真正完整阅读的书可能很少，大都是为了考试潦潦草草应对式的阅读。那么现在当老师了，应当重新把大学期间应当读而没有好好读的那些基本的书重新读一遍。我看这比很多培训管用。

鼓励和要求语文老师当“读书种子”，要有一些政策保障，要有具体可行的措施。我提几点建议。一是教育主管部门，以及学校的校长，必须重视这件事，要给学校、教研组和老师读书的空间。不要什么都管，不要太多干预，不要搞无休止的评比检查。可以规定给教师安排必要的读书时间，支持鼓励学校开展教师读书活动。二是提倡语文教师，特别是青年教师制定各自的读书进修计划，包括适合自己的书单，尊重教师在读书方面的自主性，保证读书计划的可行性。三是更新教师培训的方式与内容，各种教师培训都重视激发读书兴趣和指导读书思考，要有措施鼓励和支持建立读书研修小组，营造良好的读书氛围。四是高等师范教育要调整完善课程体制，在读书特别是读基本的书方面有切实的要求，从源头上改变语文老师不读书、少读书、缺少“文气”的苍白状况。

语文教育界有太多的流派、太多的经验、太多的改革，老师们有些目迷五色，很累、很焦虑，现在需要安静一点，能静下心来读书。这比什么改革模式都更实际，也更重要。不要再坐而论道了，不要再争论不休了，希望大家能把这次会议的一些好的想法转变为切实的措施，能改进一寸就是一寸，逐步让更多的语文老师成为“读书种子”，从根本上提升语文教学的水准，也许还能多少带动改变国民不读书、少读书的糟糕状况。

不关注课外阅读，语文课就是“半截子”的*

通常讲阅读教学，往往偏重课堂上围绕课文的教学，这当然是题中应有之义，但不能忘了，还有同样重要的，就是课外阅读的教学。现在普遍的情况是，对课外阅读并不重视，甚至放弃了，那么这样的阅读教学只能是“半截子”，是不完整的。

我们来看看《义务教育语文课程标准（2011年版）》（以下简称《课标》）对这一问题如何论述。从课程理念到阶段教学目标，《课标》有多处涉及课外阅读问题，凡是论及阅读教学，几乎都包括了课外阅读。在前言部分，就已经提出“语文课程是一门学习语言文字运用的综合性、实践性课程”。在“课程基本理念”部分，又提出“应着重培养学生的语文实践能力，而培养这种能力的主要途径也应是语文实践”。

---

* 本文节选自笔者主编的《义务教育语文课程标准（2011年版）解读》（高等教育出版社2012年版）第12章。

这里所说“综合性”“实践性”和“语文实践”，自然都不限于课内教学，也包括课外阅读，《课标》是从“语文生活”的角度来讲课程性质的。

这让我们想起美国教育家华特·科勒涅斯的一句流传甚广的话：“语文学习的外延与生活的外延相等。”其实我们国内的语文学界也有类似的表述，例如“大语文”“语文生活化”等。《课标》指导下的语文课程，是开放的，面向生活实践的，这种语文教学不能局限于课堂，应当伸展到课外，伸展到整个生活。以《课标》精神理解阅读教学，应当有新的思路，那就是：让语文教学贴近学生的生活实际；让课堂阅读教学往课外阅读伸展；让课堂内外的阅读教学相互交叉、渗透和整合，联成一体。

《课标》在“课程设计思路”一节专门说到语文学习的“资源和实践机会无处不在，无时不有。因而，应该让学生多读多写，日积月累，在大量的语文实践中体会、把握运用语文的规律”。这里所说的“大量”，主要就是指课外阅读，而不是现在常见的反复做题，也不限于课堂教学。要注意，《课标》在课程设计上例举了九条原则，第一条就是指强调“注重引导学生多读书、多积累，重视语言文字运用的实践，在实践中领悟文化内涵和语文应用规律”。《课标》还强调在阅读问题上尊重天性，培养兴趣，提高能力。说到底，兴趣是前提，是最重要的，有了兴趣就好办。在课内要注意引起学生阅读的兴趣，课外他们就会主动找书来看，慢慢形成读书的习惯。语文课程改革，的确应当给课外阅读更多的空间，在这方面采取一些更切实的措施。

这几年也见到不少学校都在朝这一方向努力，比如选修课的设置，以及综合性学习，都力图拓展课外阅读的空间，虽然效果不见得都很好，但这一观念逐步深入人心。

《课标》的“实施建议”中关于阅读教学一节，有一句话流传甚广，大家要格外重视，就是:“要重视培养学生广泛的阅读兴趣，扩大阅读面，增加阅读量，提高阅读品位。提倡少做题，多读书，好读书，读好书，读整本的书。鼓励学生自主选择优秀的阅读材料。”这里说的主要也是课外阅读。特别是“少做题，多读书，好读书，读好书，读整本的书”，很有现实针对性。“少做题”是针对应试教育的，题海战术不可能培养有创造性的人才，反而会扼杀学习兴趣；要唤起学生学习语文的兴趣，在阅读上就要给他们一些自由选择的空间，好的办法就是把课内的阅读教学与课外阅读结合起来，让学生自己找书来读，这就会“多读书，好读书”，培养起阅读的习惯；现在是网络时代，学生大量接触网络，这当然也是一种阅读，但容易浮光掠影，导致思维碎片化、浅化，所以提倡多读书，还要加上“读整本的书”，这还可以磨磨性子，养成好的习惯与学风。

现在中小学生课外阅读状况不容乐观。最近有关调查表明，小学阶段的课外阅读情况尚好，特别是初一、初二，是课外阅读的“峰值”阶段。不过，小学与初中的阅读大都是老师要求和指定的，学生并没有多少自己的选择。到了初三，特别是高中，就每况愈下。因为要应对中考与高考，课外阅读会受到限制，学生终日面对应考，读书全都是功利性的，兴趣就大幅衰减，除了教材与教辅，很少有学生完整地读过几本课外书。无可否认，现今中小学生的阅读兴趣培养仍然面临很大困扰，在这大环境中，老师们有时也很无奈。但大家不能忘了，语文教学完全指向中考与高考，是很枯燥、很累人、很摧残人的，很多学生中学毕业了，却没有形成阅读的爱好与习惯，没有读过几本书，阅读对他们来说不是一件优雅有趣的事情。我们尽管花了大量心血，但这样的语文课是失败的。即使从“功利”角度考虑，让我们的语文课有些活力，学生考得好，又不至于失去学习兴趣，那我们也必须想办法“平衡”一下，让学生多一点自主选择读书的机会。

课外阅读都说重要，但在教学中却难于落实。因此必须有一些措施，关键是教学评价方面要有体现。《课标》就在教学评价上提出这样一种思路：语文教学的效果好不好，不只看课内，或考试，很大程度上要看课外，看是否培养了阅读的兴趣与习惯。如认可这一思路，各个学校就可以根据各自情况，在教学评价上设计一些可操作的具体细则。值得注意的是，现今有些地区的中考或者高考，也越来越重视考查学生的阅读面与知识面，有些题出得较活，光是读教材教辅，是难于完成的。这对课外阅读教学的推动就会起到积极的作用。

为了落实课外阅读的要求，《课标》对九年的课外阅读量专门做了规定：背诵优秀诗文 240 篇（段），课外阅读总量应在 400 万字以上。背诵的优秀诗文以古代的为主。240 篇（段）不算多，九年平均每学期也就 10 多篇（段）。400 万字阅读量也不算多，一本《安徒生童话》就 10 多万字，一本《红岩》就 40 多万字。《课标》是在充分调查研究的基础上提出这样一个阅读量的，这是一个基本的阅读量，所有学校只能在这个基础上增加，不应当减少。

课外阅读要给学生自主选择，但不是放任自流，必须有所指导。这就需要有相应的教学计划，根据各个学段的教学目标，安排适当的课外阅读，注意循序渐进，逐级增加阅读量与阅读难度，体现教学的梯度。当然，课外阅读很难像课堂教学那样有非常明确的要求，但又必须有一个大致的要求。总之，要不断激发学生阅读的积极性，把读书习惯作为很基本的素养来培育。

《课标》对不同学段的课外阅读是有具体指导意见的，这里择其要点，分开来学习领会一下。

第一学段，小学低年段，《课标》要求“阅读浅近的童话、寓言、故事”，“诵读儿歌、儿童诗和浅近的古诗”。这不只是课堂教学的要求，也是课外阅读的指导性建议。教师可以结合课内的学习，并参照教材的内容，安排学生在课外多读一些童话、寓言、故事等。不要把课外阅读当作家庭作业来布置，那样负担就重了，但可以给家长一些建议，提供大致适合低年段学生心理特点及认知水平的书目范围，提倡亲子阅读。现在有些学校和家长一味搞“提前量”，在小学低年段甚至学前班就要孩子们“读经”，是不合适的。在需要童话、寓言的阶段，还是要多读童话、寓言、故事，不能拔苗助长。低年级的学生多读童话、寓言、故事等想象性的作品，有助于形象思维的发展。在学生喜欢“做梦”的时候，就应该为他们提供这样的机会和条件，允许学生“做梦”。如果在适合“做梦”的年龄没有去做，甚至被剥夺了“做梦”的权利，这就违背了孩子的天性。

到第二学段，小学三、四年级，《课标》开始重视叙事性作品的阅读。根据这个学段学生的阅读心理特点，学生喜欢具有生动形象、故事性较强的作品。因此，叙事性的作品应该成为这个学段课外阅读的主要部分。还要看到，《课标》对这一学段开始要求“初步学会默读，做到不出声，不指读。学习略读，粗知文章大意”。这要求对课外阅读也是适当的。此外，《课标》要求在阅读中积累优美词语、精彩句段以及在课外阅读和生活中获得的语言材料。这也是读书习惯的培养，把课内外打通。《课标》又提出“养成读书看报的习惯，收藏图书资料，乐于与同学交流”。这就把阅读习惯的养成当作一个目标了。当前不少孩子玩网络游戏成瘾，并不利于身心健康，应当把他们往读书方面引导。这一学段课外阅读总量不少于40万字。

第三学段，小学五、六年级，要求更高了，《课标》提到要“扩展阅读面”，课外阅读总量不少于100万字。对阅读水平的提升也提出具体的要求：阅读叙事性作品，了解事件梗概，能简单描述自己印象最深的场景、人物、细节；阅读诗歌，大体把握诗意，想象诗歌描述的情境，体会作品的情感；阅读说明性文章，能抓住要点；诵读优秀诗文，注意通过诗文的语调、韵律、节奏等体味作品的内容和情感。这些既是课堂阅读教学的要求，也是课外阅读的引导性意见。

到了初中，也就是第四学段，除了要求阅读文学作品，还特别要求阅读简单的议论文、新闻和说明性文章以及浅易的文言文。这一学段课外阅读的种类更多样，因为这时学生阅读的自主性、选择性都加强了。教师一方面要“放手”，另一方面要适当指导。《课标》特别提到阅读品位问题，要求“注重积累、感悟和运用，提高自己的欣赏品位”，也是有针对性的。在网络化时代，在影视传媒商品化的时代，经典的、优雅的文化受到冲击，孩子们容易迷恋上各种流行文化，他们周围又往往充斥着粗鄙的读物，所以让学生尽早养成选择品位的眼光，是非常必要的。《课标》还要求学生“能利用图书馆、网络搜集自己需要的信息和资料，帮助阅读”，“学会制订自己的阅读计划，广泛阅读各种类型的读物，课外阅读总量不少于 260 万字，每学年阅读两三部名著。背诵优秀诗文 80 篇（段）”。

这里特别要说说阅读方法与习惯问题。课外阅读一般都是学生自主性更强的阅读，方法的引导很重要。《课标》提到从小学高年段开始，要让学生“养成默读习惯，有一定的速度，阅读一般的现代文每分钟不少于 500 字。能较熟练地运用略读和浏览的方法，扩大阅读范围”。现在课堂教学普遍比较注重朗读，特别是集体朗读，而不太有机会让学生默读，也不很重视浏览的训练。其实默读与浏览都是常见而又实用的阅读方法，是基本的阅读能力，应当想办法教学生学会默读与浏览。只有具备默读特别是浏览的能力，才有阅读的速度，也才能扩大阅读面，增加阅读量。

课外阅读要得到重视，不能停留于一般提倡，光有阅读量的要求也不行，关键还要有相应的评价。《课标》中提出的阅读教学评价的建议，不只是课堂教学的，也适合课外阅读。如

"应加强形成性评价，注意收集、积累能够反映学生语文学习发展的资料，可采用成长记录袋等各种方式，记录学生的成长过程。对学生语文学习的日常表现，应以表扬、鼓励等积极的评价为主，采用激励性的评语，从正面加以引导"。这里所说"学生语文学习的日常表现"，就包括课外阅读。《课标》还特别提到"要关注其阅读兴趣与价值取向、阅读方法与习惯，也要关注其阅读面和阅读量，以及选择阅读材料的能力"。这几点，涉及课外阅读的几个基本方面，是教学中应当关注，同时也可以再细化为阅读评价的几个维度。那么，到底应当如何来落实这些评价？《课标》建议"应根据课程标准各学段的要求，通过小组和班级交流、学习成果展示等活动，考察其阅读量、阅读面以及阅读的兴趣和习惯"，这只是一般的建议，具体到教学中，还需根据各自情况，制定更具体可行的办法。

《课标》在阅读教学上提出了新的理念，其中很重要的一点，就是让学生有选择，有自由度，不断拓展阅读空间。对语文教学来说，阅读量至关重要，甚至可以说，阅读量的大小在相当程度上会决定语文素养的高低。光靠做题是不可能提升语文素养的。"题海战术"只会败坏学习语文的胃口，让学生失去对语文的兴趣，甚至讨厌语文，不喜欢阅读。因受中考与高考的制约，许多家长与老师都不太愿意甚至限制学生课外阅读，他们常常把课外阅读看作是可有可无的"读闲书"。这种偏向是不对的。其实，“读闲书”也是一种阅读，可以引发阅读兴趣，扩大阅读面，提高阅读能力。更重要的，这是学生的“语文生活”的重要部分。如果老师对学生的“语文生活”有所了解，能借此与学生对话，那么语文阅读教学便可能别开生面，并可以事半功倍，大大延伸出去。

现在还不可能取消中考和高考，有些制约也难免。不过，即使从中考或者高考的情况来看，凡是形成了阅读习惯的学生，都是课外阅读量大、知识面广、读过很多“闲书”的，这一部分学生思想一般比较活跃，整体素质也高，他们往往也能在考试中名列前茅；而那些只熟习教材和教辅、课外阅读“闲书”少、没有阅读习惯的学生，即使考试成绩不错，视野也都比较窄，思路也不太开阔，往往是高分低能。所以，在应试教育还不可能完全取消的情况下，最好还是要兼顾一些，让学生适当保留一点自由阅读的空间，使他们的爱好与潜力能在相对宽松的个性化阅读中发展。阅读面宽了，思维开阔了，素养高了，反过来也是有利于考试拿到好成绩的。

中小学语文教学如何沟通课内课外的阅读，是需要探索解决的重要课题。现在各种新编教材，都比较注意阅读探究的“链接”，给学生提供课外阅读书目。应当好好利用这种“链接”资源，鼓励课外阅读。老师、家长应当放长远一点来看问题，要意识到学生有课外阅读需求是非常值得珍惜的，不要因为考试而扼杀这种兴趣。老师和家长对学生的课外阅读应当有所关心，加以一定的指导，但没有必要过多地干涉。语文课改一定要高度重视激发学生的阅读兴趣，重视并能多少进入学生的“语文生活”。阅读教学，甚至整个语文教学，都要高度注意培养学生广泛的阅读兴趣，扩大阅读面，增加阅读量，提高阅读品位。

语文教学除了让学生学习知识，提高能力，还有更重要的，是培养高尚的读书习惯，把阅读作为一种基本的生活方式来培育。一个人成年后不管从事什么工作，无论贫穷富贵，如果没有读书的习惯，甚至基本上不怎么读书，就很难实现终身教育，也很难提升素养。培养阅读习惯是为学生的一生打底子。

《课标》所要求与建议的阅读教学，包括课外阅读，重在养成阅读的兴趣与习惯，发掘学习主动性与创造性，这是可以让学生终身受益的。如果能从培养一种完善的生活方式这一角度去理解，阅读教学包括课外阅读教学的改革就可能获得新的高度和力度。

要让学生多读“闲书”*

“闲书”就是课外书，是学生按照兴趣选择的书，既包括名著经典，也包括某些流行读物，范围是很广的。

为什么要特别提出让学生读“闲书”？因为很多老师、家长认为课外读物太滥、太杂，怕学生接触耽误了学习，因此，他们不赞成学生自己选择读物，也不主张学生读“闲书”。很多老师、家长画地为牢，只容许学生读他们指定的书，甚至只读与考试有关的书。这些老师、家长的心情可以理解，但做法不对。不让读“闲书”，就使读书成了非常功利的行为。老是围绕考试需要读的那点课文，顶多还有一些教辅，限制那么死，怎么可能有阅读兴趣，怎么可能拓展阅读面，又怎么可能提高语文素养？即便对考试而言，这也是下策。

《义务教育语文课程标准（2011年版）》有明确要求，让学

* 本文系笔者为商务印书馆主办“为中国未来而读——2014阅读论坛”撰写的书面发言稿，发表于《中国教育报》2014年8月29日。

生读书有选择，有自由度，扩大阅读空间。对于语文教学来说，阅读量非常重要，有一定的阅读量，才有语感，阅读能力、语文素养也才能得以提高。题海战术只会败坏学生学习的胃口，让他们失去对语文的兴趣。光是让学生在指定范围内阅读，也是不好的，那会限制学生的自主性，也会挫伤读书的兴味。

读“闲书”是自主选择的阅读，是目的性不那么强的阅读，甚至是漫不经心的、带有娱乐性质的阅读。放手让学生读“闲书”，就等于把他们送到浩瀚的书海之中，让他们自由穿梭“历险”，这是引发阅读兴趣的最好办法。书海中当然五光十色，甚至泥沙俱下，孩子们刚进入，适当给予一些指引是必要的，这指引主要是导向阅读名著和经典，导向那些健康的、有内涵的书，导向适合孩子们不同年龄段读的书。但“导向”不是死板限定，更不是强行禁止接触某些“坏书”。堵塞不如疏导，你越是禁止，越可能引起好奇心，他们反而可能偷偷找来读。引导他们读好书，他们的阅读口味和分析能力慢慢提升了，也就逐渐学会远离那些低劣的书了。所以，让孩子们读“闲书”，在适当指导的前提下，完全可以放手。

这里给老师和家长一个建议，叫“从长计议”。学生喜欢课外阅读，可以培养读书兴趣，很难得呀！那就多鼓励和引导吧。给些关心和指导是必要的，但不要干涉。学生有他们的“语文生活”，有他们的语文“圈子”与表达形式，他们可能会互相交流读“闲书”的心得，其实这些都是学语文，是“大语文”。家长、老师也许不能完全进入学生的“语文生活”，但应当给予尊重和关心，才能在语文课和学生的“语文生活”之间疏通一条通道。这样做，学生对于读书和学习语文的兴趣就有可能大大提高。何乐而不为？

我曾经在北大本科一年级新生中做过一次调查，发现两点：一、凡是喜欢语文、养成了阅读习惯的学生，都是课外阅读量大、知识面广、读过很多“闲书”的，这部分学生的思想比较活跃，整体素质也高；二、只熟习教材和教辅，课外阅读“闲书”少，没有阅读习惯，即使考试成绩不错，进入大学后，往往会感到学习困难，视野窄，思路不够开展。在应试教育还不可能完全取消的情况下，我认为，除了“为高考而读书”，应适当保留一点自由阅读的空间，让学生的爱好与潜力在相对宽松的个性化阅读中发展。人文素质高了，其实也是有利于考试取得好成绩的。

现在的语文课不太受学生欢迎，究其原因，是混淆了精读课与略读课的功能。本来，精读课和略读课是两类功能不同的课型，精读就是教读，是示例阅读方法；略读是自读，教师指点一二即可，让学生自己读，用精读所学的方法去实践，举一反三。如今，多数语文教师把语文课全都讲成精读课了，学生的自主阅读空间被压缩，又不让读“闲书”，这样的语文课学生怎么会喜欢？

语文教学应当研究如何沟通课内课外的阅读。区分精读和略读，再往课外阅读延伸，我看是个好办法。现在有些语文教材设计了阅读“链接”，给学生提供课外阅读书目，可是很多老师不重视，这有点可惜。应当好好利用这种“链接”资源，鼓励学生读“闲书”。

应建立这样一种观念：语文教学的效果好不好，不只看课内或考试，很大程度上要看课外，看是否培养了学生的阅读兴趣与习惯。2011年版课标也强化了对于学生课外阅读的指导，强调在阅读上“尊重天性，培养兴趣，提高能力”——这三句话很值得琢磨。课内注意引起阅读的兴味，学生在课外就会主动找书来读，慢慢形成习惯。

现在语文课几乎就是指向高考中考，等于敲门砖，多么枯燥累人！难怪学生不喜欢，甚至讨厌，败坏了胃口。很多学生毕业了，也并不爱读书，阅读不能成为他们的生活方式。这样的语文课能说是成功的吗？

语文教学除了让学生学习知识、提高能力，还应该把阅读习惯作为一种基本的生活方式来培育。一个人成年后不管从事什么工作，无论贫穷富贵，如果没有读书的习惯，就很难实现终身教育，也很难提升素养。

培养阅读习惯是为学生的一生打底子。这样看来，“闲书”不闲。

整本书阅读，功夫在课外*

提倡整本书阅读，是因为现在的学生读书少，特别是很少读完整的书，而网上阅读也多是碎片化的，网络自媒体阅读更是火上添油，弄得大家焦躁得很，学生静不下心来读书。要求整本书阅读，我看首先就是养性，涵养性情，让学生静下心来读书，感受读书之美，养成好读书的习惯。这可能是最重要的。

初中语文统编教材中安排有名著导读，其实就是整本书阅读。整本书阅读要列入教学计划，但这是很“特别”的课型，“特别”在于课内讲得少，主要是课外阅读，是学生自主性阅读。

我不太主张名著阅读（整本书阅读）课程化。当然课内可以安排一些内容，比如初中的做法就是简要介绍某一种书的

---

* 本文系笔者致 2017 年 12 月上海“整本书阅读”研讨会的信，发表于《语文学习》2018 年第 1 期。

基本情况，激发阅读兴趣，重点放在提示读这一类书的基本方法。比如介绍《西游记》，除了讲一点关于《西游记》的基本情况以及有趣在哪里等，主要是提示如何用跳读、猜读的办法去读小说。这就等于“一书一法”。本来阅读方法很多，但围绕一本书的阅读重点学习某一种适合的方法，以后学生碰到同一类书，也就会读了。这些都是提示性的，可以用很少的课内时间去实施，而整本书阅读主要是课外阅读。

高中将更明确安排整本书阅读，也是名著阅读，有可能还用专门的单元去落实这个任务群。高一两个学期，每学期读两本。高二选修还会有这方面考虑。但我认为基本要求和初中的名著导读是一样的，即以课外阅读为主，课内有些讲授，也主要是关于名著的基本情况，焕发阅读兴味，并提示读这一类书的方法。比如，怎样读长篇小说，怎样读社会科学著作，怎样读传记，怎样读历史，都应当在基本方法上有所交代。让学生知道不同的书是有不一样的读法的，有时还需要“签订阅读契约”——比如读小说，主要是借某一角度来打量生活，激发想象，而不能像读历史那样去“坐实”；读社科论著，要关注核心概念以及要解决的问题，要梳理逻辑思路，就不能像读小说那样放开想象；等等。总之，目标是让学生学会“读某一类书的方法”。当然，前提还是完整地读书，主要的功夫是在课外。

有一点我觉得要注意：若要学生喜欢上整本书阅读，就不能太多干预，应当导向自由阅读、个性化阅读。如果“课程化”太明显，要求太多，学生还没有读，可能就兴趣减半了。如果搞得很功利，处处指向写作，甚至和考试挂钩，那就更是煞风景，败坏阅读兴味。我看社会上有些跟进新教材的名著导读一类读物，安排了很多阅读计划和规定动作，比如如何写笔记，如何做旁批，如何写读书心得之类，甚至时间都规定好了，那就会限制了读书的自由，减损了读书的乐趣。

整本书阅读教学效果好不好，就看学生是否爱上读书，自己能找更多的书来读，而且多是整本书阅读。不要管得太死，宁可实行目标管理，开头有个提示和引导，结尾布置一点小结之类，那就够了。

中高考语文试卷命题都在考虑如何检测整本书阅读，比如加强阅读面与阅读速度的考察，这可能会“撬动”整本书阅读的教学。但那种指定读若干种书，考试就考有无读过，其效果就值得怀疑。因为有些应试的办法就是针对这种考试的，结果很多学生未见得读过这些整本的书，只是读些提要之类，也能对付考试，还是不会读整本书，也没有读书的兴趣和习惯的。

我这些意见不一定对，大概也只是一些皮毛的心得，还得听老师们的实践经验。

处处扣着写作来阅读是很累的*

2010年江苏教育出版社策划的“读写拓展教本”丛书，是课外读物，分学段编写，分为《童趣读写》（小学）、《情趣读写》（初中）和《理趣读写》（高中），已经出版并多次印刷，主要在江苏省内发行。这套书邀我担任主编，很惭愧挂名而已，我只出过一些主意，写过一二样稿。不过近日翻出当时一封给编者的信，重读仍觉不无针对性，就发表于此，借此求教于方家也。

寿桐、俊第：

日前定好要去南京，向诸位编者讨教的，不料当时身体不适，不能前行。真对不起。文稿我看了一部分，看得出大家还是费了不少心思，比起坊间某些同类书来，自然高出一筹。让学生多读，总是好的。

---

*本文发表于《语文学习》2014年第9期。

但也有一些不满意。可能不只是对书稿写法的不满意，也有对当前作文教学的担忧。谈点阅读印象和修改建议，不一定对，供你们参考吧。

阅读不一定指向写作，处处扣着写作来阅读是很累的。只要引起学生阅读的兴趣，读得多了，语感和思维能力都有所提升，语文综合素质上去了，写作能力自然也会提高。当然，这套书设计主要是指向写作的，那么建议多考虑一点如何保护阅读兴趣，起码不要破坏兴趣。

文笔不是作文教学的第一要义。基础教育和高中语文教育主要让学生学会清楚地表达，文通字顺。语文教学重视人文性，是人文教育，不是“文人教育”。思维训练比文笔训练更根本，更重要。现在作文教学很注重文笔，忽略思想，是不好的趋向。

应当多一些议论文的解读。现在抒情文、描写文占比重太大。特别是高中阶段，应以议论文为主。高考作文也在往这方面转。

点评不宜太感性，要突出要点，有“干货”，有一定的可操作性。不宜过多采用传统的感悟式、印象式表述。要充分考虑学生的接受能力。自己都不清楚的，不可能让学生清楚。

点评不要追求“文艺腔”。“文艺腔”是现代中国语文教育的一大弊病，教师应当远离这个东西。

可以和高考作文挂一点勾，可以让学生模仿范文，但不要搞“宿构作文”。

作文很难教，作文书很难写。我把最近一次关于作文教学的讲话发给大家看看，不一定对，请大家讨论批评。

温儒敏
2010.8.29

和中学生谈读书*

今天和同学们谈谈读书问题。在学校课上及课后，你们很多时间都在读书。可是你们有没有静下心来想一想，到底读书是为了什么？为何总是说读书重要？请大家问问自己，怎么回答这些问题。我这里说说自己的看法，一起来讨论。

一、读书为了什么？

常见的回答可能有两种。一是为了考试。中考、高考都要考语文，考阅读，分值很高，读书是为了提高考分，好考上重点中学或重点大学。很多同学就是冲着这个目标来读书的。这很实际，很直白，我看也没有错。但这只能说是读书的“近期目标”。

还有第二种回答，读书是为了具备阅读的能力，是为了谋生。日后进入社会，谋求职业时，阅读和写作的能力都很重

---

* 本文节选自笔者2014年11月在中国教师研修网的授课讲稿。

要，招聘单位也会看这方面的能力。这个回答也很实际，并没有错。

但不知大家想过没有，读书还可能有第三个“目的”，或者“作用”吧，那就是“养性”：练脑、磨性子、涵养性情。古人说“修身、齐家、治国、平天下”，“修身”是前提，放在最前边，而“修身”的方式之一，就是读书。说“读书养性”，这个“性”可以理解为性情、兴趣、习惯和素质。“养性”不是为了炫耀个人的修养，而是为了充实自己。有读书的习惯，是一种良性的生活方式，也是精神可以得到不断充实的方式。如果一个人没有读书习惯，很难设想他可以实现自己的终身教育。我们读完中学，一部分人还要读大学，也有一部分人就工作了。无论上学还是工作，都得持续不断地通过读书去涵养自己，尽可能让自己具有博雅的气质，享受充实的精神生活。在当今趋向物质化、功利化、粗鄙化的氛围中，提倡“读书养性”是有现实意义的。

除了“读书养性”这第三种回答，我们还可以有第四种回答，那就是更高远的目标：为中华崛起而读书，为中国人民的富强幸福而读书。这好像是口号，有点理想化，但你们的父辈、祖辈和更远的那几代中国人，其中一部分先驱者，都曾经提出过“为中华崛起而读书”，对他们来说，不只是口号，而且是行动。只不过今天的世界变得很实际，这个为国为民、饱含理想的目标听起来就似乎有点高调了。

以上说了读书的四个目标，可能还有其他目标。同学们，你们哪些目标可能考虑得多一点呢？可能是第一、第二这两个目标，也就是考试或者谋生考虑多一些吧，都是很实际的打算，无可厚非。特别是接近中考或者高考，大家更多地都会围绕考试来读书，这是必须的。但我主张也要同时兼顾，除了为考试、为谋职而读书，还需要适当考虑“读书养性”，甚至是“为中华崛起”这两个目标。其实，四个目标彼此不矛盾，不是非此即彼，完全可以结合起来。家长一般考虑得很实际，希望一切围绕考试，围绕找到“好工作”。读书就是瞄准这些目标的。这没有什么不对。但如果是有志向的青年，看得远些，有自己的理想，那就可以把人生的标准定得高一些，让后两个目标把前两个目标带起来。小说《平凡的世界》大家看过吧？主人公孙少平家里穷，上学时受过很多委屈，他渴望过上另外一种体面的生活，说“人总不能一辈子受穷”。这是他的理想和生活目标，既是物质性的，也是精神性的。如果说读书的目标，他是把几方面的目标融合一起了。

我这里着重说说“读书养性”，读书可以提升素质和养成健全的人格。

现在讲“读书养性”，对中学生来说，是非常有必要的。因为同学们正处在身心成长的阶段，除了学习知识，还要发展整体素质，养成良好的心性和习惯，为整个人生打好底子。如果不想让自己一生碌碌无为，那么在年轻的时候，就要“养性”，在涵养自己方面有些自觉。怎么自觉？就是要有理想，有目标，这个理想和目标不能停留于满足个人物质生活的欲望，不能停留于现在几乎人人都在追求的房子、车子、票子等物质条件，而要有更高的追求，尽可能让自己超越平庸。

这是有些难度的。现在是物欲横流的时代，校园也往往被卷进市场经济的大潮之中，风气变得很势利。现在的学生大多数只是为了将来就业而学习，追求的目标就是舒适的工作和优厚的待遇，他们对未来感到迷惘、紧张，压力很大。这种情况越到高中、大学，可能越严重。那种有理想志向，多考虑为国家民族做贡献，或者愿意以后在科学等事业上默默耕耘的年轻人，不能说没有，起码可以说是太少了。和二十世纪五六十年代比，甚至和改革开放之初的大学生比，现在的中学生、大学生都显得过于世故、精明。“四大主义”——包括个人主义、拜金主义、享乐主义和庸俗的现实主义，充斥着现在的校园。同学之中谁要是讲讲为国为民的理想，可能会被看作很“二”、不“入时”。

现在平庸、低俗、粗鄙的思潮是多么汹涌，我们年轻的中学生是多么迷惘！尽管有思想品德课，但内容陈旧，方法生硬，难于解决学生的现实思想问题，更难于帮助学生抵制低俗粗鄙的风气、树立远大的志向。往往课上学的那一套理论，课下就给低俗的空气所解构和颠覆了。我说的情况是否属实？有的学校可能风气好点，但大部分恐怕都差不多是这种情况。

人生观、世界观非常重要，决定人对整个人生意义和世界价值的基本看法，包括人生的意义、真善美、生与死的本质、人与自然、人性与社会性、社会公平的准则、伦理道德的底线，等等，这些问题都是本源性的，有的还富于哲学含义，属于终极关怀。对这些本源性的探讨与摸索，也就导向人生观、世界观的确立，可能从根本上决定人一生的追求及其思想行为模式。这种人生观、世界观的培养，是中学教育题中应有之义，甚至比知识获取更加重要。同学们环顾四周，也问问自己，我们在人生观、世界观方面到底有没有一份自觉？建树怎么样？

现在社会以实用技能为标准收罗人才，舆论更被市场的泡沫所左右。人们为谋生而学习，没有内在的事业冲动，上学无非是为了毕业后好在人才市场上找到买主，卖个好价钱。这种短视的观念严重挖空了教育的基石，腐蚀着现代人的人格品质。应当好好反省我们在思想教育方面的失误，想办法加强学生人生观、世界观的教育。

作为中学生，也许我们不能改变整个学校的风尚，但起码应当对现在这种“四大主义”弥漫校园的现状有所认识，有些清醒，有些超越，尽量不被卷入其中。办法是什么？是敢当前面说的很“二”、不“入时”的人，实质上是保持一些理想，有些追求。读书就能给我们精神力量，在抵御低俗方面给我们支撑，在人生观世界观的建树方面涵养我们。我说的“读书养性”就包含有这层意思。“养性”也是指超越庸常，磨性子，增涵养，养成良好的心性、健全的人格和聪慧的大脑。读书自然是最好的途径。

二、现在读书的环境不是很好

现在的社会浮躁，读书的氛围似乎越来越淡薄。我主持的北京大学语文教育研究所做过调查，发现现在国人的阅读状况是很差的。先看看学生，小学阶段的阅读状况较好，到初二，就一路下滑。北京市数十个中学2000多位中学生的调查，从“完整阅读过的课外书（不含杂志）的数量”来看，从小学到初中，读过1—5本（含5本）的占18.7%，读书不到10本的有42.9%。有1.5%的学生连1本书也没完整读过。而高中生呢，“完整阅读过古今中外名著”，选择20本以上的学生比例仅为15.2%，选择10—20本的为19.1%，而选择“1—5本”和“没有”的竟然为32.5%和7.3%。就是说，现在中学生阅读情况是很糟糕的：一是读的少；二是即使读一些，也大都不是完整阅读。

再看阅读的品位，先看阅读兴趣与范围。初中的依次排列是：言情小说、网络文学、卡通漫画、鬼故事、武侠小说；高中的依次排列是：卡通漫画、言情小说、人物传记、网络文学、科幻作品。从阅读素质看，偏重流行时尚。整个阅读状况是量少、质低，很不乐观。所以，课程标准提出要“多读书，好读书，读好书，读整本的书”，我认为是很有针对性的。不只是对中小学生，对大学生也一样。

跳出来看看我们的社会，大家都有很多抱怨，其中比较共同的一点，是认为国民素质低。问题出在哪里？在社会矛盾，在社会心理，可以找到很多原因。但有一条原因很明显，就是国人不爱读书和少读书。前面提到学生不读书，那也是因为社会都没有读书的氛围，学生怎么会喜欢阅读？我们中国人爱看电视，爱打麻将，但大多数人就是不爱读书。

国人即使读书，也往往抱着非常实际的目的，很多就是为了考试，为了发财或健康，或为了人际及职业的需要。《中国青年报》的调查表明，除有五分之一的公众表明自己读书的目的是为了修身养性，其余读者的读书需求都非常现实。所读之书一大部分实际上是课本和教辅之类，还有养生、股票、厚黑学之类。

一个国家的实力，不只是看经济，同样要看文化。如果中国人不读书，整体文化素质不可能提高，中国的科技创新、软实力等都是空话。中国即使 GDP 很高，仍然会远远落在发达国家的后边。

日本学者大前研一在其著作《低智商社会》中说：在中国旅行时发现，城市遍街都是按摩店，而书店却寥寥无几；中国人均每天读书不足 15 分钟，人均阅读量只有日本的几十分之一；中国是典型的“低智商社会”，未来毫无希望成为发达国家。但愿日本人的预言不会成为现实，但不能不承认，中国之落后，很直观又很本质的表现，就是烦躁浮躁，不爱读书。国民的人均阅读量停滞在二十年前的水准。我回顾五六十年代，我老家的新华书店，都卖什么书，现在老家的新华书店，又卖什么书，就很清楚了。问题的严重性远远没有引起重视。

如何提高国民素质？提倡多读书，读好书，这是一种好的举措。从小学开始，就要培养读书种子，引领读书风气。这很难，但必须做。同学们，大家从自己做起，一起努力！

三、高考是绕不过去的现实，读书应当怎样去面对高考？

高考改革在进行，2017 年实施了新的办法：考三门，不分文理。语文高考命题将有变化，现在就在悄悄变。

以后高考语文试卷的命题，其材料覆盖面就比以往要宽得多，除了文学，还有哲学、历史、科技、社会、经济和时政等。会更加注重逻辑思辨能力的考查，也会有意识考察读书的情况，包括课外阅读、经典阅读，阅读面与阅读品位。这些改革的趋势，也决定了我们必须重视读书。只有多读书，拓宽知识面，增强思想力，才能应对高考，考得高分。

但即使准备为高考而阅读，那我建议也不要陷进应试的泥淖。

现在有一种应试的阅读，是处处围绕作文准备素材。这很不好。要知道，高考语文阅卷评分也在改革，越来越注意围剿“套式作文”和“文艺腔”。

我不主张把所有的阅读都和作文考试挂钩，那很“煞风景”。市面上常见很多作文选析之类的书，对考试不能说完全没有用，但如果满足于读这样一些书，停留在作文技法的模仿阶段，水平终究是很难上去的。况且这类为应付考试的带“匠气”的书读多了，还可能会坏了口味。所以还是要多读名篇，使自己的眼界和起点高一些。也可以依语文课上提示到的作家作品为线索，顺藤摸瓜，找相关的书来看。如课上讲到《诗经》，篇幅是有限的，我们可以再找多一些《诗经》的作品以及评论研究《诗经》的代表性著述来读。这样，既可以加深对语文课中规定内容的理解，又扩大了知识面，更重要的是可能引起思考和探究问题的兴趣。久而久之，良好的阅读兴趣也就培养起来了。

四、除了“为高考而读书”，适当保留一点自由阅读的空间

高考对学生来说非常重要，所以家长也都希望孩子能把时间尽量放在复习功课、应对考试上，特别是到了初三以后，许多学生几乎不再读课外书。这是现实问题，但也请家长和同学们注意到另外一种现象。我在大学教书，发现许多学生虽然都是高分考上大学的，却不一定有喜欢读书的习惯。除了自己专业的书之外，他们再也没有读其他书的兴趣和计划，顶多随兴所至读一些诸如武侠、言情之类的流行通俗作品，或一有时间就上网、看电视。这样的文化情致倒是流行与时髦，但也可能浮浅，缺乏个性。他们的文字阅读和写作的能力也都比较差，甚至影响到专业能力和综合能力的提高。为了帮助这些同学提高阅读写作水平，许多大学不得不又花时间为他们补语文课，上所谓的“高四语文”。看来，在中学阶段尽量养成阅读的习惯，对人的一生都是非常重要的。

高考、中考对考生来说都是大事，“为高考而读书”也是应该的，但适当保留一点自由阅读的空间，可以让自己的爱好与潜力得到更好的发展。如果一个学生有较多的自由阅读，语文素养也会提高，考试也不会差到哪里去。

每年高考作文成绩拔尖的同学，很少是靠押题或者按照既定套式取得成功的，他们一般都是平时阅读面比较宽，思想比较活跃，底子打得厚实。所以还是不能只为考试而读书，暑假

阅读应当自由一些，为自己松松“绑”。

现在的诱惑太多，要沉下心来读书，还真的需要毅力。社会上那些消闲、娱乐文化，网络文化，各种影视和流行读物，对年轻人来说，吸引力比读书要大。再说，年轻人也需要一些娱乐和刺激，不让接触流行文化是不现实也不必要的，流行文化的适当消费有利于青年人了解社会，融入社会。但这应当是适度的“消费”。如果被动地卷进流行文化，在这方面过度消费，会上瘾，也耽误太多时间精力，还会使口味变得粗俗了。所以还是要强调读书，多接触优秀的高尚的文化，培养良好的生活方式。

五、怎样才能耐得住性子读完一本好书？

很多学生可能会问，也想读书，选择了经典的书来读，可是往往半途而废，甚至刚一开头就读不下去。怎么办？

要求每一本书都从头看到尾，是做不到也没有必要的。“读不下去”这本身可能就是一种选择，也许这本书本来就没有意思，也许太深，不适合自己，很自然会有挑选。确定适合自己阅读的书目，是非常重要的第一步工作，这可以找老师来指导。经典因为有时代的隔膜，年轻人阅读比较困难，要不断克服某些阅读障碍，其丰富的内涵也需要认真反复地发掘体味，这都不会是像阅读流行小说那样痛快的。必须先要有“啃书”的思想准备，克服那种浅尝辄止的毛病，才能真正进入良好的阅读状态。这也是一种学习习惯和毅力的培养。

我上中学时很喜欢读《三侠五义》《隋唐演义》之类的通俗小说，可是《红楼梦》有三四次都只是看了开头几页就放下，始终没有兴趣读下去。后来我给自己做了个读书计划，当然不能尽是挑感兴趣的书，主要还是老师介绍的经典，包括《红楼梦》。我就“说服”自己：既然公认《红楼梦》是经典，为什么读不下去？可能自己的阅读口味有问题。无论如何总得读完一遍再说。我就坚持完整地读完一遍《红楼梦》。一开始也是“硬着头皮”读，读着读着，就磨出了性子，逐步体会到以前从未接触过的那种细腻真实的风格，感受到其独特的艺术韵味，并试图思索那远高出于一般武侠、言情作品的境界，这样，也就拓展了自己另一种艺术鉴赏领域。

记得高中阶段，我已经完整读过许多中外文化经典。虽然有些读完了也不大懂，但总有一种属于自己的阅读感觉和印象存留下来，以后的人生中还会慢慢去理解。比如《古文观止》里边许多文章我都读过，有的还能背诵，当时也不见得有多深的理解，但那种对于古代文化的印象以及古文的语感也就积淀下来了，好的阅读习惯也逐步形成了，对我终身都大有好处。从高中阶段开始，我读书的方式就分为两种：一种是浏览略读，主要是由兴趣引导，快速获取信息，有时一本书就是看看前言后记，或者开头结尾部分，这样阅读面是很广的；另一种是精读细读，主要读经典作品和一些与专业相关的比较重要的书，尽量都要完整地读完。这种习惯我已经保持了几十年。

六、如果对电视动画片、漫画书、上网等有兴趣，而对于读书无兴趣，怎么办？

现在是所谓影视时代、网络时代、图像时代，人们读书的时间相对少了，看电视、上网、读图时间多了。这是时代的变化，很难简单下结论说是好是坏。但有一点是肯定的，影视、网络和图像尽管拓宽了人们接受各种信息的渠道，却不可能取代文字的书的阅读，尤其是文学的阅读。比起其他接受方式，读书可能更有选择性，也更个人化，更需要主动性和创造性思维的介入。就拿电视来说，虽然可以选择频道和节目，但欣赏过程一般都是比较被动的，你不可能像阅读一本书那样可以或慢或快，甚至可以停下来或翻回去边读边做思考。读文字书所能获得的感觉，也是欣赏一般影视作品所没有的。同样，上网和读图也较难获得书本阅读那种独有的效果（网上读书也是一种文字阅读，另当别论）。所以影视网络再发达，也仍然需要阅读。就学生而言，养成阅读的兴趣与习惯，是发掘学习主动性与创造性的最重要的途径，这可能就是终身受益的好的品位，一种可以不断完善自我人格的生活方式。应当让学生明白这些道理，多一些时间用在读书上，尤其要读一些经典作品，而不能沉迷于上网、读图或者看电视。

小学生语文学习从图像开始，帮助会很大。这些年一些出版社出了许多绘本童话、故事之类，还有分年级阅读的，主要适合小学与学前儿童，我觉得都很好。有些学校还把绘本讲述引入小学阅读教学，这也许是激发低年级学生阅读兴趣的好办法，也可以试验。但到中学特别是高中，读图应当相对减少，文字阅读应当是主要的、基本的。现在很多大学生读书没有耐性，可是拿起漫画就手不释卷，这也许是所谓“新人类”的特点吧。不管怎样，读图毕竟不能取代读文字的书。图像与文字表征不同，图像长于实而短于虚，短于非物质性实体，复杂的情感与抽象思维就很难靠图像表达。图像表征的对话深度显然比不上文字，甚至还可能流失深度。

从审美看，文字表述的想象空间可能更大。图像虽然有长处，但容易坐实，影响到符号的开放性、启导性，自然也影响想象力的展开。图像出版物以及影视中丰富性的形象容易被定格，不利于个性化阅读。试想，把《醉翁亭记》拍成DV效果会是如何？现在中小学语文教学使用多媒体非常普遍，教学检查就重视这个，这不是好现象。多媒体使用的好处是明了，但不宜过分依赖，要有限度，否则会影响语文教学的效果，影响孩子们阅读能力的提高。

部编本语文教材“专治”不读书*

首先我要说的是，这套新教材到底编得怎么样，不是我们这些参与编写的人所能评定的，也不是我这个总主编说了算的，最终还得靠一线教学的实践来评判。大家要尊重新教材，理解新教材，用好新教材，但也用不着把新教材看作是不容置疑的教学标准与蓝图。教材编得再好，也只是用于教学的材料，当然也会提供某些教学的框架与导向，但学情不同，用起来也应当有各自的发挥，教材是可以质疑、改动和调整的。我期待通过广大教师的实践，不断完善这套新教材。

这套新教材是中央关注和批准、教育部直接领导和组织编写的，其编写资源可以说空前雄厚。前后从全国调集五六十位专家、作家、教研员和编辑组成编写组，人民教育出版社的

* 本文据笔者 2017 年 5 月在“义务教育道德与法制、语文、历史学科教师国家级培训小学一年级语文教材培训班”上的讲话录音整理，发表于《课程·教材·教法》2018 年第 2 期。

中学语文编辑室和小学语文编辑室在其中起到中坚作用。实际参与过这套教材咨询等工作的各个学科领域专家有上百人。教材还经过三十多轮评审，几百名特级教师的审读以及多个省市几十所学校的试教。如果不是“部编”，很难动员这么多力量。它的编写质量是有保障的，作为一种“公共知识产品”，也能够被多数人接受。我们不好说这是理想的教材，但显然可以超越现有各个版本同类教材的整体水平。不必把这套教材的优点说得那么多、那么绝对，它可能只是相对地好一些，是站在既有的各种版本语文教材的“肩膀”上，提升了一些高度。部编教材取代原来人教版教材以及其他一些版本，但不要忘记前人的功劳。

很自然地，大家会比较新旧教材的异同。这种比较要关注有哪些“不同”，更要关注变化之中所体现的观念、意图和方法。这也许会引发我们去思考与探究，通过新教材的使用，去推进语文教学水平的提升。

大家现在只看到小学一年级和初中一年级新教材，其他的还在最后送审阶段，二年级大概八月份才能印出来。这里有必要让大家对整个部编本语文教材有个大致的印象。说是总体特色，其实也就是从编者角度，希望教材能够在哪些方面有所创新和突破。概括起来，有这么四点：

一是强调立德树人。避免做表面文章，努力做到润物无声。

二是“接地气”。希望有新理念，又不挂空，能实用、好用。

三是“守正创新”。教材编写需要听取各方面意见，会受到这样那样的制约，和一般个人著作是不同的，它的空间有限，但还是要努力去创新。新教材并没有颠覆以往的教材，而是在以前各个版本教材的基础上去创新。

四是力图贴近当代中小学生的“语文生活”，体现时代性。

以上四点，是新教材的编写理念，也是努力的方向吧。

那么，为什么要编一套部编本教材?

现在通用的多个版本的语文教材，是依据课程标准、由各个出版社组织编写的，即所谓“一纲多本”。“一纲多本”本是个好东西，有利于调动地方行政事业部门和出版社的积极性，让教材编写有竞争，优中选优。但实际上又很难做到有序竞争和优中选优。主要是市场的介入和行政的干预，让“一纲多本”有点变味儿了，现在又只好回到统编。不是所有中小学教材都统编，只是语文、思想品德和历史这三科统编。中央对此显然是有政治上的考虑的。中央直接抓教材，最后定稿都是交到中央会议上讨论的。为什么这么重视？因为有什么样的教材，就有什么样的国民。我们也应当从这个角度来理解语文教材的统编。

下面，我想结合老师们接触这套新教材之后可能比较关心的若干问题，来做些说明。一共有十一个问题：

一、一年级为何要改为先认字，再学拼音？

过去都是一年级刚上学就学拼音，然后再用拼音去认字。这回改了：把拼音学习推后个把月，先认一些汉字，再学拼音，而且边学拼音边认字。这个改变体现出一种更切实的教学理念。其实，传统的语文教育都是从认字开始，是在没有注音帮助的情况下进行的。以前的蒙学的办法，就是让孩子反复诵读，慢慢就会认字了。部编本多少有点回归传统。入学教育以后，第一篇识字课文，就是“天、地、人、你、我、他”，六个大的楷体字扑面而来，会给刚上学的孩子留下深刻印象，可能是一辈子的印象。接下来是“金、木、水、火、土”，“云对雨，雪对风”，很传统，也很有趣。为什么这样安排？要的是孩子们对汉字的原初感觉。“第一印象”不是字母“abc”，而是汉字“天地人”，这个顺序的改变是别有意味的：把汉语、汉字摆回到第一位，而拼音只是辅助学汉字的工具，不是目的。

先认字后学拼音，还有一个考虑，是幼小衔接，放缓坡度。对于一年级刚上学的孩子而言，一上来就是拼音，比较难，等于给了下马威，并不利于培养对语文课的兴趣。现在把拼音学习推后一点，能减少他们的畏难情绪。我看拼音学习再往后推一两个星期也无妨，总之是要想办法让小学生觉得语文学习挺有意思的，一开始就要注意培养认字读书的兴趣，这比什么都重要。

二、汉语拼音对刚上学的孩子比较难，教学有什么建议？

老师们要明确，学拼音是为了识字，当然，还有普通话正音。拼音是认字的工具，但别当作阅读的工具。汉语拼音只是拐杖，学会认字就可以不要这个拐杖了。所以，拼音教学要实事求是，降低难度。

例如，发音是比较难学的。学拼音当然要教发音的方法，但也不要过分要求。一年级能拼读音节就可以了，不一定要求能直呼音节。拼音字母表是要熟记的，但不强求背诵默写。声母、韵母的音节能够书写即可，是否工整不必讲究。大致说来，就是一年级要求拼读准确，二年级要求熟练一点儿，也就可以了，别给学生增加其他额外的负担。有许多学校一年级还学英语，英文字母和汉语拼音老是混淆，老师教学的压力是很大的。还有就是南方方言区的老师，为了训练一个发音，可费老劲儿了，效果还不好。如果认识到汉语拼音就是一个认字的“拐杖”，普通话正音无非是为了沟通，那老师的压力会小一点，辐射到学生那里负担也会轻一点，效果不见得就差。

其实，《义务教育语文课程标准（2011 年版）》已经降低了难度，有些学校可能没注意。说到普通话的学习，也要实事求是。方言区的学生会用普通话沟通，就可以了，不一定要求说得多么标准、漂亮。如果方言区的老师能结合所在地区学习普通话的发音难点，来补充设计更有针对性的教学方案，那就更好了。总之，学拼音就是帮助认字，不能代替认字。拼音对学普通话有正音作用，但不要把读拼音当作学普通话的办法。

另外，部编本语文教材的拼音教学内容还有一个变化，就是将拼音教学与认字教学结合起来，学拼音结合认字，彼此融通。对此，大家也要重视。

三、“和大人一起读”是什么栏目？要列入教学计划吗？

“和大人一起读”是新教材的亮点之一。大人指父母、老师或其他家庭成员与亲友。一年级刚上学的学生自己还不会读，所以让大人和他们一起读。这个栏目的用意是激发读书的兴趣，让孩子刚上学就喜欢语文，喜欢读书。这也是幼小衔接的学习方式。幼儿园主要是无纸化教学，听故事多，到了小学就开始使用纸质的阅读材料包括书本了，让孩子先和大人一起读，慢慢过渡到自己读，这过程需要大人的引导。以前的教材没有这个栏目，大家不知道如何处理。我建议你们把这个栏目纳入教学计划，但不要处理成一般课堂上的课，这是课堂教学的延伸，延伸到课外，延伸到家庭。让家长少看电视、少打麻将、少上微信，多和孩子一起读书，这也等于创造了语文学习的良好氛围。可以给家长“布置作业”，让他们配合做好“和大人一起读”。现在许多家长没有和孩子一起读书的习惯，我们可以先在教室里面让老师和学生一起读，然后，通过家长会、家长课堂等形式，示范怎么实施一起读。

一起读可以是朗读，也可以讲读，或者对话式阅读。形式不拘，但要注意都是在读书，是书面语言的阅读。一起读不要给孩子太多压力，也不必布置作业，附加的任务多了，压力大了，兴趣就少了。应当让孩子在大人的陪伴下进行无压力的自由轻松的阅读。老师如果觉得教材中的“一起读”课文比较浅，也可以换，另外找一些作品来读。“和大人一起读”的教学目标就是激发读书和学语文的兴趣。

四、部编本小学语文教材的课文有哪些变化？

一个变化就是课文数量减少了，教学类型增加了。像一年级上册，人教版原来有 41 课，现在减少为 32 课；汉语拼音的课量也减少了，识字课则增加了。一年级下册，人教版原有 39 课，现在也减少为 29 课。

课文数量的减少，不应被简单地理解为“减负”（孩子们负担重，往往不是教材、老师加重的，而是社会、家长加重的），而是教学内容和方式的调整，使教材所呈现的内容更加丰富，更加重视口语、读书等方面的内容，也更有利于语文素养的提升。

新教材对优秀的传统文化格外重视，这方面选文的比重大大增加，一年级就选了许多古诗。从一年级到六年级，课文的变化很大，几乎换了三分之二的课文。

课文的选篇标准强调了这四点：即经典性，文质兼美，适宜教学，同时要适当兼顾时代性。

大家会发现，有些经典的老课文又回来了，没经过沉淀的“时文”少了。

五、识字写字教学如何做到更有科学性？

首先是实行“认写分流，多认少写”。这是部编本语文低年级教材的编写原则。这样做，是为了提高教学效果，为尽快过渡到独立阅读阶段创造条件。认识字和学会写，是两个不同的目标，小学要求低年级认识常用字 1600 个左右（以前是要求 1800 个），其中 800 个左右要求会写，教学中注意不要加码。不要回到过去那种“四会”的要求，因为认、讲、用、写是很难齐头并进的，那样做效果可能是欲速则不达。

新教材在识字教学的安排上是有讲究的，大家在教学中要认真体会。一般而言，只要按新教材设定的各个阶段目标推进，学生到二年级下学期大致可以实现独立阅读。大家要注意，一年级上册后面附了《识字表》《写字表》，要求会认300个字（这300个字应当是低年级识字教学的重点），会写100个字；一年级下册附400个要求会认的字，200个要求会写的字。有的老师会问：这些字是怎么来的？是为了帮助学生认读课文，才安排学这些字吗？不是的，它是依据对小学生阅读的字频调查来确定的。先认这些字，才可能让学生尽快过渡到独立的阅读。而且从字理、字结构来看，先认识这些字，也有助于学生举一反三，认更多的字。

新教材有意安排了“多元认字”内容，就是说，不完全依赖拼音认字，还要多通过字形、结构、偏旁等去认字。如果单纯依赖拼音识字，可能会拖累识字的效率，不利于尽快进入无拼音的实际阅读阶段。教学中老师们要重视范读、熟字带生字、尽量勾连口语词，等等。教第二、第三单元时，要巩固和复现之前认识的汉字，避免回生。一年级要尽量照顾到“多元认字”，到二年级下学期，一般就掌握“多元认字”方法了，那时就不光要会拼音识字，还要会根据上下文猜读、根据形声字构字规律猜读等。新教材“多元认字”的教学思路，老师们应当多加关注，加强研究。

六、如何上好古诗词的课？有无必要让孩子学“国学”？

部编语文的古诗文篇目增加了。小学一年级开始就有古诗，整个小学6个年级12册共选有古诗文132篇，平均每个年级20篇左右，占课文总数的30%左右，比原有人教版教材增加很多，增幅达80%左右。初中6册选用古诗文的分量也加重了。

怎样教好古诗文的课？最好的办法就是反复诵读，读得滚瓜烂熟，不用有过多的阐释，也不要太多活动，宁可多读几遍、多读几篇。比如，给一年级学生讲《春晓》，讲春天到来的感觉和那种发现，让孩子大致上懂得写了什么，发挥孩子的想象力，就可以了，不要让孩子去记什么“抒发了诗人热爱春天、珍惜春天的美好心情”之类。因为“珍惜春天的美好心情”之类，不是一年级孩子能理解的。讲王维的山水诗，也不一定非得往“热爱大自然”上面靠。让小学生安静下来，体会一下诗中表达的那种“静”，我看就可以了，不必添加许多成年人理解的内容。

古诗词教学要注重让学生感受诗词音韵之美、汉语之美，也许一时说不清美在哪里，总之是积淀下来，有所感觉了。现在有些古诗词教学过于烦琐，像外科手术，把那种“美”都给弄跑了。比如有一些老师教《静夜思》，教案设计的程序就很烦琐——首先放一个视频，视频中有月亮，老师问学生：“你想到了什么呀？”有的还让发表一个感慨，说：“月儿圆啦，人团聚了，多美好啊！可是伟大的诗人李白却无法回家。他只身离家在外，看到圆圆的月亮，想起他的故乡，想起他的亲人。在深深的思念中，他通过写诗排走心中的寂寞。”这就有点“绕”，还有点“酸”，小学生怎么会有兴趣？有的老师还逐字逐句地讲解，安排各种活动，什么李白的诗中有几个动作呀，分解一下，让孩子们演示一下什么叫举头望明月。这多累赘呀，于是“静夜思”中的“静”就跑了。

小学生学古诗文，是比较难的，要求别过高，不必在所谓主题思想、意义价值、艺术手法等方面讲太多。有的教案总喜欢来个三段论——“知作者，解诗意，想画面”，未免太死板，也不得要领。

要不要把“国学”当作课程？我在这里非常明确地表达自己的观点：没有必要。“国学”这个概念很复杂，在晚清是为了抵御“西学”、拯救国粹而提出的，当时是“国将不国”之学，带有保守主义的意味。这些年有些人张扬“国学”，也许有一定的现实意义，但什么是“国学”？范围太大，很笼统，而且精华与糟粕纠缠，又很复杂。我看还是提“优秀传统文化”为好，这是中央的提法。至于“国学”不“国学”，学界都还弄不清楚，有争议，我们中小学不要去套用。

社会上有人开设了读“《三》《百》《千》”的班，说那是“读经”。这就夸张了。“《三》《百》《千》”是古代开蒙的读物，主要是认字用的，小学生读一读也无妨。但要注意“《三》

《百》《千》”并不是“经”，里边也有许多不适合现代人格发展的糟粕。小学不要开设什么“读经”班，多读点优秀的古诗文就挺好。

七、部编本语文为何要强调课型的区分？

课型的区分在一年级还看不太出来，到了三年级，课文就分为两种类型，或者两种课型：一是精读课，二是略读课。初中教材“精读”干脆改为“教读”，“略读”改为“自读”，加上课外阅读，就建构了“三位一体”的阅读教学体系。

精读课主要是老师教，一般要求讲得比较细，比较精，就是举例子，给方法，激发读书的兴味；而略读课主要让学生自己读，把精读课学到的方法运用到略读课中，自己去试验、体会。很多情况下，略读课就是自主性的泛读。课型不同，功能也不同，彼此配合进行，才能更好地完成阅读教学。

那么小学怎么上好教读课？一是要安排好预习，不要布置太多作业，主要就是提一些有趣的问题做铺垫和引导，激发阅读的兴趣。教读的重点是教阅读的方法，同时也适时教一些写作方法，两者结合起来。自读课是把教读课的方法沉淀运用。老师不要多讲，就让学生自己去读。有些老师可能不放心，还要为自读课安排讨论或者作业，这是不必要的。

我特别要说说另一种课型的混淆。不管学什么文体，无论小说、散文、诗歌、童话、议论文、科技文，全都用差不多的程序和讲法。有的上诗词课，也要分析主题意义；上童话课，就和小说差不多，还是人物性格、艺术手法等等。不同的文体课型应当有变化。如果课型不变化，没有节奏，老是那一套，学生能不腻味？

部编本在课型问题上有许多探索，比如对文体特点的提示，以及不同文体阅读方法的要求，等等，都是有用意的，老师们要重视。

八、为何要提倡阅读教学的“1+X”？

现在语文教学最大的弊病就是少读书，不读书。教材只能提供少量的课文，光是教课文、读课文，不拓展阅读量，怎么用力，语文素养也不可能真正提升上去。部编本语文教材比起以往教材，更加注意往课外阅读延伸了，但阅读量还是不够。所以我主张加大课外阅读，鼓励“海量阅读”，鼓励读一些“闲书”，也就是和考试甚至和写作并不一定挂钩的书：鼓励读些“深”一点的书，可以“似懂非懂”地读，“连滚带爬”地读。只有这样，才能培养起读书的兴趣。当然，我们的语文课就要改一改，不能满足于精读精讲，不能要求阅读全都围绕写作，还要在精读精讲之外，教给学生各种实用的阅读方法，比如快读、浏览、跳读、猜读、群读，还有非连续文本阅读、检索阅读，等等。部编本语文在不同文体的阅读以及多种读书方法的教学方面，开始做一些尝试。这是新课题，希望老师们也支持。

所谓“1+X”的办法，即讲一篇课文，附加若干篇泛读或者课外阅读的文章，让学生自己读，读不懂也没关系，慢慢就弄懂了。这就是为了增加阅读量，改变全是精读精讲而且处处指向写作的那种教学习惯。

新教材一、二年级就有延伸阅读，高年级会更多些。小学中高年级以及初中教材，几乎每一单元都有课外阅读的延伸。新教材实际上已经把“延伸阅读”部分纳入教学体制，并尝试设置一些检测评价。一线老师在这方面可以大有作为，发挥各自的主动性，去探索、研究适合自己的可行的办法。这肯定是一个教学的创新点。

老师们也想实施“1+X”，可是拓展阅读的课文到哪里去找？这里介绍一种，那就是由北京大学语文教育研究所组织编写、人教社最近出版的《语文素养读本》。其选文的经典性、可读性都比较好，能大致配合新教材各个年级、学段的教学目标，从小学到高中共24册，每学年2册，大家可以参考选用。

九、怎么设计“快乐读书吧”课程？

“快乐读书吧”课程，每学期一两次，每次安排某一种阅读类型，比如儿童故事、童话、寓言、民间传说、科普读物等，让学生接触各种文体类型，有基本的文体知识，激发阅读各种类型读物的兴趣，有意识地让学生去掌握一些读书方法。这个栏目不要处理成一般的课文学习，老师可以举一反三，讲一点相关的读书常识，包括书的类型和阅读方法，但主要是引发兴趣，让孩子自已找书来读。

十、教学中如何处理语文知识的讲授？新教材有无语文知识体系？

这些年的课改为了防止应试式的反复操练，提出语法修辞和语文知识的教学不要体系化，要“随文学习”。这个出发点是好的。问题是，如今的语文教学又出现另一趋向，就是知识体系被弱化。很多老师不敢理直气壮地讲语文知识，不敢放手设置基本能力的训练，知识点和能力训练点不突出，也不成体系。结果教学梯度被打乱，必要的语文知识学习和能力训练得不到落实。有时课上得满天飞，可就是没有把得住的“干货”。

针对这种偏向，部编本语文教材做了一些改进。一是每个年级和各个单元的课程内容目标力图更清晰，教学的要点也更清晰，要让一线老师备课时了解应当有哪些“干货”，做到“一课一得”。

部编本语文教材已经在努力重建中小学的语文核心素养的

体系，这是“隐在”的体系，不是“显在”的。不刻意强调体系化，还是要防止过度的操练。老师们了解这一点，教学中就要胸有成竹，知道每一年级的语文学习大致达到什么要求，通过哪些线索去逐步实现，每一单元甚至每一课的知识点、能力点在哪里，等等。教学实施中不去追求“体系化”，但还是要有体系的。

怎么去掌握新教材的知识体系？又怎么在教学中落实那些知识点和能力点呢？我这里给大家一些建议吧，也许备课时用得上。

一是参照教师用书。教师用书会有知识点、训练点的提示。

二是看单元导语。每个单元都会提出教学的要点。

三是研究思考题和各个栏目的要求。思考题往往体现对知识点或语文能力训练的要求。

语文知识的教学必须加强，但还是以“随文学习”为主，不要从概念到概念。

十一、不要滥用多媒体，祛除语文的烦琐病

语文课，低年级可以用一点多媒体，但越往高年级走，越要减少。滥用多媒体，是一种流行的“烦琐病”，是一种灾难。多媒体给学生提供了各种画面、音响与文字，目迷五色，课堂

好像活跃了，可是学生的阅读与思考被挤压了，文字的感受与想象给干扰了，语文课非常看重的语感也被放逐了。在讲王维的诗时，老师还没有讲，先把一个山水画在PPT上放出来了，如果是让孩子们自己读该多好！因为每个人的体会是不一样的，不要定格学生的思维。建议老师们的语文课不用或少用多媒体，让语文课重新回到朴素本真的状态中来。少用多媒体，祛除烦琐病，这也是在新教材使用中应当给大家的建议。

有的老师过多依赖多媒体。许多老师得了“百度依赖症”，整个备课教学离不开百度，什么都依赖网上给结论。只有结论，没过程，思想容易碎片化、拼贴化。老师几乎都不读书了，顶多读一点杂志，或者着急备课用的材料之类，专业能力就会日渐退化。

现在许多老师都不会记笔记，也不会板书了，真是可惜！其实板书的过程多美呀！那感觉和效果是PPT代替不了的。奇怪的是，一方面我们的老师不板书了，另一方面又要增加书法课。我主张语文老师还是要把字写好一点，要有板书。

还有就是读书问题。如果老师不怎么读书，那怎么能让你的学生多读书呀？有的家长在那里打麻将，打得天昏地暗，却不断地回过头来吆喝他的孩子好好写作业。可能吗？老师们很忙，抱怨没有时间读书。可是每天看手机、微信的时间有多少呢？语文教师要博雅一点，给学生做个榜样——少看微信，多看书。

年轻的老师给自己定个两三年的计划，把大学期间应该读却没有好好读的书再读一遍，这可能比什么培训更加管用。书读得多的老师和读得少的会很不一样，气质就不一样。希望语文老师中有更多的“读书种子”，那么语文课就会好得多。有一篇报道说，部编本语文是“专治少读书、不读书的”。我很赞赏这个说法。那么使用新教材，推进教学改革，就回到原点，从老师带头多读书开始吧！

中学生如何读鲁迅*

近百年来的知识分子中，对中国文化理解最深的，鲁迅堪称第一人。他以独特的眼光看中国文化，指出中国文化中有大量的优秀元素，但同样有大量糟粕。鲁迅最了解中国人的国民性。我建议中学生适当地读读鲁迅，鲁迅的作品不是简单地叙述，他是带着生命的体验来写的，他会燃烧你，调动你，感动你。你从中也会发挥想象力来理解中国文化，了解中国人。有一种说法，鲁迅的文章只适合中年人读，但我认为，年龄不同，心得不同。

鲁迅是一位战士，他的作品批判性很强。中学生读他的作品，除了学知识，更要学会如何观察、了解这个社会，最重要的是学习鲁迅的“知人论世”。现在网上文章的思维往往很偏激，甚至互相掐架，其实是缺乏知人论世这一点，对事物的了

* 本文选自笔者 2012 年 8 月在北京大学首届“文学特长生阅读与写作夏令营”的讲课整理稿，收入本书时有改动。

解不是这边就是那边，观点绝对化。这个世界很复杂，我们要学会看穿这个世界。

第二是要学会独立思考。鲁迅从来不盲从，不凑热闹，也从不相信现成的结论，大家都这样认为的时候，鲁迅会冷却下来，跳出来问“为什么”。我们也可以用自己的语言写下自己发现的问题，自己的困惑，自己的理解和感受。学习鲁迅不是要变成鲁迅那么犀利尖刻，而是要学到他的那种不随波逐流、独立思考的批判精神。

读鲁迅的作品会觉得很闷，被沉重、悲哀的情绪所缠绕，这说明你已经读进去了，理解了。

我们应该读鲁迅的什么作品呢?

建议小学生读一读《朝花夕拾》，文中充满了抒情和幽默，其中《从百草园到三味书屋》一文是作者回忆童年的文章，语言清新，充满温暖，是鲁迅最柔软的部分。

初中生可以读鲁迅的小说。《孔乙己》是鲁迅比较喜欢的三篇小说之一，结构清晰，文笔干练，没有故事，没有传奇，看似平淡，但人物刻画入木三分，将事不关己、高高挂起的人情冷漠的社会刻画得淋漓尽致。

高中阶段适合读鲁迅杂文。杂文是鲁迅最独特的文体，比小说影响更大。有人认为，杂文浪费了鲁迅的创作生命，他如果多写小说，最好写一些长篇小说就更伟大了。但我认为这并不可惜。杂文在鲁迅所有创作中比重最大，共650多篇，135万字，其中涉及的古今中外人物4500多个，文献书籍5000多种，历史事件450多个，涉及中外历史、宗教、哲学、文物，甚至还有校勘、翻译、出版、心理学、教育学和地质学等各个领域，可以说是包罗万象。

鲁迅的杂文是对现实发言的“文化批评、文明批评”。杂文不是议论文，也与小说、散文不一样，有点四不像，是有感而发的个性化文体。鲁迅是带着自己的血肉去看人生，看中国，没有一篇是空论，是我们了解中国历史、中国人心史的鲜活的、有血有肉的“百科全书”。百年来，中国国情和精神文化现象都可以在鲁迅杂文中找到答案。所以，高中阶段看鲁迅杂文，既能提高写作水平，也能学习到很多知识。

鲁迅的文章很犀利，也很尖刻，我们怎样学习鲁迅写文章？鲁迅的语言是书面语，有点文白夹杂，甚至有点“硌”。中学生不能光读很水的流行读物，很流畅的东西往往缺乏“阅读摩擦力”，其实在阅读中需要停下来进行“思想爬坡”。鲁迅的文章幽默、讽刺，有大尺度的喜剧美感，他语言的张力、精练的技巧都可以学习。中学生写文章时不要生怕别人看不懂，不要老重复，特别是议论文，不是简单用形容词就能吸引眼球的，要用自己的语言。干净利索的表达方式，更会引起老师的注意。

孩子们为什么喜欢《哈利·波特》*

《哈利·波特》引入我国以后，像有根“魔杖”一挥，这部书就迅速走红，多年持续荣登畅销书榜首，掀起一波又一波的阅读热潮，其影响之大，是多年来翻译文学出版界所未见的。

《哈利·波特》以它极大的吸引力让千百万孩子手不释卷——事实上，这部“大书”已经完全融入中小学生的文学生活。一般人的印象，可能以为现在的中小学生不怎么爱读书，因为他们是被影视、媒体、手机、游戏所包围的一代，这种情况的确存在。但“不爱读书”的孩子每当接触到《哈利·波特》，马上就着迷，变得爱读书了。《哈利·波特》一共7部，中文版3055页，274万字，连这样“大部头”都能“啃”下来，老师和家长应当有些惊奇吧！可以到学校里试试，一说

---

* 本文系笔者为人民文学出版社2018年新版《哈利·波特》所写前言，发表于《中华读书报》2019年1月23日，原题为《孩子们喜欢〈哈利·波特〉的N个理由》。

到《哈利·波特》，很多同学就会眼睛一亮，有说不完的话题。哈利·波特这位带着闪电疤痕的巫师，已经成为许多少年的偶像。不少成年人也迷恋上了《哈利·波特》，甚至有很多“哈迷”沉醉在“哈利·波特”的奇幻世界里，起居饮食都在模仿这位偶像。当然，顺便说说，有智慧的读者都会记住书中魔法学校校长邓布利多的那句提醒:“沉湎于虚幻的梦想，而忘记现实的生活，这是毫无益处的。”

为什么一本外国童话体小说能够赢得如此众多的读者，以致形成社会阅读的兴奋点？这个文化“现象”值得研究。

我本人接触《哈利·波特》比较晚，是看到孩子们对此书那么入迷才找来读的。因为职业的习惯，读这部书我总习惯用“研究”的眼光，自然也就算不上“理想的读者”。不过我还是极力设想自己还是孩子，设身处地想象孩子们阅读接受的状态。这也挺有意思的。这里我就根据阅读的印象和粗浅的理解，来谈谈如今孩子们为何特别喜欢哈利·波特。

首先，是神奇的情节激发了天马行空的想象。儿童时期是人的一生中想象力最丰沛的时期，要让想象力尽力挥洒，精神人格才能健全成长。孩子们总是怀着极大的好奇心，睁大眼睛，以他们特有的想象力和理解方式去观看世界。成功的儿童文学，第一要素就是激发孩子的想象力。而《哈利·波特》已经完美地做到了这一点。

我外孙女今年10岁，也是小“哈迷”。我问她为何喜欢《哈利·波特》？她说因为“神奇”。还说，《西游记》也挺神奇的，也喜欢，但那些妖精的故事有些“重复”，而《哈利·波特》却每一部都让人感到新奇和惊讶。确实，《哈利·波特》7本书，描写主人公哈利·波特从上学到走出校门的几年生活，可以说是波澜起伏，高潮迭起，神奇的情节不断诱导和激发孩子们的想象力，让他们享受那种无拘无束的思维的乐趣。现在的孩子受束缚其实挺多的，从幼儿园开始就要面对各种竞争，成年人把生活的紧张投射到他们身上，孩子们的精神发育并不健全，很多孩子想象力并没有得到开发，甚至还受到抑制。像《哈利·波特》这样自由无拘的作品，能让孩子摆脱过于约束的生活，真的是可遇而不可求。

《哈利·波特》是“皇皇巨著”，读完还真不容易。但是很多孩子还是蛮有趣味地“啃”完了，首先就是被那些魔幻的情节所吸引吧。哈利·波特的父亲是个巫师，被伏地魔杀害，小哈利成了孤儿，寄人篱下，生活苦难而压抑。想不到他被霍格沃茨魔法学校录取了。他在魔法学校经历了青春期的快乐与烦恼，友谊、游戏、争斗、冒险、情窦初开……哈利结交了两个最好的朋友，魔法日渐长进，出类拔萃，也遇到很多麻烦和恐怖的事情。伏地魔仍威胁要剿杀哈利，而哈利为了阻止伏地魔，尽力去寻找“魂器”。最终经过惨烈的大战，哈利战胜了伏地魔。小说的情节带有很多魔幻色彩，诸如魔杖、猫头鹰信使、飞天扫帚、魔法石、隐形衣、魔镜、幽灵、妖精、咒语、密室、火焰杯、死亡圣器、$9\frac{3}{4}$站台等，五光十色，神奇而怪异，让人读来感到紧张、刺激。明明知道那是虚构的、超越现实的，但还是喜欢读下去，要看的就是魔幻之中的“合理”与“真实”，是魔幻带来的非凡体验。这正是作品特殊的魅力所在。

孩子们喜欢《哈利·波特》，还因为它切合少年成长的生活实际，是“懂”他们的作品。这部魔幻小说尽管写了许多匪夷所思的神怪故事，但又始终未曾脱离实际生活。小说中有我们常见的拥堵的车流、晚间新闻报道、书店、超市、汉堡店、电影院、高尔夫球、穿校服的少年、家庭作业等，也有巫师、蛇怪、独角兽、火龙、飞天的摩托、猫头鹰信使等，而这一切传奇，不是发生在遥远的古代，而就在当今，在身边的日常生活中。

这和读《西游记》《封神演义》，或者某些神话、民间故事之类作品的感觉显然不一样，《哈利·波特》的“魔幻”就生成于“现实”之中，和“现实”打成一片。小哈利天生就是巫师，身怀绝技（自己并不知道），却也要寄人篱下，受顽劣的小表哥欺负。魔法学校也和一般中学一样，有各种快乐的游戏，亦有让人腻味的课程、并不讨人喜欢的老师，还有同学之间的矛盾与争斗。在很多情况下，哈利和一般孩子没有什么区别，他不乐意受学校规章的约束，也“翘课”，闯“禁区”，冒险。在结交朋友、初恋等事情上，既有青春的欢乐，也有成长的烦恼。孩子们读神奇的《哈利·波特》，总能感觉到“真实”的一面，“荒诞”就交织在“真实”之中。正因为有这种贴近少年人生活的“真实”的描写，孩子们才能找到“生活在别处”的乐趣，那些神奇的故事才能成为想象力喷发的“出口”。

当我们年少之时，谁没有想过要摆脱繁杂腻味的功课？谁没有过“魔杖一挥”的幻想？谁没有过“飞天扫帚”的美梦？……《哈利·波特》尽量满足了这些愿望，原本平淡的生活也因为阅读而闪现耀眼的光辉。

《哈利·波特》其实可以看作是“成长小说”，在魔幻而又现实的世界里，有孩子们成长的烦恼，也有叛逆和冒险，友情与爱情。特别是写到哈利的初恋，那种青春萌动的朦胧而又美好的感觉，着墨不多，也会给小读者留下深深的印象，让他们心动。而这可能是国内儿童文学描写的“禁忌”。小读者会认为《哈利·波特》是独一无二的，这部外国人写的书毫不做作，反而很“懂”他们。

《哈利·波特》虽然是魔幻小说，读来却也能让人感动。哈利从小受尽苦难，并没有被苦难压倒，而有志气做一名本事高强的巫师。他的善良、上进、毅力与勇气，都是非常可贵的，他要“惩恶扬善”，斗垮伏地魔，报杀父之仇，除奸佞恶霸，这也让人振奋与崇敬。“巫师”这个词在我们通常的印象中是怪异的，多少带有贬义，但读了《哈利·波特》，我们在小巫师哈利身上看到的是正义与勇敢的亮色。不过，作者并没有把哈利塑造成高大上的神一般的英雄，这个孩子也有缺点，比如不太喜欢学习，有时会偷懒，有成长中的各种问题。这种“不完满”却能赢得小读者的认可，他们在哈利身上看到了自己。

最值得一提的是，《哈利·波特》让读者在这个过分物质化的时代感受到道德的力量。《哈利·波特》的主题是多义的，写到了生、死、爱、恨、贫穷、财富、命运、奋斗、正义、阴谋、邪恶等，也写到了人性的阴暗。阅读 7 本书，读者跟着哈利一块儿长大，会从最初倾心于奇幻，到逐渐体会人生的复杂，最后和哈利一起面对成人世界。对于这样丰富复杂的内容，如果用语文课惯常的那种刻板的思路方法，是难以理解和归纳的。毫无疑问，《哈利·波特》有教化的意义，甚至有些哲理，不同层次的阅读都会各有所获。但和许多儿童文学不同，《哈利·波特》一点也不说教，这当然会让小读者喜欢。

《哈利·波特》的可读性很强，还在于它独创的文学性。在书中可以看到许多西方文学经典的元素，从罗马史诗、希腊神话，到狄更斯小说，某些精彩的故事原型和描写素材，都创造性地“转化”为这部小说的组合件。作者显然还借鉴了好莱坞电影的某些技巧，包括《魔戒》三部曲、《星球大战》等电影，更让这部小说形成雅俗交融的当代艺术特质。有人认为作者罗琳创作“哈利·波特”系列故事，意在塑造一个邻家少年与史诗英雄的结合体，哈利·波特就像年轻的亚瑟王、蜘蛛侠与《星球大战》的主角天行者卢克。的确是这样的，《哈利·波特》是流行读物，但又有高超的艺术品格，难怪读者会爱不释手。

孩子们喜欢《哈利·波特》可能还有N个理由吧。但不要忘了，有个理由也很重要，那就是“自由阅读”。绝大多数孩子喜欢这部“大书”，是他们自己的选择，完全出于好奇。这部魔幻小说一般不会进入老师和家长指定的书单。孩子们读这部书的“姿态”，和读其他指定的书是不一样的。他们用不着边读边想着要完成什么“任务”，读的过程也没有烦人的提问，读完了不用写什么心得体会，完全是“无负担”的“自由阅读”。现如今，孩子们的“自由阅读”太稀罕了。想想看，如果阅读功利性太强，一边读一边想着作业和考试，多么煞风景呀，阅读的兴味肯定会大减。若要让孩子喜欢读书，不能太功利了，这也是《哈利·波特》阅读现象给我们的启示吧。

通 识 教 育 与 读 书

为青年朋友介绍我喜欢的书*

报纸编辑希望我能为青年朋友介绍自己喜欢的书，我首先想到了《论语》，这也是对我影响最大的书之一。说来惭愧，虽然上大学时就读过《论语》不止一遍，甚至背下不少章节，却说不上喜欢。那时主要是为了学古代汉语，完全当它是某种语料，并没有什么心得。当然，二十世纪六十年代那时也在限制思考。真正认真细读，并多少能融进自己的人生历练来读，是过了而立之年。此后几乎每隔一段时间就会读一读《论语》，往往有些新的体验。我渐渐觉得这本书在渗透进自己整个人生。

当然其中也有我所不太喜欢的，比如那种教化味道，还有一些明显落后的观念。但我欣赏品味里边的人生智慧，那种质朴踏实的态度，还有对人事的洞察和理解，大度与乐观。也许太年轻是不容易进入《论语》的，但读一读还是有好处，毕竟

* 本文发表于《中华读书报》2004年6月30日，原题为《一脚踏进人文殿堂》。

这是中国的经典。那些思想精华，会一点一滴持续地滋润整个人生。

说到这里，我联想起一件事。去年有人尊孔，花钱塑造了一尊孔子像，希望能落户北大燕园，据说到北大联系时，被校方婉拒了。事后我跟朋友说，这“婉拒”有水平，因为不管怎么说，北大曾经是新文化运动发祥地，如果竖起一尊孔子像，多少有点“不协调”。这其实是很微妙的感觉。不赞成竖塑像不等于不尊重孔夫子，也不妨碍我照样喜欢《论语》。不过，细想自己读《论语》时，虽然满口“子曰”，总也极少想到孔夫子的样子，大概因为欣赏那智慧的火花和人生的况味，反而不会把孔子拜作“圣人”了。如果读《论语》能“平实”一点，知人论世，丢掉膜拜的意味，会更有创获。

有些青年朋友可能会抱怨读《论语》这样的古书障碍比较多。那么可以找一些有注释的本子来读。这类书很多，因为不是深入研究，先读懂基本意思再说，不必苛求什么版本。我倒是不太主张大家一开始就读那些“主观投入”太多或者太“现代性”的研究型论著。因为那容易马上把自己的脑子框住了。

报纸编辑还要我为青年朋友说出所喜爱的其他几种书，我依次罗列以下：

二是《孟子》。理由和前边已经说过的差不多，我认为也是一本可以不断丰富我们人生智慧的书。

三是《庄子》。有时我也问自己，这和《论语》是完全不同的风格，怎么能都喜欢？大概人生本来就是复杂的、多向度的。如果说《论语》让人理解人生，那么《庄子》可能更让人超越和想象人生。

四是《红楼梦》。上中学时读了好几次都读不下去，主要还是不能进入那种表面日常、其实很形而上的境界。“文化大革命”中在干校劳动，有机会反复读了好几遍，越读越有味。大概不同年龄段读它都会有不同的理解。

五是《鲁迅全集》。记得二十世纪八十年代初我是花了一个月的工资买下一套全集的，至今仍然是翻阅最多的书之一。除了教学、研究的需要，还因为鲁迅的确让人非常清醒，让人永远对现实保持一种犀利的批判目光。当然，也因为这是近代以来中国文化最重要的思想遗产。

六是《共产党宣言》。记得我头一次读是十六七岁，当时有一种异乎寻常的庄严感，为那种雄大的使命感和事业心激动不已。在当下这样缺少理想主义的现实中，读这本影响人类命运的大书，能得到精神的升华。

七是《圣经》。我是基督教家庭里长大的，从小就熟悉这本书，为其中许多故事所吸引。看到我高龄而又重病的母亲每天都要坚持吃力地用放大镜读上几页，我就能体会信仰的力量。《圣经》的重要还在于它是西方文化的源头之一，要了解西方，自然绕不开《圣经》。读这部书不等于就要信教，它也许能激发我们对生命、对未知世界保持一份敬畏之心。

八是莎士比亚的戏剧。那完全是适合“读”的剧本。尽管连张爱玲也说过不喜欢，而且年轻人已经很难静下心来啃这样的经典，但我想最好还是选读一两部悲剧，那起码能培养一种对悲剧的感悟，那种雍容华贵的风格也能让人想象力飞扬。

九是美国理论家詹明信（又译詹姆逊）的《晚期资本主义的文化逻辑》。这是近年来对我国文学理论界影响甚大的一部书，可以了解一下到底为何影响大。它跳出传统 vs 现代的思维模式，启发我们重新打量所处的这个多元的有些混乱的世界，会有另一番风景。

十是切·格瓦拉的传记。坊间已经翻译出版许多种，也可以读国人写的比较简要的一种，就是《切·格瓦拉》（张中莉编著，辽宁人民出版社）。在许多人都乐于痛快地颠覆革命的时候，这位传奇人物的事迹会让人感受何谓英雄气概，何谓献身精神。

我就罗列这么十部书，除了后面两种，都是些比较常见的书，却又大都是经典性的“大书”。这些属于经典的东西，对于后世的读者而言会有距离，包括对它所属时代和语言表达形式等方面的隔膜，会对阅读形成障碍，我们需要尽力才能进入。

许多流行的作品我也喜欢，我平时也会读一些休闲的读物，比如几米的绘本、《水煮三国》之类，但那主要是消遣。如果要真正了解人类的智慧，吸取精神的力量，提升人格境界，还是要取法乎上，多读经典性的作品。

读经典要沉下心来，有一份超越，有一份尊崇，尽可能调动自己的感觉与灵性去接近，去理解，就能深入堂奥，高雅的兴趣就会慢慢培养出来。当然，我所喜欢并乐于推荐给青年的这些“大书”，短时间读不完，有些真的就是要用整个人生来读。

个性化阅读和浸润式学习*

《中外文学作品导读》是小学教育专业（专科）文科组考生的选考课之一。我受全国高等教育自学考试指导委员会委托，编写了《中外文学作品导读》这本教材。

小学老师有相对的专业分工，无论哪个专业，都应当具有较好的语文素养，包括思维能力、表达能力和审美感悟能力。我们在教学中强调培养学生的情感、态度、价值观，这对老师自己来说，也是重要的。教师是化育人的职业，先要化育自己，让自己具备博雅的气质。这个“博”可以理解为眼光与气度的开通博大，“雅”就是品位的高雅。小学老师不一定要求知识非常广博高深，但气质风范必定是面向博雅的。这会让自己感到人生的充实，在孩子们眼中也成为值得崇尚的人。在当今趋向物质化、功利化、粗鄙化的氛围中，提倡“博雅”是有

* 本文系笔者为《中外文学作品导读》（温儒敏主编，外语教学与研究出版社 2012 年版）所写序言。该书系全国高等教育自学考试小学教育专业的指定教材。

现实意义的。我理解在小学教育专业（专科）自考课目中开设这样一门作品导读课，也有这方面的考虑：以这门课来激发学员阅读的兴趣，养成读书的习惯，化育博雅的气质，文学素养就会有所提高，整体素质也可以逐步得到提升。这也是我们这门课的学习目的吧。

文学素养的培育很难速成，也别无他法，只有靠大量的作品阅读，并多少了解一点文学史与文学理论知识。由于课时有限，不可能也没有必要分头开设文学史、文学理论等课程，因此这门导读课就带有综合的任务，在较短时间内，引导学员阅读中外较有代表性的文学经典，由点及面，对中国古代、现当代文学及外国文学有初步的接触。这本教材就是为学员初步接触中外文学而编写的。

要在四十万字左右的一本书中囊括古今中外代表性的作品，并非易事，也颇费斟酌。我确定的作品编选原则有四：一是经典性，所选篇目都是文学史上的名篇；二要深浅适度，适合我们这个专业的学员学习；三要文字精美，是适合“悦读”又能启迪心智的“美文”；四是本教材选文尽可能不和中学语文教材（特别是流行的版本）的选目重复。这是阅读型教材，为方便学员自学，采取作品、导读与文学史概说三部分结合的方式。

全书分三编：中国古代文学、中国现当代文学与外国文学；按照文学史上大致的文类分为十五章，其中古代文学八章，现当代文学四章，外国文学三章。每一章等于一个单元，开头是本单元的“概说”，简要介绍文学的源流与发展，以及各时期重要的作家作品，为阅读本单元作品提供知识背景。对本书无法收录的长篇名著，也叙其梗概。每一篇作品都附有“导读”，主要介绍作者及写作背景，对作品的内容及艺术特色做简要的评述，激起阅读兴趣，引发问题与思考，学习基本的文学鉴赏与评论方法。

学员们可能比较关心课程考核问题，为此我们在“概说”部分用黑体字标示出知识点，“导读”部分也会说明每一篇作品阅读时所必须注意的知识点与需要重点思考的问题。大家还可以同时参照书末附录的考核大纲。考试不会超出大纲的要求范围。

中外文学作品浩如烟海，如何从中精选最优秀而又适合当代青年阅读的部分，通过一本教材有限的篇幅呈现出来，这的确是很难的事。常用的办法就是以文学史为线索，按照一般文学史公认的经典标准来选编。这种办法的优点是线索较清楚，但照顾文学史的框架，要纳入的内容就太多，面面俱到，很琐碎，考生更难掌握。其实对于一般非文学专业的学生来说，不可能也没有必要依照文学史的线索系统地学习。过去那种要求考生死记硬背大量文学史常识的办法，并无多少益处，反而会扼杀读书兴趣。所以这次修订不再采用文学史的框架，而大致以中外文学的不同文类分若干单元，分单元选读相关的作品。这也可以称之为单元阅读法。比如大家都约略知道“诗骚”“宋词”“现代外国文学”之类的概念，现在就按照这些概念的分类，相对集中地阅读一些作品，可以加深对这些文类的感受与了解，以点带面，也会对中外文学史有些感性的印象。更重要的是，把精力更多地放在作品阅读上，而相对弱化文学史的线索，也是可行的，值得的。所谓“导读”，就应当把“读”放到最重要位置，真正提升作品阅读能力和审美感受能力。

顺便和学员说说如何来学这门课。

选考这门课的学员都是在职学习，工作忙，学习时间少，资料收集不容易。考虑到这种情况，教材编写尽量简明，重点突出，一册在手，就可以满足最基本的教学需要。也会考虑本专业方向学员普遍的知识结构特点，让大家学了这门课，确实有所收获。学员最关心的可能就是考试问题。这里先帮大家卸个包袱：只要按照大纲掌握基本的文学史知识，读完教材中选收的主要作品，并在导读的启发下有所理解与思考，就可以考出好的成绩。考试是很现实的目标，但建议大家不要满足于此，最好取法乎上，对自己要求高一点。既然已经花了很多力气，何不在通过考试的同时，让自己的文学素养得到更多的提升？

学习这门课，要把读作品放到最重要位置，在这方面多花点功夫。教材每一编前头的文学史“概说”，是让大家大致知道有哪些重要的作家、作品和文学思潮、现象，这是相对稳定的基本的知识，有大致的识记掌握就可以了。这部分的考试也只是作为知识性的考查。“概说”篇幅有限，介绍很简要，就如同给大家一幅地图，接触作家作品时大致知道其所在方位。学习的主要精力不在“概说”的死记硬背上，而应当在作品的阅读上。所谓“导读”课，定位在“读”，主要功夫就是读作品。

如何去读？作品阅读的“第一印象”很重要，要获取整体感受，相信和珍惜自己的印象，不急于分析、寻找什么意义主题之类。导读中所点拨的意见不能代替自己的阅读感受，但可以给自己提示、启发，最好能和自己的阅读感受做些比较，看是否吻合，并从中引发某些思考。读完作品，再围绕思考题来展开一些探究，将阅读的感受、体验上升到理性层面的思考，这多少就是鉴赏与评论。还可以按照导读以及概要的指引，找相关的研究成果或者作品来参考，做拓展性的学习。在一个单元（比如唐诗、戏剧小说、外国现代文学等）的学习结束后，做个总结，结合作品分析，理一理文学史的线索，思考一下作品鉴赏与评论的方法上自己有哪些心得。无论是教师教学，还是学员自学，都要注意结合阅读印象和问题来分析作品，处处强调发掘与培育对文学的想象力、感受力和分析评判能力。

要重视和相信自己的阅读感受，注意积累不同的阅读体验，善于对不同的艺术风格做比较；对经典作品思想内涵的领会，要有一定的历史感，善于体验那种古今中外可能相通的情思与价值；不要“直奔主题”，也不要什么都用某个固定的概念与思维模式（比如“反封建”、表现“劳动人民品质”、“通过……反映……”）去简单“套解”；不能把鲜活的作品全都做冷冰冰的模式化的“分析”，然后简单而反复地套用某些修饰词去解释（比如几乎所有的作品全都套上“情景交融”，所有的人物都说成“个性鲜明”，所有的事物都是“栩栩如生”，等等），必须在阅读作品有了自己的艺术感受的基础上去思考分析，把握每篇作品的艺术个性，把思路放开。

阅读作品时放松一点，不要一门心思总想着考试，想着问题和答案。导读中某些指引可以帮助展开思路，但那并非“标准答案”。文学属于精神生产，而精神现象是非常复杂的，文学分析也有多种可能性，不一定非得掌握什么“标准答案”，也不要求读一部作品全都能“通透理解”。读过一篇作品只记得几条干巴巴的主题意义之类，最没有意思了。要去感受、体验与思考，在不断阅读中不断积累，也不断提升文学素养，这比什么都重要。学习过程中有时会留下某些一时仍不太懂、需要进一步探究的课题，这是很自然的，不求一步到位。

这门课所需要的是个性化的阅读和浸润式的学习，要发挥自己学习的自主性。在应试教育覆盖下的那种一切指向“标准答案”的学习，在我们这门课中是要努力避免的。学了这门课，对中外文学有大致的了解，初步接触了许多经典，引发了阅读的兴趣，提升了自己的文学素养，甚至阅读写作能力也长进了，那么考试“拿分”也就顺理成章了。这才真是一举两得甚至一举多得的好事。

这门课学的大都是文学经典。经典是经过历史筛选沉淀下来的，是人类智慧的结晶。年轻时多读一些经典，可以为精神成长打底子。当代青年接触经典会有隔膜，包括语言形式上的隔膜，这是很自然的。这门课就是力图打破隔膜，让学员走近经典。阅读经典需要沉得下心来，需要“磨性子”，是一个涵养的过程。现在那种颠覆经典的东西太多，包围了青少年，而他们不可能靠这些“文化快餐”养成良好的阅读习惯。许多学生在中学阶段除了应对考试，读书其实很少，对经典作品的接触相当有限，即使有所接触，也不见得是经典原作，可能也就是上网读一些好玩的轻松的东西，包括“恶搞”的文字，很容易受到那种价值消解、相对主义甚至游戏人生的思想影响，而且把阅读品位也败坏了，这真有“终身受损”的危险。我们当老师的，要求学生读经典，有好的阅读习惯，自己必须先要有这种习惯，要多读书，好读书，读好书，读整本的书。我们的习惯和行为，将是引导学生的最好教材。所以学习这门课是很有现实意义的，可以把这门课当作是阅读经典的课，精神成长的课。

在一门课中能阅读那么多中外文学经典作品，接触人类智慧的结晶，让自己的气质更加“博雅”，这是多美的一件事情！

理科生的语文素养*

有关北大的书已经出版不少，光是学生创作之类就见到有好几种，有些似乎也就借北大的名声炒作。然而北大中文系最近编了一本《北大“大学语文”学生论文选》（未出版），普普通通，汇集了几年来选修“大学语文”的理科学生的一些比较有代表性的作业，公开出版，一是作为大学生思想情感的交流，二是展示一下这门课的教学成果。这是一本带有鲜活的大学教学“原生态”的书，所选的文章大都保持了原貌，不做什么修改，也没有什么出版的“包装”，原汁原味，青春本色。我想，这样的书不但理科的学生感兴趣，文科的学生也可能会关注。我们可以从中听到在北大就读的这些同龄人的声音，包括他们对人类文明的了解与探究，对生命对爱情的感悟，对现实的观察，对生活的思考……

现在强调素质教育，文理汇通，要求文科学生要懂一点

* 本文系笔者为《北大“大学语文”学生论文选》（董衡利主编）所写序言。

科技知识，理科学生学一点人文，将知识面扩展开，把学术的眼界打开。当然更重要的，是在对人类优秀文化广泛接纳的过程中，使人格精神得以提升，也就是通常所说的整体素质的提高。其实这是很细致的需要潜移默化的过程，绝非上几堂课、灌输几个观点就能达到的。大学语文课也不可能完全承担这一重任。但毫无疑问，北大的“大学语文”教学是非常注意人文素质的培养的。老师们下的功夫主要就是引导学生理解、体验和欣赏优秀的中外文化，使之努力达到一种品位的提升、人格的熏陶、精神的向善。读北大学生创作的这本书，了解当下大学生如何接触和理解各种经典，以及传统文化的根须怎样在新生代中延伸和发展，有助于讨论与素质教育相关的一些课题，这是有兴味的事。

从 1997 年开始，北大决定恢复为理科低年级学生开设语文课。“文化大革命”前，北大和许多大学一样，本科生一踏进大学，是要修语文课的，后来因压缩课时，或者还有其他的原因，这门课停了。这几年恢复开课，主要是面对目前大学生人文素质和中文读写能力下降的状况，试图在这方面做点努力。北大校方对这门课的开设非常重视，指定由中文系负责，系里也把这门课作为重要的基础课来安排，选派优秀的教员主讲。因为选课的学生很多，每学期都有五六位老师分班开课。各位老师授课的风格可能不同，但大致都是选一些中外名篇做精细的讲解，引导同学们了解相关的文化历史背景与语文知识，领略人类思想文化的精髓，学会从不同的角度和层面去分析鉴赏作品，并尽可能改变比较单一的“语文应试式”阅读习惯，在讨论和写作实践中提高读写能力。理科生的功课比较重，而语文课一般又和专业课没有直接的关系，在当下比较讲求实利的风气中，这种课要吸引住学生，并让他们真有兴趣、有所得，也并不容易。值得欣慰的是，老师们教得认真，同学们普遍也喜欢这门课。无论是提高学生的语文能力，还是人文素养，这门课都取得了明显的效果。这里选编了几年来选修这门课的北大同学所写的部分作业和文章，从一个侧面展示这门课的情况，也算是一个总结，对于今后进一步开好这门课，也许有参考价值。

许多同学选修“大学语文”，就是要提高语文水平，甚至是为中学语文补补课。这是很现实的想法。但“大学语文”的课时不多，老师们讲课的方式又不同于中学语文那样的系统和细致，期待上这样一门课能马上使写作能力有飞跃性的进步，对多数同学来说，可能不太实际。从北大开课的情况看，比较有收获的同学都调整了中学阶段的学习方法，更加发挥主动性，基本上不再是为了考试或拿学分而学习，而是注重方法的领路、能力的训练，以及眼光和品位的养成。

具体来讲，就是既适当兼顾语文课必要的工具性，加强阅读和写作的训练，更注重通过这样一门课学会欣赏文化精品，学会如何去不断丰富自己的想象力、感悟力与思考力，让高品位的阅读和写作逐渐成为一种良好的习惯、一种终身受用的生活方式。我读这本书，能感受到北大同学学语文已经比较主动、放得开，抱的就是这样一种兼容的、又能充分发挥自己的姿态。他们能在较短时间内明显提高对汉语阅读和写作的兴趣，写出这些优美的有创造性的文章，也就并不奇怪了。

2003 年 1 月蓝旗营

大学语文不该讲成“高四语文”*

经过许多学者、教师二十多年的呼吁和努力，“大学语文”已经成为全国各类高校普遍开设的公共课，还被确定为全国高等教育自学考试各个专业（中文专业除外）必考的一门课程。随着素质教育的大力提倡，该课程更受到重视，许多大学都组织编写了这方面的教材。但就目前的状况来看，多数大学讲授这样一门课，其路数和中学语文大同小异，教材也多是文选，不过稍微深一些就是了。“大学语文”作为一门课程还不很成熟，学生也不见得很欢迎这门课，甚至戏称为“高四语文”。现在中学语文也在改革，那种被高考箍得太死、学生被动学习的状况已经引起广泛的注意。所以最近教育部新颁布的中学语文课程标准，在课程的结构、教法以及教材的编写等方面，都提出了新的思路和要求，努力加大素质教育的含量，调动学习

---

* 本文系笔者为《高等语文》（温儒敏主编，江苏教育出版社2008年版）所写序言。

的个性和主动性。中学语文教育正在发生革命性的变化，改革的步子是很大的。作为与中学语文有承接关系的大学语文，看来也不能不适应时代的变化，从而改变“高四语文”的状况。

我们组织编写这本《高等语文》，就是为了适应时代的变革，满足素质教育的需求，探索大学语文教学的新路向，同时也希望通过教材的编写，来推进这门课程的建设。

目前大学的语文教材普遍称为“大学语文”，而这套新教材名为《高等语文》，并非标新立异，其实类似的命名不无先例。例如，大学理科教学中就有公共课起名为“高等数学”“高等物理”或“高等化学”的。本教材定名《高等语文》，意味着和中学语文的承接与区别，也表明是在探索更加适合大学生的新的语文教学结构和学习方式。当然，这也是为了区别于当下坊间许许多多的“大学语文”教材。我们认为“高等语文”的“高等”是一种教学的定位，意味着这本教材必须遵循语文教学的规律，在中学语文的基础上，设计和探求语文教学的高等形态，建立起适合大学生特点的语文教育模式和教学规范。

我们理解的“高等语文”的学科建构，在课程乃至教材建设方面，都力图做到更为科学地整合语言文学与文化的知识，这就不是停留于为大学生补补语文课。大学生学习语文已经不再像中学时期那样，要受高考的制约，偏重语文的工具性。大学生选修语文课，应当也可以比学中学的基础语文时更放得开，更活泼，也更能发挥学习的兴趣与主动性。《高等语文》的编写充分考虑到这些特点与需求。

“高等语文”应当是一门适合当代大学生的、偏重语文素养培育的基础性课程。人文的熏陶是贯穿整个课程教学的，但又不等于一般的素质教育通识课，还是要立足“语文”，科学地整合语言文学与文化诸方面的知识。尤其应注意发挥学生对语文学习的兴趣与潜能，让他们更加主动地学习，学会欣赏文化精品，学会如何去不断丰富自己的感悟力、想象力与思考力，让高品位的阅读和写作，逐渐成为一种良好的习惯，一种终生受用的生活方式。这就是着重于素养的培育，力求在较高的层次上让学生对语文和中国文化有更系统的了解，而读写能力的提高也就和这种学习了解很自然地结合起来。总之，新编的《高等语文》要更加注重学习方法的引导，以及眼光和品位的养成。这样的“高等语文”就不仅是基础语文的延伸，更是基础语文的更高一级的提升。因此，在策划思想上，或者说是作为一个目标，新编的《高等语文》不只是一部教材，也是尝试建立一门富于变革意味的课程。

《高等语文》和一般的大学语文教材最大的不同，就是打破惯有的文选讲解的模式（这种模式与中学语文大同小异），而采用分专题讲授语文知识（包括文学史、文化史等方面的知识），并引导阅读、思考和写作的综合模式，教师讲解和学生学习都有了更大的选择空间。

教材根据大学生普遍的语文水平，结合要求大学生应当了解的基本语言文化知识，并考虑大学语文课的课时，设计了25个专题。教师可以根据本校的教学安排，并结合同学们的兴趣（甚至可以让同学们来选择），从中挑选一部分专题来讲解和学习讨论，其余则由学生自学。教师讲授和学生学习都应当注意，每个专题都包括如下三方面内容，可以有重点地合理地搭配使用：

第一层次是专题讲座，也就是导读，大都由著名专家撰写，深入浅出地介绍与专题相关的语文知识，包括文学史、艺术史、文化史等方面的知识。不是面面俱到的介绍，而是在传授相关知识的同时，配合文选做讲解与赏析，引导学生阅读与思考。教师参考这些导言给学生讲授时，也最好扣着“语文”这两个字，尽量带进对于语言文字和文学审美的感悟、分析与表达，不宜把这门课完全讲成文学史或文化史。

第二层次是与讲座导读配套的文选，有的是单独一篇，也有节选数篇的。古代诗文一般都有简明的注释。任课教师讲解应当主要围绕文选，而这也是学生学习的重点材料。选文一般避免与曾经入选过中学教材的课文重复；注重其经典性价值以及文字的精美。上课之前学生应当预先阅读有关文选，教师讲授时可以择其部分，做细读讲解。

第三层次是拓展性研读材料，包括与专题相关的作品以及代表性的研究观点摘录，主要是泛读的材料，也为那些对专题有兴趣的学生提供进一步学习的线索和指引。这三部分内容中，文选这一部分最重要。教师讲授最好以文选为主，再有所发挥。泛读部分也是和文选配合的，可以理解为是拓展学习的材料和指导。

《高等语文》主要是为中文系之外的其他专业（包括理工医农等学科）的学生设计的，充分考虑到学生的普遍接受水平，不太深，力求简明，深入浅出。讲课时要注意还是扣住“语文”，通过专题的学习，使学生对中国语言文学和文化有一个感性的、又有一定系统性的了解，最重要的是能多少引起他们对语文学习的兴趣。

每一专题前面都附有几个提示题。一类是比较浅近的知识性复习题，另一类是有一定学术探讨意味的研习题。根据各专题选文的情况，可以提议学生背诵、朗读文选，讨论某一课题，撰写读书笔记以及做其他实践性练习。

《高等语文》的编写有统一的构思，各个专题是由多所大学的专家分别撰写的，写作的风格不尽相同，也没有必要强求统一。也许这样反而能够给教师和学生以更多的思考发挥的空间。

我们希望这本教材能够成为探讨大学语文改革的一个话题、一个契机。也衷心希望能听到广大师生的批评指正。

通识教育的本义是什么？*

山东大学文学院黄万华教授和他的同事主编了这本通识课教材《经典解码：20世纪中国文学与电影》，嘱我写序，我想借此机会谈谈对通识教育的看法。

近年来，很多大学都开始注重通识教育，纷纷开设这方面的课程，编写相关教材。这是我国高等教育发展的一个新趋势。但为何要推行通识教育？怎样开展？和专业教育什么关系？教学效果如何？都值得认真检讨。现今所谓通识教育的做法大致有三种。一是有些学校把通识教育等同于公共课，以前只有政治课是公选的，现在加上一些诸如文学艺术、琴棋书画、文化讲座之类，并没有通盘的考虑，多是因人设课，学生也只凭兴趣选。二是有些大学规定文科生都要读点简易的数理化，理科生也要学点传统文化，等等，希望就此“跨学科”，

* 本文系笔者为《经典解码：20世纪中国文学与电影》（黄万华、刘方政、马兵等著，北京大学出版社2012年版）一书所作序言，有删节。

将文理打通，可是就那么几种课程拼盘，“打通”并不容易。三是部分大学一、二年级不分专业，学生可以任意到各个院系选择上喜欢的课，到了高年级才决定上哪个专业，这样容易满天星斗，到了专业阶段，底子并不厚实。三种办法各有得失，还得多试验才能决定是否合适。但无论哪种办法，和通识教育都还有些距离，可能是对通识教育这种新事物的认识有偏误。

现在为何提倡通识教育？有两种代表性的认识。一种认为这些年扩招，学生数量大增，精英教育势必转为平民教育，高校不得不适当降低水平，搞通识教育。这种看法反映了高校的实际，有些道理，但其所理解的通识教育，就等同于降低水平的一般教育了。第二种看法认为现在专业分工太细，学生过早进入专业训练不利于发展，想通过通识教育，让学生多一点跨学科的知识积累，为创新人才的培养打基础。

这些看法虽然不无道理，却又过于“实际”，未免短视，并不符合通识教育的本义。纵观世界上一流大学的教育经验，通识教育应当包含这么几层含义：这是面对所有大学生的教育；又是相对专业教育而言，属于非专业、非职业性的教育，与专业教育可以互相补充；还有，这是全人教育或博雅教育，通过接触人类文化的精粹，在人文、社会、自然科学等领域获取通识，培养有教养、有能力、有责任的公民，最好是那种有通融识见、博雅精神和优美情感的人。这样来定位的通识教育，就不只是课程的调整补充，更不是来些拼盘点缀，而是实行一种更利于培养健全人格和博雅精神的教育理念。

事实上，这些年提倡通识教育，很大程度上是由于对教育效能的失望。多年来，我们的教育被赋予太多政治、经济的功能，过分重视专业训练，大学校园里缺少自由宽松的精神，加上拜金主义的干扰，更急功近利，学风浮躁，人格教育和人生教育都是短板，别说出人才，就连培养正常的有道德的公民都有些困难了。正是这种残酷的现实，迫使我们对大学教育进行反思，希望能通过通识教育探寻一条新路。但这是新事物，还得认真领会其先进的理念，克服急功近利的思想，让改革的路子比较正，不是花样翻新，不是立竿见影的“工程”，而是有长远考虑的教育大计。

如果承认通识教育是面对所有大学生的全人教育或博雅教育，那么课程设置就要往这方面靠拢。其实许多著名的大学在通识教育方面都有好的做法，值得借鉴。例如，美国哈佛大学设立通识核心课程，注重文理交叉，包括外国文化、历史、文学与艺术、道德修养、自然科学、社会分析六个领域，要求选课所占学分达到毕业要求总学分的四分之一。北京师范大学把通识教育分解成哲学社会科学、人文、自然科学与技术、美学艺术、实践能力五大类。北京大学也在建立一个相对稳定的文理科互选的课程系统，课程按学科大类分若干板块，规定学生必须在规定的不同板块（一般为人文科学、社会科学、自然科学）至少各修习一定门数或学分的课程。为此，我也曾邀集全国一些拔尖的学者编写“名家通识讲座书系”，即“十五讲”系列教材，已出版70多种。各个大学的做法有一个共同点，那就是试图把“全人类的文明经典”介绍给学生，拓展学生视野，使学生兼备人文素养与科学素养，把学生培养成全面发展的人。

通识教育是一种进步，可能从一方面可以活化大学办学的思维。长期以来，我们都习惯于以政治权威和意识形态为标准，对文化、科学的尊重仅限于工具与实证的领域，如今又几乎全受制于市场经济，所以办大学也眼界狭小，是工具性思维，这样的大学，难以起到为社会发展不断提供灵感和动力的效能。工具性思维指导下，所培养的人才也是视野偏狭、缺少创新能力的。中国经济这二三十年有飞速的发展，可是我们的大学所培养的在科技方面顶尖的人才，是极少的，人文社科方面那就更惨，在国际上没有什么话语权。换一个思路，无论什么大学，都注重全人教育，博雅教育，然后才是专业教育，而且专业教育过程仍然不忘通识教育，让专业教育和通识教育水乳交融结合起来，那才有可能摆脱教育之困境，全面提升高校的教育质量，也有可能给“钱学森之问”交上答卷。

基于上面的认识，我对《经典解码：20世纪中国文学与电影》这本通识教材是看好的，认为黄万华教授和他们团队做了一件大好事，编了一本可用的教材。这本教材介绍给同学们的是二十世纪中国优秀的文学与电影，那些已经或者可能成为经典的作品。这些作品记载了一个多世纪以来中国的命运，积淀有我们民族的感情，是宝贵的传统。不要一讲传统就是理解为三皇五典、百宋千元，应当还有最近百年我们民族的智慧与精神。现代传统相对于古典传统可能不太为人所留意，但有可能更贴近当代的精神结构，弥漫于整个社会日常生活。看看这本教材所提供的那些丰沛的作品，就会感到现代文化传统多么值得珍惜，就会意识到目前社会上流行的所谓五四运动以来造成传统断裂文化虚空的说法，是毫无根据的。无论几千年的传统还是近百年的传统，其根须都伸展到我们每个人的血脉之中，接触和学习经典，可以让我们的心安放，精神飞扬，更坚实而有力地面对未来。

这本教材让我赞赏，还因为编者的用心阐释，深入浅出，让普通大学生进入作品的世界，领略各种艺术风格与境界，得到审美愉悦，提升文学艺术鉴赏分析的能力。这也正合通识教育的要义。

前不久，我为参加自学考试的学员编过一本《中外文学作品导读》（中国人民大学出版社），自然有些心得，由于那本书和这本教材有些类同之处，所以我想就怎样学习文学鉴赏性课程讲点意见，供同学们参考。

学会鉴赏优美的文学艺术作品，可以让自己具备博雅的气质。这个“博”可以理解为眼光与气度的开通博大，“雅”就是品位的高雅。专业不同，同学们不一定都要成为通晓文艺的专家，但气质风范必定是面向博雅的，这会让你们感到人生的充实。在当今趋向物质化、功利化、粗鄙化的氛围中，提倡“博雅”是有现实意义的。开设这样一门现代文学电影欣赏课，也有这方面的考虑：以这门课来激发学员阅读的兴趣，养成读书的习惯，化育博雅的气质，文学素养有所提高，整体素质也可以逐步得到提升。

学习这门课，要把读作品放到最重要位置，在这方面多花点功夫。教材每篇作品所附的解读，也就是“解码”，是让大家大致知道可以从什么角度或者以什么方法去进入作品，可以提供一些阅读的思路和方式，但这些“解码”只是为了打开思路，大家不一定去细读和死记硬背。这门课定位在“读”，主要功夫就是读作品。

如何去读?“第一印象”很重要，要获取整体感受，相信和珍惜自己的印象，不急于分析寻找什么意义主题之类。“解码”的导读中所点拨的意见不能代替自己的阅读感受，但可以给自己提示、启发，最好和自己的阅读感受做些比较，看是否吻合，并从中引发某些思考。读完作品，再展开一些探究，将阅读的感受、体验上升到理性层面思考，这多少就是鉴赏与评论。无论是教师教学，还是学生阅读，都要注意结合阅读印象和问题来分析作品，处处强调发掘与培育对文学的想象力、感受力和分析评判能力。

要重视和相信自己的阅读感受，注意积累不同的阅读体验，善于对不同的艺术风格做比较；对经典作品思想内涵的领会，要有一定的历史感，善于体验那种古今中外可能相通的情思与价值；不要“直奔主题”，也不要什么都用某个固定的概念与思维模式去简单“套解”；不能把鲜活的作品全都做冷冰冰的模式化的“分析”，然后简单而反复地套用某形容词去解释，必须在对作品有了自己的艺术感受的基础上去思考分析，把握每篇作品的艺术个性，把思路放开。

阅读作品时放松一点，不要一门心思总想着考试，想着问题和答案。文学属于精神生产，而精神现象是非常复杂的，文学分析也有多种可能性，不一定非得掌握什么“标准答案”，也不要求读一部作品全都能“通透理解”。我想此书所设计的各种“解码”，不过是示范某些方法，也并非要求大家“就此办理”。读过一篇作品只记得几条干巴巴的主题意义之类，最没有味道了。感受、体验与思考，在阅读中不断积累，也不断提升文学素养，这比什么都重要。

文学艺术鉴赏类课程所需要的是个性化的阅读和浸润式的

学习，要发挥自己学习的自主性。在应试教育覆盖下的那种一切指向“标准答案”的学习，在这类课程中是要努力避免的。学了这门课，初步接触了现代文学与电影的经典，引发了阅读的兴趣，提升了自己的文学素养，思维能力、感受能力也长进了，这何乐而不为?

所以，学习这门课是很有现实意义的，这不只是阅读经典的课，也是精神成长的课。

2011 年 12 月 1 日济南

读些基本的书，读经典*

这里我顺便说说如今大学普遍实行的通识教育。所谓通识教育，应当包含这么几层含义：这是面对所有大学生的教育；又是相对专业教育而言，属于非专业、非职业性的教育，与专业教育可以互相补充；还有，这是全人教育或博雅教育，通过接触人类文化的精粹，在人文、社会、自然科学等领域获取通识，培养有教养、有能力、有责任的公民，最好是那种有通融识见、博雅精神和优美情感的人。这样来定位的通识教育，就不只是课程的调整补充，更不是来些拼盘点缀，而是实行一种更利于培养健全人格和博雅精神的教育理念。

通识教育最重要的还是读书，是引导学生接触人类文化经典。不要搞知识“拼盘”，要读一些相对公认的基本的书，而且要通读。在短短三四年宝贵的大学时光，与其浮光掠影读许多“节选”或概论，东张西望上各种“好听”的讲座，还真

---

* 本文节选自《信息时代的读书生活》，发表于《光明日报》2017年4月23日。

不如通读一二十种经典。各种“概论”或者“文学史”“哲学史”“艺术史”也有用，就是提供基本的知识背景和书目，但这不能取代原典的通读。想知道梨子的滋味，就要亲口尝一尝，阅读经典，要的就是那种了解、思考、涵养的过程，这是“养性”也就是精神成长的必须途径。

我主张各个大学减少一点“拼盘”的通识课，不应满足于开设那些有轰动效应、能吸引听众的讲座，而应当多开设中外经典通读课程。比如一学期就让学生通读四五种经典。老师适当引导，不多讲，主要让学生自己读。每学期都安排一些，在一定范围内规定学生选修。这不难做到。如果学校没有安排这方面的课，同学们可以自己来安排，给自己设计一份书单，比如，三四年时间，通读二三十种基本的书，也就是中外古今的经典，首先考虑是公认的那些经典，也适当考虑自己知识结构的需要。还应当读点伟人的传记和文学作品。在现今平面化、粗鄙化的空气中，这些传奇人物的事迹会让人感受到何谓英雄气概、何谓献身精神。二三十种书量不算大，大学几年能坚持读下来，就很不错了，一定大有获益。

无论是网络阅读，还是纸质书阅读，首先都要重视安排经典阅读。经典是经过历史筛选沉淀下来的，是人类智慧的结晶。年轻时多读一些经典，可以为精神成长打底子。或许，现在的青年人接触经典会有隔膜，包括语言形式上的隔膜，这是很自然的。阅读经典需要沉得下心来，需要“磨性子”，这也是“养性”，是涵养的过程。有一份超越，有一份尊崇，尽可能调动自己的感觉与灵性去接近，去理解，就能深入堂奥，高雅的兴趣就会慢慢培养出来。

读书总不能抓到什么是什么。这一点特别要注意，网上阅读一般容易无计划，跟潮流。如果要“充电”，就必须有一定的计划性，还要注重经典性，多选适合“悦读”又启迪心智的作品，而不能采取网上阅读的那种姿态，只跟随潮流或者完全由着性子来读。

建议每人都有一份自己的书单，设定在几年内，应当读哪些书。要有计划，有整体考虑，让读书有些系统。书单要考虑时间的安排，有可行性，一般来说，可以包括三部分，是可以套在一起、彼此交错的三个圆圈。

最外围的，是通识的部分。这些书应当是最基本的，凡是上过大学受过良好教育的人都应当读过的。主要是中外文化经典。阅读的目的，是接触中外文化经典，感受人类智慧的结晶。最外围的这个大的阅读圈，量不一定很多，比如大学三四年能通读十来种中外经典，就很不错了。

第二部分，是与自己从事的专业或者职业相关的部分。比如，学物理的，可以给自己安排读点化学、数学、生物以及信息科学等方面的书，还有就是与物理学有关的邻近学科领域的书，也可以读点类似科技史、科技哲学以及教育类等领域的书。学文科的，也要读点理科的书。这样做的目的是打基础，拓展专业视野，触类旁通，活跃思维。

第三部分，实际上就是核心部分。这一部分的书目主要围绕自己的专业，或者自己特别感兴趣，希望有所研究、有所发展的那些专业。应当有比较明确的指向。倒过来看，最核心的那个部分，是专业和职业需要，当然最好不完全是现炒现卖的书，要有自己培养保持兴趣的课题或者领域。

此外可以有一些消遣性的、娱乐的，但不应当是主体，也不必计划太强，随意读一点，调节一下就可以了。

阅读经典的获益当然有深有浅，但可能会有这么几个层面：

第一是知识了解的层面。比如在读柏拉图的《理想国》时，不大懂，可以先找相关的西方哲学史或希腊哲学的常识性的书来参考。读得粗一些不要紧，先知道大概。然后读完《理想国》，就应当对西方文化某些本源性问题有了大致的了解。

第二是启蒙思索的层面。在阅读中最好多一些“为什么”，甚至有些质疑，大胆思索某些问题。也可以结合某些相关的研究论著，进行初步的探究。比如读詹姆逊的《晚期资本主义的文化逻辑》，很自然会引起对当下互联网时代某些新的社会现象的批判性思考。

第三，也是最重要的，是感知层面。要在理性与感性交融的阅读中，适当超越出来，思考经典的智慧与意义，思考自身与这个世界的关系，思考应该如何承担自己对这个世界的责任，等等。这不是一般的知识掌握就能解决的，必须沉浸在经典营造的精神世界中，通过自身感受、体验去达到，这也就是人文教育的特点吧。当然，三个层面可能互相叠合，不一定硬是分拆开来。

阅读方法也有多种。我比较主张读三遍。

第一遍粗读，可以结合相关的“概要”读物，对经典文本有大致印象即可，这一遍读得要快，可以是浏览。

第二遍比较细致地通读，基本掌握经典的精神脉络，能把一本厚书读成薄书，用自己的语言（其实是通过自己的思考）简要概说全书的精髓。

第三遍带着问题读，有重点地读，如果是文学作品，更是要浸润式阅读。

当然，每个人读书习惯不同，完全可以各有各的读法。读完二三十本基本的书，还可能顺藤摸瓜，有兴趣地选择某一方面做更深度的阅读，那么，有“点”有“面”，有了对中外文化和文明的了解与感悟，就有些“底气”了。在瞬息万变、充满机会和诱惑的信息时代，读经典可以养成良好的阅读习惯与阅读口味，可以“养性”，也可以养成良性的生活方式，是为一生打底子的事情。

读经典是“磨性子”，如同思想爬坡*

浙江理工大学开设大学生的必修课“名著导读”，编写了这本教材《大学人文经典阅读》。教材即将问世，主编陈改玲教授把清样寄给我，嘱我写序。我乐意承担此事。这本教材所选大都是美文名篇，精粹可读；而四个主题单元的设定从不同方面引导阅读与教学，所涉及的都是人类生存发展的重大问题，也是学生成长过程中必然会碰到的问题。通常说的“人文素养”，也体现在这些问题的体认当中。以此来结构一门课，在一个学期左右紧凑的时间里，引发大学生对名著经典阅读的兴趣，促进对人生某些基本问题的思考，我认为是很实在而有益的。

现在很多高校都在开通识课，“培养人文精神”这句话也常挂在嘴上，大家都感到大学人文教育确有必要。但许多学校开设通识课的效果不见得好。常见的大都是一些知识拼盘课，

---

* 本文系笔者为《大学人文经典阅读》（陈改玲、蔡堂根主编，北京大学出版社2013年版）一书所作序言，有删节。

老师因人设课，学生也凭一时兴趣选。一门课学完，什么琴棋书画、国学常识、影视欣赏、天文地理等，浮光掠影，蜻蜓点水，都知道一点，就是没有静心读书，也很难说得到了心性涵养。

大家为什么期盼通识教育？主要是对现行教育状况的失望。多年来，我们的教育被赋予太多的功能，分科太细，仅满足于专业训练，缺少人格教育和人生教育，加上拜金主义的干扰，急功近利，学风浮躁，别说出人才，就连培养正常的有道德的公民都有些困难了。正是这种严峻的现实，迫使我们对大学教育进行反思，希望能通过通识教育探寻一条新路。但浮光掠影的通识课恐怕也解决不了这个问题，因为这并不符合通识教育的本义。

通识教育的本义是什么？参照一下世界上一流大学的经验，通识教育应当包含这么几层含义：这是面对所有大学生的教育；又是相对专业教育而言，属于非专业、非职业性的教育，与专业教育可以互相补充；还有，这是全人教育或博雅教育，通过接触人类文化的精粹，在人文、社会、自然科学等领域获取通识，培养有教养、有能力、有责任的公民，最好是那种有通融识见、博雅精神和优美情感的人。这样来定位的通识教育，就不能满足于课程的调整补充，更不能满足于来些知识拼盘点缀，而是需要实行一种更利于培养健全人格和博雅精神的教育理念。

如果承认通识教育是面对所有大学生的全人教育或博雅教育，那么课程设置就要往这方面靠拢。其实许多著名的大学在通识教育方面都有好的做法，值得借鉴。例如，美国哈佛大学设立通识核心课程，注重文理交叉，包括外国文化、历史、文学与艺术、道德修养、自然科学、社会分析六个领域，要求选课所占学分达到毕业要求总学分的四分之一。还有一点特别值得借鉴：像哈佛等名校的通识课，大都比较看重读书，主要时间就是让学生去读一些经典，接触人类智慧的源泉，通过读书和思考，去逐步树立健全的人生观和世界观。

《大学人文经典阅读》这本教材重视读书，引导读书，是对路的，符合通识教育和博雅教育的精神。这样的通识课，主要就是读书课和思考课，是精神涵养的课。所以我建议选修这门课的同学也能抱着这个目的：让自己接触经典，喜欢读书和思考，让自己兼备人文素养与科学素养，成为有通融识见、博雅精神和优美情感的人。

现在的大学都办得“很着急”，希望马上多拿项目，多出成果，赶上“一流”。天天喊“创新”，投几个钱就希望立竿见影，其实还是工具性思维。许多大学的决策者对科学表面上是尊重的，其实还是“实用为先”，所谓“尊重”也只限于工具与实证的领域。受制于这种工具性思维，大学很难成为精神高地，所培养的人才也就难免视野偏狭、缺少创新能力。我们的大学和世界上一流大学的主要差距在哪里？不一定是在“硬件”，往往是在“软件”——我们的大学难以起到为社会发展不断提供灵感和动力的作用。我想浙江理工大学开设“名著导读”的通识课，让全校本科新生一进大学校门，先上这门课，正是朝这方面努力的。

大学和中学有些不同，学生学习应当更加主动，更有个性化的选择。我想提醒同学们的，是尽快把中学应试教育的“敲门砖”扔掉，摆脱那种僵硬的思维及套路，重新养成读书和思考的习惯。读书要多读经典，读人人知道却又未必读过的那些“大书”，最好别只读选本，要读就读整本的。这部教材已选用了一些经典的章节，还不够，不妨顺藤摸瓜找原书来读。读得粗一点没关系，但总要完整地读。其实真正称得上人类文化经典的书不是很多，大学时期能完整地读十本、二十本，就不简单，也就有“底气”。经典和我们有隔阂，不会好读，读经典是“磨性子”，又如同思想爬坡，虽然有些难和累，但每上一个高度，都可能风景独占。读书不应满足于掌握知识，更要启发思考，思索某些本源性的问题，特别是有关人生意义及信仰的问题。这种浸透着自己感受、体验的本源性思索，是青少年成长的营养素，是一般知识传授所不能取代的。

大学四年将在很大程度上决定同学们未来的一生。对那种一上大学就苦心经营如何找个好工作、如何赚钱的做法，可以理解，但这未免太过“近视”。有志向的学生总是有理想引导，努力锻造自己，在人格、人生观、体魄与专业几个方面奠定健全坚实的基础。他们的人生目标不会拘泥于谋取职业和金钱。从这个角度来说我也很赞成同学们多接触和阅读经典。和人类最聪明的智者一起思考，我们会由此变得睿智，更重要的是心可以安放，也就有可能超越平庸，精神飞扬，更坚实而有力地面对未来。

2013 年 9 月 1 日于历下南院

阅读能否少点功利？*

问：您是1964年念的大学，可以给我们介绍一下当时的读书情况吗？

答：我念大二时，就发生了“文化大革命”，大学停课了。不上课以后，我们还是有机会读书，而且是更自由的阅读。我什么都读，历史、经济、政治、文学，能够找到的书都读。“文化大革命”期间并不像大家想象的那样，一切文化都毁灭了。图书馆虽然关闭了，但如果想办法还是能够借到书。北大图书馆的新馆就是1972年盖的，但现在很多人都不了解这些情况。那时读书可以说是比较随性，没有太大的压力。“二十四史”的标点本就是“文化大革命”时期做出来的，出版以后，我也想办法找来读。那时很多外国现代主义小说都是同步翻译，说是内部发行，也还是可以读得到，真是很大的阅读量。我那时读的书很杂，范围很广，比如《中国哲学史》《西

* 本文系访谈，发表于《齐鲁晚报》2014年12月27日。

方哲学史》《第三帝国的兴亡》《朱元璋传》，还有马列选集、政治经济学，等等，全都是在那时候读的。就阅读面来说，现在一般的大学生比不上我们。我们把“二十四史”都大致看一遍，现在可能吗？现在历史系的学生都未必看过。

问：现在困扰很多大学生的就业问题你们会考虑吗？

答：那时候哪里有什么就业呢！毕业后都是分配的，要你到哪儿就到哪儿。现在有选择，你可以好上挑好，所以你觉得就业压力太大。我们那时候没有选择，甚至还有些理想，反而不见得有多大压力。时代真是不一样了。

问：“文化大革命”后您又读了研究生，当时校园里的阅读氛围怎么样？

答：我上研究生是1978年，那时没有学分制，老师要求大家以读书为主，也不要求发文章。那时的读书量是相当大的，我学的专业是现代文学史，看王瑶先生写的《中国新文学史稿》，书后面密密麻麻有很多注解，他的注解里提到哪本书，我们就找哪本书来看。有时候一天可以看五六本，从图书馆借几十本，一个星期就看完了。现在我给研究生、博士生开书单，我和他们说，你们恐怕读不到我当时的五分之一，可是他们还感到多。

那时候没有那么功利，读书很大程度上是一种个人的爱好，一种生活方式。人们并不是想着我读这本书是为了什么实际目的，或者能赚多少钱，而是一种爱好，一种习惯，自然就很喜欢读书，进行大量自由的阅读。

问：您的导师王瑶先生对你们读书有要求吗？

答：没有，只是给个范围，要求多读第一手的资料。不像现在很严格，虽然严格了大家也不读。所以我们这代人的情况和现在不太一样。我们生活在一个非常政治化的年代，但即使是政治化的年代，也还是有读书的缝隙，关键是你有没有这个心。很多世界名著、中国古代文学名著，我们在高中、大学阶段都已经零零散散读了很多了。

问：您现在工作之余，还会保持读书的习惯吗？偏爱读什么书？

答：那当然了，读书是每天必须做的功课。现今许多年轻人每天上网看手机得花多少时间！四五个小时是普遍的，光阴就这样浪费了。也许他们觉得这样很好，但在我看来这并非良性生活方式。我当然不能要求都得像我们这样来读书，但如果有读书的习惯，对于个人成长总是好事。这个习惯我是改不了了。我每天都会读，并不是为了某个目的，有目的的阅读只是读书的一部分，比如我要写一篇文章，要上课备课，有可能带着一定的目的找一些书来看，但总还有一部分时间是自由阅读的，就是读自己喜欢的，没有明确的目的性。我现在读的更多的是历史，古代的野史、笔记，比如宋人笔记读得比较多。

问：您读过的书里面，哪些对您影响比较大？

答：一是《毛泽东选集》，二是《鲁迅全集》。《毛泽东选集》让我了解中国的国情，也让自己有一种理想主义的使命感。《鲁迅全集》让我了解中国文化的得失，让我学会知人论世。

问：您觉得哪些书可以反复阅读？

答：古典文学名著《红楼梦》，我觉得可以反复去读。古代文化的方方面面，在这部巨著中都能得到了解与体验。

问：您曾给学生讲过阅读方法，您个人用哪些阅读方法多一些？

答：有些精读，有些泛读。很多情况下一些书是不要求精读的，都是根据兴趣自由阅读。如果全都是精读的话，像语文课那样，就没有兴趣了。现在我们的语文课就没有教会学生去广泛阅读。

问：之前我们做过一个调查，发现很多大学生不大爱读书，这是为什么呢？是因为压力大吗？

答：压力我看也未必就那么大。普遍的焦虑感可能是环境造成的，现在是一个逐利的时代，追逐利润、利益，竞争的确在加剧。加上今年经济下行，就业的确会比较困难，如果个人沉不住气，压力肯定大。很多压力是来自个人的，同学们压力大，但什么时候没有压力呢？竞争什么时候都有。现在高等教育毛入学率很快要达到36%，高考录取率已经超过70%，多数人都有上大学的机会，这在以往太不可想象了，是好事呀！二十世纪六十年代我们考大学时，录取率不到10%，文学院里的学生还是应该读一些文学类的书的，有的读得多一些，有的读得少一些，但总体上来说阅读量还是不够。

问：对那些没法静下心来读书的学生，您有什么建议吗？

答：教育不是万能的，很多人等到明白过来的时候已经晚了。当然，作为老师要提醒他们，给他们一定的建议，有一部分孩子会领会，可能做得好一些，但很多孩子因为社会的影响，受实际利益左右，从大学一年级起就想着考证、考本，想着四年以后找什么样的工作，工资多少，他们的心思就不在读书，结果荒废了青春。虽然，有实际的考虑这也是合理的，人总要谋生，但是人的一辈子很长，这么年轻就这么实际，斤斤计较，未免有点可惜了。年轻人总是要有点天不怕地不怕的想法，甚至“空想”也不要紧，这是必经阶段。就像幼儿园的小孩子喜欢白雪公主，但你不能说：“白雪公主有什么用啊！早点学习炒股吧！”

问：现在网络很发达，很多人习惯了在网上、手机上看东西，您如何看这种现象？

答：网络带来极大的方便，在改变人类的生活，甚至思维方式。是好是坏，有些东西还得沉淀一段时间才好判断。但我要说的是：不是所有的好书都在网上有，有些东西网上没有。比如现在我读的一些古代笔记，网上就没有。网上的东西不一定可靠，经常会有弄错的。网上找到的东西很可能版本和校对都是错的。再说，我如果要读《世说新语》或者唐诗，在网上读似乎总有点怪怪的。也许以后再经过两代人就不觉得“怪”了。年轻人喜欢网上阅读也可能与年龄有关，等到年龄大了，眼睛不好用了，就会觉得网上读书不够味。

问：您认为现在社会阅读氛围如何？

答：实在太差了。我的家乡在广东一个很小的县城里，二十世纪五六十年代，那里的新华书店经常卖各种中外名著，什么巴尔扎克、陀思妥耶夫斯基、惠特曼等。我那时没钱买书，经常到书店里面去看书。现在这家书店还在，可是卖的除了风水、八卦、炒股、养生，就是教辅，想找一本中外名著太难了。整个社会潮流和风气变了。现在的生活确实比以前好了，物质上丰富了，但问题是很多人并不快乐。我看有些年轻人或者学生，本应该是快乐的时候，却陷于焦虑。

问：之前有消息说，新修订的中小学语文教材将会增加国学的比重，对此您怎么看？

答：现在提出“传统文化进课堂”，教育部还发了文件。其实传统从来就在课堂里面，现在小学、初中、高中教材里的文言文、古诗词占的比重大概是30%多，上世纪五六十年代占的比重也是这样的，甚至还要多一点。这些文言文的篇目基本都是民国时定下来的。所以并不是说以前的教材和课堂里没有传统文化，而是始终有，只不过现在大家着急了，所以才想能不能提倡一下传统文化，看看会不会使社会风气好一点。这只是一种设想，实际上不见得。

有人想象古代社会是很文明的礼仪之邦，想象民国时代比现在好。这都是想象而已。民国时代草菅人命多了，而古代，如果你们看过“二十四史”，就会感觉古代人该怎么活？中国历史上两三千年，三十年之内不打仗的情况极少。很多人已经形成了一种想象，认为古代社会很文明，其实不是这样的，但当时可能有个道德底线。这个道德底线并不全是孔子、孟子定下来的，也有民间代代相传的信条，这会制约社会行为。像《增广贤文》中的不少信条，比如“路遥知马力，日久见人心”“酒逢知己千杯少，话不投机半句多”“知人知面不知心”等，既不是孔子的，也不是孟子的，始终在社会上起作用，到现在多多少少还起到作用。

大学生经典阅读建议书目*

我在北京大学、山东大学等校授课时，学生常常问我应当读些什么基本的书，意思是专业之外的书。最近有位同学要出国，我给她开了一份书单。事后我又认真整理这份书单，想着对一般大学生也都有参考价值。我并非什么“通人”，也不是什么“青年导师”，此举无非是对当下的大学教育有些看法，希望用书单来提出一点改进意见。书单其实也是自己的，对我来说其中的书也有重新阅读、不断学习的必要。

要在浩瀚的人类知识宝库中挑选出大学生阅读经典的二十种基本的书，并不容易，可能会引起一些争议。这不要紧，完全可以补充调整。选择这二十种书首先考虑是公认的经典，也适当考虑当今大学生知识结构的需要。其实大学生还应当读点伟人的传记和文学作品。比如《贝多芬传》《切·格瓦拉传》，还有《简·爱》《钢铁是怎样炼成的》《平凡的世界》，等等。

---

* 本文选自温儒敏新浪博客（2012年1月3日）。

在这个平面化、粗鄙化的空气中，这些传奇人物的事迹和动人的作品会让人感受到何谓英雄气概，何谓高尚情操与充实生活。如下这个书目对文科理科大学生都适用。

1. 柏拉图《理想国》。有郭斌和、张竹明的中译本，商务印书馆1955年版。柏拉图（前427—前347）是古希腊哲学家，创立过“学园”——西方最早的哲学学校。柏拉图对整个西方哲学及文化有本源性影响，有人甚至认为后世整个西方哲学的发展都是对“柏拉图问题”的不断阐释。《理想国》涉及面极广，可以重点阅读其中关于“正义的本源”、国家和政治哲学的部分。书中采用对话体，内容在与苏格拉底的对话中展开。苏格拉底是柏拉图的老师。

2.《圣经》。有多种中译本，容易找到。《圣经》是基督教的正式经典，又称《新旧约全书》，被奉为基督教教义和神学的依据，内容包括历史、传奇、律法、诗歌、论述、书函等，分为《旧约》与《新约》两大部分。《旧约》本为犹太教的正式经典，后被基督教承认为圣经，但基督教认为，“旧约”是上帝通过摩西与以色列人所订，“新约”则是通过耶稣基督与信者订立的。《圣经》对西方文化有覆盖性、弥漫性的影响，甚至可以说，不了解基督教文化，就不可能理解西方。重点读《新约》。不只是了解故事或传奇，更要体会和想象其中的宗教情怀与超越精神。有些“道理”要有了一定年龄阅历之后才能逐步体认。《圣经》文字简朴，带着经书特有的韵味，沉下心才能读得进去。辅助读物可以选择 T.S. 艾略特的《基督教与文化》，有杨民生、陈常锦的中译本，四川人民出版社 1981 年版。

3. 马可·奥勒留《沉思录》。有何怀宏的中译本，中国社会科学出版社 1989 年版。马可·奥勒留（121—180）是古罗马帝国皇帝，幼年丧父，由母亲和祖父抚养成人，在希腊文学、拉丁文学、修辞、哲学、法律和绘画等方面都有很高的修养。公元 161 年其叔父（也是养父）去世后，成为古罗马帝国的皇帝，在位近二十年。《沉思录》是一本反思和自励的书。他主张遵从自然、按照本性去生活，人的生命应该同宇宙的目的相协调，在实现神圣目的过程中也实现自己的目的，这样的人生才臻于至善。为此，他强调理性，灵魂保持清醒，才能处理好自身与外物、神或普遍理性、所处环境等三方面关系。《沉思录》顾名思义，是要“沉思”，利用理性的力量来规范自己的心理与言行，讲求尊重、顺从和虔诚，追求摆脱了激情和欲望的达观生活，做一个正直和高尚的人。阅读本书可以领略西方古典哲学的某些韵味，在宇宙观、人生观等一些哲理上体会古今中外相通的精神。

4. 莎士比亚《哈姆雷特》。有多种中译本。莎士比亚（1564—1616）出生于英国伦敦郊区一个农家，幼年受过良好的教育，青年时期家道中落，曾做过杂役等工作，后在剧团任演员与编剧。1590 年前后进入戏剧与诗歌创作的黄金时期，多写悲剧、历史剧、喜剧和抒情诗，著名的戏剧包括《亨利四世》《哈姆雷特》《李尔王》《奥赛罗》《麦克白》和《暴风雨》，等等。莎士比亚代表了欧洲文艺复兴时期戏剧艺术的高峰，他对欧洲历史变迁的展现，对近代人内心生活丰富性与复杂性的揭示，以及对戏剧结构和语言艺术的创新，长久影响着西方人的精神生活以及整个西方文学艺术的发展。近代西方几乎所有新的文艺理论问世，都离不开对莎士比亚创作的阐释，乃至形成了一门专门的学问叫“莎学”。莎士比亚已经成为西方文化的一种象征。莎士比亚惯于使用修辞色彩很浓、意味繁复而又适合舞台朗诵的句式，当作诗来读，就能得其神韵。

5. 卢梭《社会契约论》。有何兆武的中译本，商务印书馆 1980 年版。卢梭（1712—1778）是法国著名启蒙思想家、哲学家、教育家和文学家，十八世纪法国大革命的启蒙者之一。主要著作有《论人类不平等的起源和基础》《爱弥儿》《忏悔录》等。《社会契约论》主张人生而自由平等，国家只能是自由人民的自由协议之产物，如果自由被强权剥夺，人民则有革命的权利。此书在法国大革命中起到了思想启蒙的作用。卢梭的《忏悔录》可以作为辅助读物，这是一本自叙传记，以袒露灵魂、表现非凡的勇气和挑战自我的精神而蜚声世界，更重要的是可以以此了解西方个性解放和浪漫主义思潮。

6. 亚当·斯密《国民财富的性质和原因的研究》。第一个中文译本是《原富》，严复译。近有郭大力、王亚南的中译本，商务印书馆 1997 年版。亚当·斯密（1723—1790）是英国古典政治经济学的代表，道德哲学家，被称为现代西方经济学之父。亚当·斯密提出了价格像“看不见的手”，会自发调节经济，导致私人利益和社会利益一致。他主张国家不要干预经济，要让经济自由发展，让价格机制自发地起作用。这本书会引发对市场经济本质及其得失的思考。

7. 康德《实践理性批判》。有关文运的中译本，广西师范大学出版社 2002 年版。康德（1724—1804）是德国著名哲学家，对世界近代与现代哲学影响巨大。主要著作有《纯粹理性批判》《实践理性批判》《判断力批判》。关于生命、情感、理性、道德、时间、空间、星球、宇宙，等等，如果我们有超越性的思考与探求，那将需要怎样一种睿智？又将获得怎样一种对人生的新的观测点？康德的书都是非常抽象的思维，拗涩难懂，也不一定要全懂，多少接触一点“真正的哲学”，慢慢啃“酸果”，是“磨性子”，会感觉自己锻炼了理性思维，开阔了眼界，在宇宙观与人生观方面也会有所获取。

8. 歌德《歌德的格言和感想集》。有程代熙、张惠民的中译本，中国社会科学出版社 1982 年版。歌德（1749—1832）

是德国最伟大的诗人，作家和思想家。主要作品有小说《少年维特之烦恼》、诗剧《浮士德》等。收在该书中的格言感想多写于其晚年，充满人生智慧，特别对年轻人来说，可以培育思考能力，修身养性。

9. 约翰·斯图尔特·密尔《论自由》。有许宝骙的中译本，商务印书馆 2005 年版。约翰·斯图尔特·密尔（1806—1873），也译作穆勒（晚清就有严复译《穆勒名学》），是英国著名哲学家和经济学家，十九世纪影响力很大的古典自由主义思想家。书中讨论了社会人的权利与义务，以及如何负责任地行使自己与他人的平等的自由。在大家都喜欢讲重建社会秩序或者“个人设计”的当今，读读《论自由》会引发某些本质性的思考。

10.《马克思恩格斯选集》(第一—四卷)。人民出版社 1995 年版。卡尔·马克思（1818—1883）和弗里德里希·恩格斯（1820—1895）是德国社会理论家，马克思主义的创始人，也是世界思想史上最有影响的人物。在美国如果要求大学生阅读人类十本经典，就会有马克思、恩格斯的著作。马克思、恩格斯是我们非常熟悉的名字，他们的思想理论和中国一个多世纪以来的社会变革息息相关，并且已经“内化”为我们中国现代文化的重要部分，流淌在很多国人的血液中。因为历史原因，很多年轻学生“反感”这些主义，但他们其实并不了解，也未必读过这些“主义”。没有了解就批判反感，不是科学的态度。何不读一读原典？四卷本分量大了一点，可以选择其中一部分阅读。

11. 汤因比《人类与大地母亲：一部叙事体世界历史》。有徐波等的中译本，上海人民出版社 2001 年版。阿诺德·汤因比（1889—1975）是英国历史学家，也是西方影响最大的宏观历史学家，著有多卷本《历史研究》。阅读此书可以了解人类文明漫长的历程，帮助树立文明比较的世界眼光，有助于突破僵化的历史观。

12. 约翰·罗尔斯《正义论》。有何怀宏等的中译本，中国社会科学出版社 1988 年版。约翰·罗尔斯（1921—2002）曾任美国哈佛大学教授。其《正义论》于 1971 年问世后，在西方引起广泛重视，被视为二战之后西方政治哲学、法学和道德哲学中最重要的著作之一。读了此书，对于政治的观察会获得某种超越感，即所谓政治哲学。顾名思义，《正义论》是研讨正义的。该书讨论了正义的内涵界定，正义的历史发展，正义的作用，用所确定的正义原则剖析社会政治制度、经济制度和公民生活，涉及社会生活的各个层面，并提出了解决西方社会矛盾、冲突、民瘼的方策；书中还探讨了伦理和道德课题，涉及善、自尊、美德、正义感、道德感情、自律等。我们平时常常使用“正义”的概念，阅读此书后可能会有某些更辩证深刻的体认。

13. 詹明信（又译詹姆逊）《晚期资本主义的文化逻辑》。有中译本，北京三联书店1997年出版。弗雷德里克·詹姆逊（1934— ），美国著名的批评家和理论家，现今西方马克思主义文化批评领域的风云人物，颇具挑战性和争议性的人物。他的论著颇丰，主要有《马克思主义与形式》《语言的牢笼》《政治无意识》《时间的种子》《布莱希特与方法》《文化转向》等。二十世纪七十年代以后，一些新的文化现象开始出现。美国具有公开反叛精神的现代主义文学逐渐为消费社会所同化，高雅艺术与商业形式之间的分野正在消失，文学艺术广泛进入社会和日常生活之中。当代的文化和文学呼唤着新的理论探索和批评实践。《晚期资本主义的文化逻辑》这本书以辩证的方式分析文学、绘画、建筑、音乐和电影等大众传媒及大众文化制品，对生产方式与文化和意识形态之间的内在关系，对历史意识和时空变化的联系，做出了深入的论述。阅读此书，可帮助我们以批判的眼光了解当今传媒与互联网时代的文化现象。

14.《论语》和《孟子》。其实是两种书，这里合为一种。多数同学可能都读过，但不见得是通读和带着思考去读。只有完整地为着思考去读，才有意思，有味道。要欣赏品味里边的人生智慧，那种质朴踏实的态度，还有对人事的洞察和理解，大度与乐观。那些思想精华，会一点一滴持续地滋润整个人生。其中不无糟粕，或者并不适合现代的成分，要有批判的眼光，丢掉膜拜的意味。不主张一开始就读那些“主观投入”太多或者太“现代”的相关论著，更不要满足于读那些过分阐释的“心灵鸡汤”类普及读物（也有其功能，不过大学生不再需要），因为那容易把自己的脑子框住了。此外，还可以读点《庄子》。如果说《论语》让人理解人生，那么《庄子》可能更让人超越和想象人生。

15.《世说新语》。这是南朝时期的一部笔记，由刘义庆（403—444）组织一批文人编写的，梁代刘峻作注。全书共一千多则，记述自汉末到刘宋时名士贵族的遗闻逸事，主要为有关人物评论、清谈玄言和机智应对的故事，相当有趣。读此书可以向往“魏晋风度”，所谓“大抵南朝皆旷达，可怜东晋最风流”，那的确是中国精神最放达的颇有异彩的时代。传统的修身观念大概不会主张去读这本书，但要承认无论从人的发现还是个性张扬的角度看，书中都有很多让人景仰的人和事。“魏晋风度”也是中国文化最重要的遗产之一。

16.《唐诗三百首》。唐诗选本有几百种，流传最广的要算清代蘅塘退士（1711—1778）所编《唐诗三百首》。从学术角度看，它未必是最好的本子，但它选诗范围广。一般接触中国古典诗歌的话，这就是很好的入门书了。所谓“盛唐气象”，放在当今也是令人向往的大胸怀，而那些不可重复的唐诗之美，已经化作民族的审美积淀。人们常把唐诗与宋词并称，读过唐诗，再选读一些宋词，是很自然的事情。

17.《古文观止》。这是清人吴楚材、吴调侯于康熙三十三年（1694）选定的古代散文选本，康熙三十四年（1695）镌版印刷。书名“古文观止”意指文集所收录的文章代表文言文的最高水平，学习文言文至此观止矣。其中收有古代历史、文学、哲学各方面名作，历来流行甚广，被当作学生的启蒙读物。要学习文言文，感受古代汉语之美，感受千百年来形成的中国文化的风格精神，读《古文观止》都是一种方便的选择。建议慢慢读，选择其中十来篇背诵下来。

18.《红楼梦》。可能多数同学都熟悉，但未见得通读过。看电影、电视代替不了读原著。该书的出现是个奇迹，它代表了中国文学的巅峰成就。阅读《红楼梦》不但可以领略文学表现之美，还可以了解中国古代文化以及人情物理。《红楼梦》打破传统的手法，带有超越思维的特征，可以从哲理层面领略。年轻时读《红楼梦》的感受与思索，过多少年后可能会有很大变化。不同年龄段读它都会有不同的理解。

19.《鲁迅全集》。鲁迅是中国现代文化的巨人。近百年来，对中国传统文化及中国国民性认识之深刻，鲁迅为第一人。读鲁迅让人非常清醒，知人论世，对现实保持一种批判的目光。十卷本部头太大，不一定全读，但其中《呐喊》《彷徨》《野草》《故事新编》和《朝花夕拾》等应当通读，还应当多读一点杂文。坊间有鲁迅杂文的单行本，可以采用。

20.《毛泽东选集》（以下简称《毛选》）。毛泽东是共和国的缔造者，是极大地影响现代中国命运的伟人。要了解中国近代史，了解革命的动因和得失，了解近现代所形成的中国文化精神结构，无论如何不能不读毛泽东。何况毛泽东是“五四”之后白话文写得最好的人之一，读《毛选》，可以学习思维与表达的简洁、辩证。《毛选》四卷部头大了一点，可以重点读《湖南农民运动考察报告》《新民主主义论》《在延安文艺座谈会上的讲话》《矛盾论》《实践论》等，其他浏览泛读即可。

网络时代与经典阅读

走出信息过量的焦虑*

互联网的出现肯定是人类历史上的大事，它给人类太多便利、速度与效能。特别是青年人，已经开始过一种前所未有的网络生活。但也应注意到，它还会带来许多意想不到的新问题，现在仍未尘埃落定。

比如人们的思维方式就可能在悄悄改变。现在大学生、研究生写论文大都依靠网络获取资讯，确实方便，不用像过去那样辛苦地收集数据资料了。很多人因此形成习惯，要找什么问题、线索、资料，不假思索地就去打开“百度”（或其他门户网站的搜索引擎）。这种行为模式太普遍了，我称之为“百度依赖症”。这固然方便，可是网上的信息往往真假参半，不一定可靠，怎么能不加考辨就当作研究的依据呢？再说，这种只有结果、没有过程的行为，并不利于研究能力的提升，反而可能造成“偷懒”的习性。拿人文学科来说，接触研究对象，摸

---

* 本文发表于《人民日报》2014 年 2 月 11 日。

索和熟悉研究途径，过程必然有许多感性的体认，这是非常重要的积累。如果欠缺这个过程，而过多依赖网上的材料，就会形成碎片式、拼贴式思维，写出来的文章也是没有感觉的。因此，还是要多读书，读完整的书，在不断思考、积累中提升研究能力。

互联网包罗万象的信息存储功能，独特的链接方式，以及信息传播的即时性与便利化，极大地改变着人们的阅读、思考方式，也在改变千百年来形成的印刷文化的阅读思维方式。由此而带来的思维跳跃、碎片化，缺少深度，专注力的丧失等，都是新现象。

沉迷网络，让很多人已不太可能较长时间集中精力去看一本书，写一篇文章，通常都是不断地打开电脑或手机，看看有没有新信息。大家很容易变得心不在焉，注意力不集中。如果记忆完全依赖互联网，依赖百度、谷歌，那记忆就可能沦为技术化，生物记忆变成物理记忆，这对人类的感情、性格、思维的形成会有什么影响?

信息爆炸，信息过量，也可能会对青年人心理产生负面影响。这些年我们生活条件普遍比以前好了，但焦虑也多了。这是为什么？除去我们通常想到或者议论到的那些看得见的原因，比如社会转型、市场化等，恐怕也有信息过量的原因。起码可以断定，信息过量，总是来不及过滤、处理，信息流就如同大海波涛一样不断丛集、翻滚、冲击人们，这可能会产生很大问题，包括社会心理问题。特别是互联网的信息传播现在很随意，真真假假，鱼龙混杂，某些负面的东西，可以无限放大。这些每天都在缠绕冲击人们，极大地影响着社会心态。

面对信息过量现象，年轻人要有自觉，要通过学习让自己具备一点信息传媒素养。知道现代信息传播的规律，既要接受它，又要看穿它，不是被动面对，不是被裹挟。要培养自己的“定力”，包括应对和过滤复杂过量信息的能力，要有实事求是的态度，尊重规律、以不变应万变的眼光，还要有平常心。自己有些“定力”，才不至于完全被信息爆炸的旋流所裹挟，才能在没完没了的各种“现实冲击”面前保持清醒，不“愤青”，不抱怨，也不“九斤老太”，不随波逐流，沉下心来。

在今天这个普遍焦虑的环境里，一个人要完全不焦虑很难，但能清醒意识到这点，减少一些困扰与烦躁，也许可以让自己的生活更有质量。以我的经验看，读书和写作也许是一种方法。

读书以养性*

现在是网络时代、图像时代、视频时代，人们读书的时间少了，上网、读图、看视频的时间多了。视频、网络和图像尽管拓宽了人们接受各种信息的渠道，却不可能取代文字阅读。

比起其他接受方式，读书可能更有选择性，也更个人化，更需要主动性和创造性思维的介入。读书所能获得的文字感觉，是观看一般视频所没有的，甚至网上阅读也难于获得书本阅读的那种独有的效果。拿着手机或阅读器诵读“目尽青天怀今古”，总有些怪怪的，不能进入状态。这不完全是习惯问题，也有媒介运用的区别所形成的效应问题。另外，过于依赖网络，容易形成碎片化、平面化思维。所以，我以为还是要读一些书的，特别是读一些纸质的书。在青少年时期养成阅读的兴趣与习惯，是发掘学习主动性与创造性的最重要途径，是在为终生的发展打底子。

---

* 本文发表于《人民日报》2016 年 12 月 6 日。

这些道理都懂，只是做起来不大容易。我在大学教书，发现许多学生并没有养成读书的习惯。除了自己专业的书之外，他们再也没有读其他书的兴趣和计划，顶多随兴所至读一些诸如武侠、言情、玄幻、穿越之类的流行通俗作品。一有时间就上网看视频、聊天、打游戏，玩起微信来就更是“手不释机”。这样的文化情致倒是流行与时髦，但也可能浮浅，缺乏个性，他们阅读和写作的能力比较差，甚至影响到专业能力和综合能力的提高。

大学生不爱读书，可以追溯到中小学阶段未能培养起读书的兴趣。中小学语文课本来应该在个性化的阅读中唤起灵性和兴味的，但如果只是瞄准高考，纯粹是应试的技能性的培训，就容易扼杀兴趣。

不少年轻人后悔在学校没有好好读书，出了校门又抱怨压力大，没有时间读书。“人人皆忙”的时代，压力大也是现实。但说忙到没时间读书，大多有些言过其实。时间就像海绵里的水，总是可以挤出来一些的，眼睛少在微信上逗留一会儿不就有了？关键是要有读书的愿望和毅力。

当然，有了读书的意愿，最好还要有自己的计划和书目，而不是漫无目的，随心所欲。要取法乎上，多读一些经典，读一些基本的书。把浏览和精读结合起来。浏览好比跑马观花，也是培养兴趣、拓展视野的一种读法。但更重要的是精读与通读，量不一定要多，扎扎实实读完几本，有些自己的体验和思考，水平自然就会有所提升，而且能“养性”，让自己脱离浮躁，变得踏实。

现在的诱惑太多，要读书，就需要一些毅力。那些流行的休闲文化，往往都很吸引人，给人以娱乐和刺激。年轻人不接触流行文化是不现实的，也没有必要，流行文化的适当消费，有利于青年人了解社会，融入社会。但应当是“适度消费”，不沉迷其中。正处在成长时期的年轻人若能努力把持自己，多读书，好读书，读好书，就不至于被动地卷入通俗文化，还可能养成一种良好的生活方式。这也是“读书养性”吧。

如何看待网络阅读*

互联网和数字化技术给阅读带来极大的便利，也带来前所未有的阅读体验：读者可以很方便、很廉价地（甚至免费）获得阅读的材料，可以海量获取和储存阅读信息；可以随时随地利用各种空隙做短暂阅读，甚至还可以进行互动式阅读，等等。这的确是全新的阅读方式，是人们至今尚未完全熟悉的新形态的阅读模式。另外，随着微信、微博等自媒体的普及，阅读的范围大大拓展，也更加日常化、平民化，极大地增加了信息量，加紧了社会人群特别是熟人圈之间的联络和交流。

年轻人青睐新媒体阅读，充分利用网络阅读方式，是完全应当理解和支持的。但是在肯定网络阅读的同时，我们也必然要面对一些新问题。现在人们不像过去那样缺少或没有书看，而是面对太多的信息、太多的读物不知如何选择。

很多人现在都迷恋于网络，已经不太可能较长时间集中精

* 本文节选自《信息时代的读书生活》，发表于《光明日报》2017 年 4 月 23 日。

力去看一本书，写一篇文章，通常都是每隔一段时间就要打开电脑或者手机，看看有没有新的信息。大家很容易变得心不在焉，注意力不集中。如果记忆完全依赖互联网，记忆就可能沦为技术化，生物记忆变成物理记忆，这对人类的感情、性格、思维的形成会有什么影响？现在大学生、研究生写论文大都依靠网络获取资讯，确实方便，不用像过去那样辛苦地收集数据资料了。很多人因此形成习惯，要找什么问题、线索、资料，不假思索就去打开搜索引擎。

这的确方便，可是网上的信息往往真假参半，不一定可靠的，怎么能不加考辨就当作研究的依据呢？再说，这种只有结果、没有过程的行为，并不利于思考力的提升，反而可能让人形成“偷懒”的惯性。人们理解某种事物，往往需要接触这些事物，逐步去了解和熟悉，这过程可能有许多感性的认知，是重要的积累。如果没有这个过程，过多依赖网上的结论，容易形成碎片式、拼贴式思维，一步到位，没有感觉。

互联网的利用对大脑是否会产生影响？答案是肯定的。人们如果被手机、邮件、微信、微博所捆绑，会造成时间的过多间隔和扰乱，注意力不断被转移，很难有完整时间思考问题，这就会形成思维的碎片化。在上班路上，在会议间隙，在候车时，甚至在和朋友亲人聚会时，很多“手机控”都在一切可能利用的碎片空间里，寻求一个“合适”的位置，将自身“寄存”

于手机，任由各种信息摆弄，在虚拟世界里激活并积累自己的社交关系和社会资本。消费主义入侵阅读市场的趋势日趋明显，城市人由于巨大的生活和工作的压力，更希望从阅读中得到娱乐放松而非知识的增长。但应当警惕，“低头族”在享受移动设备带来阅读快感同时，不知不觉就被抛弃到所谓资本与“注意力经济”的生产线上了。

通过移动设备进行阅读已经成为一种生活方式，但这很难说是一种良性的生活方式。国外有些高端的私立学校，是不让孩子们带手机进校园的。

现在的网络媒体传播基本上是没有把关的，而且多是匿名发表，难免就有许多文化垃圾，甚至人性阴暗的东西泛滥。这些无聊的信息时常大量冲刷着人们，会对人生观、心态和智商产生负面影响。

顺便说说数字化教学的利弊。现在从中小学到大学，上课都要求做课件，放 PPT。这固然让内容一目了然，比较清晰好记，但学生都不会记笔记了，把 PPT 下载下来就是。上课用课件太多，学生目迷五色，反而可能妨碍阅读与思考。特别是文学课、语文课，主要是语言的艺术，要让学生读作品，体味文字魅力。用课件过多，是会有干扰的。

还要说说网络文学的阅读。这种阅读也是前所未有的，它突破了精英文化圈的局限，让大众都有机会参与。主要以故事性、娱乐性取胜的网络小说，更适合快餐时代的跳跃式浏览，而“狗血故事”和雷同情节也更多是为了吸引眼球，捆绑消费。网络文学阅读的读者群主要是高中生、大学生和毕业不久的“上班族”。这一类阅读虽然也满足了某种文化消费，但基本上属于“浅阅读”。

读者未必了解，网络小说写手无论是“草根”还是“天后”，他们第一看重的往往就是作品的商品属性，写作的目的主要就是为了吸引眼球，刺激消费，为了赚钱。对读者而言，阅读网上的作品，也已从传统的阅读者转变成粉丝或消费者，这种新的阅读方式很自然会影响其社交方式、审美方式以及想象的方式。对于习惯网络阅读的人来说，拿出大段的空闲，坐在书桌前读一本纸书，已经是很奢侈也不习惯的事情，碎片化阅读已经占用了他们大部分闲暇时间。

信息时代的阅读量的确大大增加了，但阅读的质量却未见得提升。阅读有三种：以娱乐为主的阅读、以获取信息为主的阅读、以理解思考为主的阅读。当然三者也可能互相重叠，这里说的是主要的阅读功能。现在的问题是，三种阅读中，娱乐性为主以及获取信息为主的阅读占据了我们阅读量的绝大部分，思考性的深度阅读越来越受到挤压，这是信息时代的新问题。

阅读方式在相当程度上能影响思维方式。互联网和手机等新媒体主导的阅读方式，有可能让思维趋向碎片化、平面化、同质化，而印刷时代形成的那种比较个性化的感知能力可能在降低。

信息时代的阅读很方便，有以往阅读方式所不具备的巨大的潜能，当然要充分利用。特别是进行科学研究，现在已经离不开网络资源。对于数字化的新的阅读形态，只能主动跟进，而不该消极抵制。但要注意，新的阅读形态可能有利有弊，不能完全取代传统的阅读方式。纸质阅读和数字化的阅读可以并存，既读书，也读网。不同的人，甚至中老年与青少年，对读书还是读网，可能爱好与侧重都不同。但无论如何，如果读网全部取代读书，那就可能失去很多读书的乐趣了。一般而言，读网比较适合“浅阅读”，了解新闻、信息，也是上网比较方便。但读纸质书更适合“深阅读”。要想读经典，最好还是读纸质书。因为上网阅读往往会受到其他推送信息的干扰，使这种本该“深阅读”的思维与感受变“浅”。

传统的纸质书阅读本身就是一个审美过程。装帧、开本、版式、纸张，都可能含有独特的美学意蕴，令人玩味不尽。每本书的流传过程，它的来路，都可能带有文化记忆。我们常说的“坐拥书城”，“有书卷气”，是说一种令人羡慕的气质，这些恐怕在网络和电子设备上是得不到的。读书终究是一种生命体验，更是一种生活方式。所以无论现代信息科技如何发达，不能也不应当完全取代传统的阅读。信息时代既要适应和利用网络阅读，又要警惕和尽可能防止网络阅读带来的弊害。

对经典的歪曲亵渎是一种文化病象*

近年来，对经典的解构和颠覆成为文坛的一股热潮。这股潮流的形成是有深层次原因的。

对经典的解构与颠覆如果作为一种特别的阐释或再创作，也无可厚非，但如果表现为对权威与传统的轻蔑、歪曲与亵渎，并和商业操作结盟，“恶搞”成风，就是一种文化病象，也是目前实利化、粗鄙化风气的畸形产儿。这种现象表现为对文化经典的拆解、拼贴、戏说或者改写，使之平面化、商品化，消解了其原本的意义深度，张扬了感官刺激和情绪宣泄，而这一切的背后都有利润原则的驱动，是这些年的大众文化消费需求所引发的现象。再往深层看，这种风气则又反映了社会心理的变迁。这些年大家开始习惯所谓的“多元共存”，这当然是一种解放与进步，是对过去一统化思想钳制的反拨，但

* 本文选自 2006 年 8 月笔者接受记者采访的记录稿，部分内容以《红色经典不容“恶搞”》为题发表于《光明日报》2006 年 8 月 10 日。

"解放"之后不见得就是一派光明。当我们对未来前景还来不及充分地思考和探索，早熟的消费时代就已经来临，一时间，拜金主义、相对主义、虚无主义和各种游戏人生的潮流就都出来了，这对青年一代的负面影响是很大的。人们在"痛快"的"解放"之后，对宏大叙事失去兴趣，对历史与文化的反思坠入低谷，而愈加关注个人生活，但也因此日益变得无所依持。颠覆经典的潮流正是这种社会心理的症候。表面上大家很自由，各种声音都可以抒发，任何权威、常规包括经典也都可以随意拿来"搞笑"，真是包容一切了。问题是基本的价值搞乱了，此亦一是非，彼亦一是非，虚无主义就伴随标准失衡而至，人文精神的尊严感和人生的充实感丧失了。颠覆经典者在冒犯常规，调侃正经，亵渎传统，希望由此获得一时快感，这些往往不过是"愤青"泄愤，网民玩乐，痞子把玩，而某些商家传媒正好乘机而入，吹捧炒作，为赚钱而不管"身后洪水滔滔"，于是颠覆或者"恶搞"经典的风气就酿成了思想文化领域的沙尘暴，铺天盖地，越刮越凶了。

照理说，经典的颠覆也是常有的事情。历史上要突破权威或者惯性思维的，往往也通过质疑甚至颠覆经典来发难。如"五四"时期新文化运动先驱者也曾以激进的姿态批孔，批判许多传统的经典，甚至说了许多现在看来是偏激过头的话。但他们这种颠覆绝对不同于现今的"恶搞"，也不只是为了显示反叛，更不是为了牟利炒作。他们多带有使命感，是严肃的有选择、有标准的颠覆，目标是要打破封建牢笼和旧思想的束缚，唤起革新社会的激情。这种对经典的颠覆是有历史理由的，也是合理的。而现在我们常常看到的对经典的颠覆，不能说全都没有一点批判性，有的或许能权充消闲的文化快餐，但多数是与传媒出版商的商业炒作搅到一块儿，就卷进无标准的混乱中。为了大赚一笔而标新立异，便只能制造文化垃圾，谈不上什么合理性了。比如《大话西游》那样的作品，对四大名著之一的《西游记》极尽颠覆戏谑，作为休闲一乐也就罢了，有些评论非得捧到天上，其作者也被包装为什么“大师”，某些大学还当真要聘为兼职教授，这就有点“失态”，有点“走火入魔”了。

事实证明，“无厘头式”的“经典”对于尚不具备分辨美丑能力的学生而言，确实具有无比的吸引力。许多学生表示，“这些文章比原著好看多了”。好多人只记得改编的文章，原文反而记不清了。该怎样看待这种现象对学生成长乃至整个社会所造成的影响？

学生不喜欢读经典并不奇怪，这是很自然的常见现象。因为他们和经典有历史距离，语言和形式可能隔膜，当然也有年龄因素，生活经验与理解力限制了他们对经典的了解。加上年轻人比较好奇，有叛逆性，学校与老师越是要求他们读“分内”要读的经典，他们就可能越不喜欢，反而青睐那些“恶搞”的“无厘头式”的作品。特别在网上，自由发表不受约束，调侃、嘲弄和颠覆的言论方式可以大行其道；视频技术的出现，更使得“糟改”和“恶搞”经典作品成为时髦的风尚，这些也都可能影响到青少年的思维与表达。我们必须了解这些新事物新情况，才能应对新的问题。如何拉近学生和经典的距离，让他们能以某种更加生动亲切的方式（包括网络和影视等）来接近经典，是教育者包括负责任的媒体与文化商家应当考虑的课题。对经典作品做深入浅出的阐释和传播，是非常有必要的，但这不应该以歪曲或者调侃、拆解经典作为代价。现在有些所谓“大话”“戏说”“水煮”古典小说之类，还有什么“Q 版语文”之类，虽然很搞笑，能吸引人，但也往往带有虚无主义和商业气息，对年轻人没有好处。他们看了这些“无厘头”作品，可能更加不会去读经典了。阅读的习惯需要培养，阅读经典也需要沉得下心来，需要磨性子，是一个漫长的涵养过程。可惜现在那种颠覆经典的东西太多，包围了许多青少年学生，他们不可能靠这些文化快餐养成良好的阅读习惯。颠覆成风也影响到文化生态。当今许多人都在抱怨风气不好，物质上虽然比较富足了，可是整个生活品质未见得提高，虚无、玩世、粗鄙的空气弥漫周遭。那些肆意颠覆和解构经典的垃圾出版物和传媒作品，在造成社会生活粗鄙化方面难辞其咎。

有人认为，经典也不是十全十美的，它总带有时代的烙印，古代的名著更是包含许多封建的糟粕，因此，对“经典”进行解构甚至“颠覆”是完全可以的。对此怎样看？这种解构或者颠覆的“度”在哪里？我们又应该秉持一种什么样的态度？

经典并非一成不变，它的含义可能始终在“流动”，不同时代人们对经典的理解和阐释会有变化。我们需要经典，是因为经典作品积淀了人类的智慧，可以不断启示人们对文化价值的理解，这也是经典之所以能够生生不息的原因。正因为经典能不断注入不同时代人们的阐释，所以能成为寄植民族精神的某种象征，显示某种文化价值的存在。没有自己经典的民族是可悲的，有了经典，人们才更感觉到文化的存在与分量。据说英国人宁愿失去英伦三岛，也不能失去莎士比亚。这是极而言之，说明经典作为一种文化积淀存在物对于民族精神建构的极端重要性。

当然，经典都是在某一特定时代产生的，会带有它特定的时代烙印，甚至可能有局限性，有不适应现在社会发展需要的成分。我们接受经典，要有感情，还要有理性，对经典的某些不适合当今社会的部分，当然可以采取批判的眼光，但那也是同情的理解，我们需要的是吸纳经典中那些体现人类智慧的部分。现在那种随意颠覆甚至“恶搞”经典的做法，我看就根本没有这种感情和理性。所以，对经典的态度是珍惜、尊重，还是功利主义的只图消费、利用甚至亵渎，我想，所谓界限与“度”就在这里。

也说为何“死活读不下去”名著*

近日报载，有人在微博上发起“说说你死活读不下去的作品”的调查，有3000多人参加，结果《红楼梦》《百年孤独》《三国演义》《追忆似水年华》《瓦尔登湖》《水浒传》《不能承受的生命之轻》《西游记》《钢铁是怎样炼成的》《尤利西斯》名列前十。

这并不奇怪。经典与当代读者是有隔膜的。有些经典需要导读，读者了解必要的背景知识，才能进入阅读状态。比如《追忆似水年华》七大卷，主要是作者内心生活的记录，很零散，故事性不强，是不太好读。《尤利西斯》部头也很大，小说以时间为顺序，描述一个苦闷的都柏林小市民1904年某一昼夜之间的琐碎经历，也多用意识流手法，构建一种错乱的时空。像这样的作品，的确需要有文学史的知识背景，才能较好地欣赏，一般读者若缺少相关的文学知识，是很难读得下去

---

* 本文选自温儒敏新浪博客（2013年6月28日）。

的。《红楼梦》读起来倒比较容易，表面上很平淡，尽是些日常生活的描写，却有很深的文化内涵，需要有些人生历练才读得进去。我上中学时读《红楼梦》，好几次都是半途而废。后来年长一些，才越读越有味道。《钢铁是怎样炼成的》也是故事好懂，但时代背景陌生。我们这一代当年都熟读过此书，为主人公那种献身主义的精神所激励，甚至能背诵其中一些段落，把它们当作自己的座右铭。可是那个革命年代已经过去，现在的人都变得很现实，什么理想、革命也变得遥远，年轻人就不一定能理解与接受这作品的精神导向了。《不能承受的生命之轻》在二十年前的中国知识界曾风靡一时，但这小说牵涉到当年东欧与苏联的历史，又带有很强的哲理性，年轻读者若不了解背景，也不容易懂。《百年孤独》的故事性较强，有魔幻色彩，是比较好读的，不知为何也列名其中。《瓦尔登湖》记录了作者隐居田园的生活，对大自然的描写非常美，很多课本和选本都选有其章节，读不进去可能因为没有这种宁静的心境。《三国演义》《水浒传》《西游记》其实是很吸引人的，记得我上小学时，字还认不太全，也还读不太懂，就已经囫囵吞枣全读过了。现今读者读不进去，也可能是因为没有耐性吧。

所谓经典，都是经过历史筛选的精神遗留物，是人类智慧的结晶。接触和学习经典，是接受人类的智慧的最主要途径。所以历来对青少年的教育，都很注重经典的阅读。不过由于时代的隔膜，青少年阅读经典通常都是有困难的，包括在语言形式方面以及内容理解方面的困难，青少年一般都不会天然地喜欢经典，他们对经典的接受需要有一定的知识支撑，有时也需要了解经典的文化背景。比如读《尤利西斯》，就需要了解欧洲近代文学史，知道何谓意识流；读《钢铁是怎样炼成的》，就需要大致了解苏联的历史，等等。所以，经典阅读最好有导读，掌握某些必要的背景知识和阅读方法。另外，青少年读者选择经典也最好有导引，避免随意抓到某个经典就读，结果读不下去。有些经典在文学史、文化史上很著名，但对于一般青少年就未必适合阅读。比如《追忆似水年华》《尤利西斯》的阅读就要有一定的文学训练，否则进入不了状态。据我所知，很多中文系研究生也未必读过这几种名著。上述十种书，起码有半数对一般青少年来说都不是“最基本”的读物，这也难怪大家觉得“死活读不下去”了。

不过剩下另外的半数，包括“四大名著”，应当是建议青少年阅读的基本的经典，却也被列入“死活读不下去”的行列，这就有点问题了。除了缺少必要的导读，可能有这么几个原因，是影响到阅读兴趣的：

一是现在青少年接受文化的途径多了，他们习惯于看电影、电视，或者读一些流行的读物，比如漫画、绘本之类，其中也有根据经典改编的，比如《三国演义》《水浒传》《西游记》等，于是习惯看图看碟，不习惯再来读原著。

二是现在青少年很多时间都泡在网上，互联网已经成为主要的生活方式。有的人连读博客都嫌太长，要看微博、微信，心态也浮躁了许多，再也沉不下心来读书了。

三是多年的应试教育培育了急功近利的心态。阅读都带着功利目的（比如考试），家长、老师也不支持读“闲书”，学生自然也就没有心情去读名著了。

四是现实社会日趋平庸，国人有时间打牌、打麻将、看电视，就是没有时间也没有兴趣读书，整个社会处于读书空气最淡薄的时期，谁要是抱着大部头经典在读，反而显得不入时。

最后顺便说说，对一般青少年读者来说，阅读经典不能限于文学作品，基本书目还应当包括政治、经济、文化、历史、社会、自然科学等方面。我曾写过两篇博客文章，一篇是《通识教育应当读哪些基本的书》，给文理科大学生建议阅读二十种最基本的经典；另一篇是《阅读经典怎样消除隔膜》，可以参考。

看来这次民间发起的读书调查，还真的给我们提出了很多重要的警醒。

多读书，好读书，读好书，读整本的书*

处在成长过程中的年轻人既要接触时尚，又要尽量把持自己，而不是被动地卷进流行文化，这样才能逐步培养纯正的阅读口味和良好的习惯。读书还是要以读经典和格调高雅的作品为主。

和以往相比，现今中小学生的阅读趋向已大不相同，很多学生感兴趣的可能是当下的流行读物，如某些靠商业运作包装起来的明星作家的著作。流行读物大都像是冰淇淋，给人娱乐和刺激，适当读一些是可以的，甚至是有益的。如果完全不让孩子们读，会把读书搞得很功利，也会扼杀孩子们的阅读兴趣。另外，流行文化的适当消费，也有利于青年人了解社会，融入社会。要求年轻人不去接触这些流行文化是不现实的，也是不必要的。因此应当给孩子们一点自主选择的阅读空间，容许他们读一些包括流行读物在内的“闲书”。

---

* 本文为“大师美文品读书系”丛书（天天出版社 2012 年版）序言，有删节。

但这应当是适度的“消费”，毕竟冰淇淋代替不了主食，不能拿冰淇淋当饭吃，流行时尚的阅读也不能代替高雅的经典的阅读。有的学生或许会说，现在干扰实在太多，静下心来读书不容易。其实读书是一种习惯，一种生活方式，一种可以不断滋养人生、提升精神的方式。只不过社会太过忙乱，太过浮躁，缺少读书的氛围。记得早些年我旅居欧洲时，时常坐地铁或者火车，看到很多人一上车就非常安静地掏出书来读，很少有人大声谈话或者打手机，和咱们这里的情况很不一样。这是习惯问题，也可以说是文化素质问题。读书是需要氛围的，学校里老师让大家读书，可是很多学生回到家里，氛围就不太好，家人整天不是看电视就是打麻将，孩子们要在这样的环境中读书，还真的需要有些“定力”。

我常为某些年轻人虚掷光阴感到可惜。我住的小区附近有个群租的院落，夏天晚上，总见到许多青年人坐在院子里，各自埋头玩手机游戏，一玩就是几个小时。休息时玩点游戏可以放松身心，无可非议。但乐此不疲，太沉迷其中，对身心不利，而且浪费时间也太可惜了。何不利用这大好光阴给自己充电，学好本事？很多中学生抱怨课业重，时间少，可是一上网就下不来，读书要是有这份痴迷劲儿，那就不得了了。看来不能全抱怨环境，自己能珍惜时间，有意识地培养读书的心境，就很好，也很重要。

就学生而言，养成阅读的兴趣与习惯，是发掘学习主动性与创造性的最重要途径，这可能是终身受益的好品位，一种可以不断完善自我人格的生活方式。读书的兴趣需要长期培养，需要磨性子，是一个漫长的涵养过程。现在的情况是，小学生读书的兴趣很浓，刚上初中也还可以，可是上到初三，特别是高中，就很少读书，全在应付中考和高考了。许多“90后”“00后”读书的兴趣可以说是“每况愈下”。所以，我很赞成2011年版的语文课程标准中提出的那句话：多读书，好读书，读好书，读整本的书。

我们需要经典，是因为经典作品积淀了人类的智慧，可以不断启示人们对文化价值的理解，这也是经典能够代代相传的原因。正因为经典能不断注入不同时代人们的阐释，所以能成为寄植民族精神的某种象征，显示某种文化价值的存在。没有自己经典的民族是可悲的，没有经过经典熏陶的人生是可惜的，因为有了经典，人们才更感觉到文化的存在与分量，更富于智慧。经典作为一种文化积淀存在物，对于民族精神建构有极端重要性。这套书选收的是现代经典名篇，那么让我们珍惜、尊重，并从中获取智慧吧。

不要笼统地讲继承传统文化*

在语文教育中重视传统文化教育，这是题中应有之义，没有人反对，而且事实上，从小学到高中，语文课中传统文学与文化部分占很大比重。就课文而言，古诗词和文言文大约占四分之一，甚至三分之一。为什么要强调传统文化教育？我理解这是社会的需要，是一种思潮，转化为相关部门的一项想法与措施，要求在中小学强化传统文化的教育，而不只是语文课。甚至希望传统文化教育能系统化，变成专门一门课程，类似于德育课，覆盖整个基础教育课程。最近教育部出台《完善中华优秀传统文化教育指导纲要》，要求在中小学德育、语文、历史、艺术、体育等课程标准修订中，增加中华优秀传统文化内容的比重，同时教材也要增加这方面的分量。

现今提出完善传统文化教育，是有现实意义的。

---

* 本文系笔者 2014 年 4 月 9 日在山东淄博召开的中国教育学会中学语文教学专业委员会 2014 年工作会议上的发言提纲，有修改。

各个利益主体的诉求在分化、形成和凸显，我们的转型社会已经形成价值多元化，甚至碎片化。但是一个成熟的社会必须有社会成员之间的共识和合作。要有相对良性的社会心态和凝聚力。党的十八大提出培养自尊自信、理性和平、积极向上的社会心态。其针对的就是现在不够理性和平，不够积极向上，而且缺少自尊自信的社会心态。这也就是大家平时所感受到的社会上充满某种戾气，很浮躁，人人缺少安全感。在这种情况下，强调加强传统文化教育，是必要的，目标就是立人、立德，以构建良性的社会心态。这个基本道理，大家都是理解的，我想也是支持的。

但是如果到了一线，如何实施还是有些问题。传统文化到底是否该作为专门的一门课，给一定的课时，并列入考核？这门课与其他课包括语文课是什么关系？文件没有说清楚。我们也不必等待。中语会开会定这个主题，是很有眼光的。我们应当积极主动来探讨如何使优秀传统文化教育和语文课教学更好地结合。我们要和一线老师一起来讨论，到底语文课在完善优秀传统文化教育方面能做什么。我们应当有这份心，才能在教学实践中有所留意，有所引导。

在强调重视传统文化的时候，我还是想多说说对传统文化的态度问题。面对传统文化，我们一定要有分析的批评的态度和眼光。

传统文化是一个庞大和复杂的概念，并非只要是传统文化就都是好的。传统文化中有相当一部分是糟粕，只属于过去那个时代，不可能转化，也不可能支持当代文化生活。毛泽东讲，从孔夫子到孙中山都要继承，但这应当是批判地继承。

现在提倡的“核心价值观”，包含十二个纲目，其中的富强、和谐、公正、爱国、敬业、诚信、友善，在传统的价值观中也是有的，或者说是可以从传统的价值原则中得到支持的。但是也有一些核心价值，如自由、平等、法治，属于现代文明，是我们的传统中没有的，或者说，传统文化中缺少这方面的自觉意识。那么我们今天讲继承传统文化，就要考虑，哪些传统的思想观念可能会与现代的自由、平等、法治的价值原则有矛盾，就要用批判性思维去辨别和筛选，不能把那些与现代文明有冲突的东西继承下来。这是一件要特别慎重的事情。

比如，“孝”就是传统文化的核心价值之一。汉代以后，“孝”的价值原则被抬到极高的位置，强调家国同构，治家等于治国。于是对“孝”的解释，除了“敬”与“养”，又加上越来越多的内容，包括顺从、服从、迁就等。对“孝”的这种附加与强化，实际上是在制造“顺从”的国民性。表面上，它在提倡孝顺齐家的私德，是伦常之情，但实际上是在满足统治的需要，培植一代代顺从、懦弱、迂腐、麻木的国民。现在若要继承“孝”的价值原则，把这个观念引入国民教育，就要注意有所批判和分辨：我们继承的应当是孔子的那种人伦之“孝”，是作为“行人之始”的“敬”和“养”，而警惕把“孝”重新当作“立人之本”，变成无原则的顺从。那会和现代文明的价值原则相悖。

现在有一种复古思潮，以为中国传统文化光辉灿烂，可惜近代以来特别是“五四”以后到革命时代，让人们把传统抛弃了，割裂了，中断了，所以才造成如今社会的混乱、道德的滑坡。他们希望重新接续传统，认为把传统的那些东西重新拿来，就可以解决现实问题。这是很迂腐的。他们应当想一想，为什么中国到了清末，一发不可收拾？李鸿章想改革，甚至慈禧太后也想改良，但终究不行，为什么？封建社会那一套，包括它的文化，已经不行了，不再能适应近代社会变革的大趋势。所以后来才有“五四”，才有革命，才有彻底的“反传统”，才有现在看来似乎有点“过”了的“细化”。“五四”不矫枉过正是不行的，那也是历史的必然。我们不能当“事后诸葛亮”，轻易断言是“五四”那一代先驱者“割裂”了传统。

1912 年，民国政府教育部就宣布废止小学读经科，过了三年，袁世凯称帝，又令全国各学校以崇奉古圣贤为师法，要求中小学恢复读经科。虽然是否应当让中小学读经，当时争论激烈，但大趋势还是要废除把经学摆在意识形态高位的做法，推行新式学堂的现代课程教学。一百多年过去了，新式教育造就了几代新国民。总的来说，新国民要比传统的国民更具有独立、自主、开放的国民性，也更具有科学的创造性思维。这是一百多年来新式教育的巨大成果。我们不能因为现在要强调传统文化的继承，就损毁这个成就，更不能又来开倒车。

现在社会上流行小学生读经，我看不足为训，不值得提倡。许多大学开设各种国学班，社会上什么算命、卜卦、风水全都出来了，其实也都是沉渣泛起。鲁迅主张批判国民性，这并没有过时。现在有虚无主义、相对主义，颠覆一切，同时也有复古主义、封建主义，这两个偏执都很常见，又都是不正确的，有害的。

中国这一百多年，在文化问题上，走了一条螺旋式的道路，先是激烈反传统，然后又回归传统，最近，则呼唤比较清醒地继承传统、转化传统。这是应当得到历史的理解的。我们对传统文化，对历史，要有分析，不能笼而统之，做简单化的褒贬。

对传统文化要有分析，然后才谈得上继承和发扬。传统文化有精华，亦有许多糟粕，我们需要的是精华。如传统文化中仁爱共济、立己达人的社会关爱，正心笃志、崇德弘毅的人格修养，天下兴亡、匹夫有责的家国情怀，以及仁爱、民本、诚信、正义、大同等观念，都是精华的部分，可以继承、转化和吸收；而愚忠、愚孝、封闭、自私、奴性、麻木等，都是糟粕，应当批判和抛弃。

在对待传统文化的问题上，一定要坚持历史唯物主义和辩证唯物主义的立场、观点和方法，批判和抛弃那些落后腐朽的、不适合现代社会发展的部分，挖掘和阐发优秀的部分，要处理好继承和创新的关系，重点做好创造性转化和创新性发展。

我们对传统要分析、批评和继承，这在我们的教学中是不能忘记的。

要有一块“自己的园地”*

“自己的园地”这是八十多年前周作人一篇文章的标题，大意说的是心灵自由和写作自由的空间，人要有属于自己的空间。它就像一块自留地，种些什么呢？是萝卜、白菜，是茄子、西红柿，还是牡丹、芍药？完全可以根据自己的爱好，这是属于自己的空间，不用考虑他人的眼色。我这里转用这个说法，是提醒老师们：在普遍焦虑的年代，我们也许不可能去改变大环境，但总可以尽量给自己营造好点的小环境，尽可能减少职业性倦怠。

现在社会的心态浮躁，拜金主义流行，大家都没完没了地忙，难于沉下心来读书做事。但教语文是要有心境的，教师的学养以及人格素养就显得格外重要。讲学养，既是教书的需要，也是教师自身精神成长的需要。因此，无论多么忙，最好

* 本文系笔者 2014 年 8 月在北京大学语文教育研究所和“一智”教育举办“语文教师职业发展”研讨会上的讲话稿，有删改。

有自己的精神家园，哪怕是一块不大的“自留地”。

如果有一块自己的精神园地，哪怕是一块小小的“自留地”，那就可以缓冲一下外在的干扰，让自己有做做“精神体操”的地方。人生有很多意想不到的困难，物质的追求没完没了，焦虑在所难免，劳碌也是肯定的。房子、车子、职称、工资、级别、奖励、评比、检查……还有自己的家庭、孩子，没完没了，一关过了又一关。想一想也真累，但这就是人生。如果想让自己不那么累，特别是不那么心累，那就要有自己，有自己精神歇脚的自留地，营造一块小小的“自己的园地”。

现实生活问题很实在，很具体，不能回避，只能尽力去解决。对一般人来说，多数时间都会用在应对和解决日常生活的实际问题上。但不等于就一定要把全副人生都用在应对现实需求上。给自己留点空隙，寻找几个可以歇脚的地方，总还是必要的。什么是“自己的园地”，那是属于你自己的地方，可在此伸展你的才情，舔自己的伤口，做“精神体操”，给自己漫长而辛劳的人生来点趣味。这个“园地”何在？只有你自己知道。

当然，“自己的园地”也可以是比较实在的。拿我们中学语文教师来说，除了日常教学，如果在某一方面有自己的专长与爱好，能在相关学科领域进入研究，甚至取得了一些发言权，成为小小的专家。这专长与爱好就是你“自己的园地”。有了某种专长与爱好，又常常“在状态中”，始终保持某些兴趣和动力，保持思想活力，会感到充实，有成就感，对于自己的教学，也会更有底气。“在状态中”很重要，它可以让你从川流不息的烦琐杂务中不时超越出来，让你的生活从此便有了节奏感，让你不再认为自己过得平庸。当然，这也可以帮助你减少“职业性倦怠”。

再忙，也能抽出一点属于自己的时间；再乱，也应当有一件事能让自己沉下心来。“自己的园地”总是可以发现和开辟的，只要你不甘平庸，不愿意被“职业性倦怠”所裹挟。一个中小学老师，有自己专门的学术研究，可以作为“自己的园地”，当然很好。但没有自己的学术研究，也不要紧。有某一方面的爱好，而这种爱好又足以为自己提供自信和满足，就可以了。有些娱乐性的爱好，比如打球、打牌、摄影、旅游之类，也有必要；但我说的主要还是那些与自己教师职业有关联，甚至有助于把教师职业变成“志业”的精神性、创造性活动，包括研究某个课题，围绕某些问题有计划地开展学习、探究，等等。如果结合教学，在某些方面的确有自己的研究，可以在相关的学科领域拥有一定的话语权，甚至有比较出色的成果，那么这一块就成了你“自己的园地”，你就会有满足感、成就感，就有自己的精神寄托，不用再去当年年如此、天天如此的教书匠，而成为一个学者型的教师。你就会较多地超越平庸，减少职业性倦怠，让自己的工作和职业变得更有意思。

我们常常会为自己的倦怠找借口，这些借口只能让我们更加脱离现实，自恋，烦躁，在生活中我们需要时时去克服这些借口，“自己的园地”可以帮你，让你偶尔可以停下脚步来思考，或者放空自己。要允许自己“浪费时间”——正如汽车用久了也需要保养一样，用“浪费”掉的时间来给自己充电，好的办法就是读书、静思，积极地躲避浮躁。

但大家会说，“自己的园地”当然好，但哪有那么多时间呀？人生就是这样，除非很特殊的，一般来讲，都会很忙。如前面说的，一关一关都要迈过去，很多人都在慨叹时间过得快，很少有自己支配的时间。中年教师上有老下有小，生活压力大，时间会比较紧张，但只要想有一块“自己的园地”，就总能安排出一些时间。年轻的老师拥有更多的时间和机会，就看你是否真的想营造一块“自己的园地”，前提是要有些毅力和上进心，要有合理的安排。

说要有“自己的园地”，是指做自己喜欢的工作或者研究，求得精神的寄托，也让自己的素养和能力有不断提升的途径。这是一个方面。“自己的园地”还有另外的含义，那就是给自己营造良性的氛围。我们常常抱怨社会氛围不好，抱怨单位的空气不纯净。作为老师，我们个人也许对此无能为力，但可以努力去做到一点：不为污浊的空气推波助澜，从我做起，能对它改进一点就是一点，而且总能给自己营造一个相对良性的小的环境。比如，可以和本校、本地区一些志同道合的老师组成研修小组或举办读书会，也可以在网上组织博客群，总之要有“小圈子”，有若干同好者经常交流学习的平台。这可以彼此“取暖”，不但让研修活动常态化，还可以在你们学校或地区营造浓厚的宜人的学术空气，切实提升专业素质与教学水平，使大家感到生活更充实，不至于陷入那种无边无际的“职业性倦怠”。

这里特别要向青年和中年教师提些建议。没有必要把社会看作是无可救药的大染缸，对社会问题要有分析，让自己心态正常一些，不要非此即彼，不当于事无补的“愤青”。越是泡在网上当“愤青”，心情越是糟糕，也越是觉得心累，“职业性倦怠”也就会愈加严重。

此外，我们这次论坛要解决的，就是要有职业发展规划，要有研究和读书计划，三年、五年或者十年，有个大致方向。最好能成为一个研究型的语文老师，甚至学者型的语文老师。这是值得鼓励的奋斗目标。有一句话“取法乎上”，给自己定位高一点，那么学习、教学、生活就有目标感，就更有意思。如果得过且过，自己先贬低了自己，那么你的职业就会缺少乐趣，甚至成了痛苦的营生，那是很累很折磨人的。最好的语文老师都不是满足于当一个教书匠的。你不满足于当教书匠，就会减少职业性倦怠，不那么累。

这又涉及"教师专业发展"，我认为这种"发展"不要理解为就是适应课改，或者单纯的职业训练，要有比较长远的目标，因此，可行的中短期学习计划非常必要。当然会考虑一些实际问题，比如考级、职称晋升，都必须认真对待，但不要都是"直奔主题"，免得老师自己先卷入"应试教育"。

培养专业兴趣与专业敏感很重要，这是长期的事情。还有，就是拓宽视野，不断更新知识，不满足于现炒现卖，立竿见影，或者只关注与目前教学可以挂钩的，要在整体素质以及修养方面下功夫。所谓专业发展也是人生事业的发展，要有一点理想主义。

说到"自己的园地"，不但能减少倦怠，更是精神的寄托与更新。

中国现在发展了，物质条件好了，人们反而感觉很忙，很累，很迷惘，有很多抱怨和无奈。好像幸福感没有增加，反而可能减少。这是为什么？原因可能很多方面的，其中一点就是缺少终极关怀，对于人生意义价值好像很少关注，失去了信仰。信仰是什么？是精神归宿。人生活在世上，很要紧的是住房，是家，这是归属。但还需要精神的、灵魂的归宿。自古以来，宗教就是人类的精神归宿之一。人类能力再大，也总有自身不能解决的问题，有人的智力和体力不可能达到的地方。人类对这些难于达到的地方，有敬畏感，上帝、真主、诸神等就出现了。有些人也不一定真的认定有上帝、神明，但他们相信肯定有人力所不能抵达的地方，所以保持对于世界的畏惧感，有一种精神归宿。很多外国人都要过礼拜天，那就是一种生活方式，可以停下脚步来思索一下自身生活，去除一些焦虑和困惑，和家人团聚，让生活有些节奏。不至于像我们现在这样，一年到头都这样忙、忙、忙，真的停下脚步，可能感到无所依持。忙一年，想调节一下，就去旅游，也是很着急到处转，结果比在家还累，旅游回来就觉得更加无聊。

我不是提倡宗教信仰，而是提出一种问题：如何减少焦虑，如何能让自己有时间静下心思考一下生活的意义等“本源性问题”。前面说的“自己的园地”也是为了缓解这种焦虑。我们中国没有纯粹的宗教，也就没有纯粹的信仰生活。孔子、孟子的思想都不是信仰，那是道德伦理观念。在政治化年代，我们有革命的信仰，但是也很实际。时过境迁，有些人已经去革命化，原有的政治性信仰也就淡化了。一定意义上，现在最缺少的就是信仰。缺少终极关怀，缺少对人生意义和价值的省思，也就是通常说的人文精神坠落。这个问题很难解决，但是不解决，也就没有个人的精神空间。我们不一定去信教，但一定要有精神归宿，或者打个折扣，有点精神寄托。“自己的园地”就有这个补充作用吧。

我用这么多时间讲“自己的园地”，为了什么？为了说明职业发展规划的重要和必要。职业发展规划中很重要的一部分，就是“自己的园地”。我们应当从人的精神需求角度来看待职业发展问题。

名家名作导读

读古诗五首：那不可重复之美*

第一步是感觉，不急于分析

《春江花月夜》是唐代诗人张若虚（约660—约720）的名作。一看这首诗的名字，就让人有些迷离陶醉。这首诗原是依乐府“清商曲辞”之“吴声歌曲”的调式而作，音乐性很强，当年是可供诵唱的。读这首诗不要有任何先入为主的念头。让我们先读一遍，有些字词一时不太了解也不要紧，一气呵成读下去就是了。边读边想象那些美妙的画面，慢慢沉浸其中；注意节奏和韵律，这是可以帮助你进入状态的。

春江潮水连海平，海上明月共潮生。
滟滟随波千万里，何处春江无月明。

---

* 本文选自笔者“中外文学名作欣赏”讲稿。

江流宛转绕芳甸，月照花林皆似霰。
空里流霜不觉飞，汀上白沙看不见。
江天一色无纤尘，皎皎空中孤月轮。
江畔何人初见月？江月何年初照人？
人生代代无穷已，江月年年只相似。
不知江月照何人？但见长江送流水。
白云一片去悠悠，青枫浦上不胜愁。
谁家今夜扁舟子？何处相思明月楼？
可怜楼上月徘徊，应照离人妆镜台。
玉户帘中卷不去，捣衣砧上拂还来。
此时相望不相闻，愿逐月华流照君。
鸿雁长飞光不度，鱼龙潜跃水成文。
昨夜闲潭梦落花，可怜春半不还家。
江水流春去欲尽，江潭落月复西斜。
斜月沉沉藏海雾，碣石潇湘无限路。
不知乘月几人归，落月摇情满江树。

什么感觉？春江花月夜的浩瀚幽邃、恬静多彩，太美了。再想想，在朦胧的诗意中，是否又感到某种相思之情以及对人生宇宙奥秘的遐想呢？是否不知不觉就让心变得有些柔软？读诗第一步是不需要明白地分析的，有感觉就好，是那种整体印象。如果已经获得整体印象，接下来，才好稍做分析。但这种分析还是别离开想象。

诗从开头到“汀上白沙看不见”为第一段，写明月照耀下的春江、花林景色以及诗人的联想和感受。接着第二段，从“江天一色无纤尘”到“但见长江送流水”，集中而且更细致地写“江”与“月”，此时约略已有旷远渺茫之感，开始联想到岁月与人生。第三段，从“白云一片去悠悠”到“捣衣砧上拂还来”，写的是寂寞凄清之境，由旷远的联想回落到具体的思念，无论是白云、玉户、妆台等，都可以感触到思妇那种无法排遣的离愁。最后一段，从“此时相望不相闻”到“落月摇情满江树”，转入一种略带迷离的幻觉之中，一会儿“愿逐月华”，想象能随着月光去观照远方的亲人，一会儿又意识到即使鱼雁传书也是不可能的。唯有想起昨夜梦中落花，倍感岁月不居。此时愈加恍惚，似乎看到纷乱的离情化为残月余辉，布满江边之树。

全诗从春江明月开篇，到雾中残月收拢，诗情随着“月”在一夜之间的升落而起伏变化，写的都是“月”，又都是“有我之月”，情景交融之“月”。其实何止是“月”？也包括月光覆盖下的江水、沙滩、天空、原野、枫树、花林、飞霜、白云、扁舟、高楼镜台、长飞的鸿雁、潜跃的鱼龙、不眠的思妇以及漂泊的游子。这一切组成了春江花月夜的清幽意境，这一切都因为有了迷人而变幻的月色而显得朦胧、神秘。一切都那样美，连离愁哀怨也都因为“月夜”而变得那样动人和美丽。

特别是面对宇宙、自然的美时，所触发的联想是旷远而惆怅的。在大自然的生生不息与人生的短暂的对比中，难免就有这样的感喟:“人生代代无穷已，江月年年只相似。不知江月照何人？但见长江送流水。”月夜的朦胧美景因这些富于哲理的思索而增添某种神秘，诗情不再是卿卿我我，而变得深沉幽邃，虽凄凉伤感，却又不消沉颓废。整首诗的格调是崇尚美，而且是崇尚“大美”的。

诵读这首诗会感觉其调式非常顺畅上口，其中有多次换韵，不仅不影响韵律，反而强化了节奏感与音乐感。这首诗真的让人能欣赏到古典诗歌音韵之美。另外，诗中写到的景物很多，有目不暇接之感，但这些景物都和“月”有关，都灌注有浓厚的情思，一个一个画面迭出，营造了一种迷离神秘的意境。读起来好像无须细加辨识何物，只要有这种迷离神秘，这种悠扬婉转，也就够了。这种非常注重乐感的类似咏叹的方式，让我们领略到唐代诗歌特有的神韵。

这个世界太嘈杂了，人难得静下来，回到内心。这时若能读一读《春江花月夜》这一类诗作，真是一种享受呀！

陶诗的贫苦是“过滤”了的

大家在中学语文课上已经读过陶渊明的一些诗作，不知道想过没有，陶渊明当时真实的生活情况如何？真是那么潇洒，那么美吗？这里我们再来读一首《庚戌岁九月中于西田获早稻》，然后讨论一些陶渊明的作品与生活的关系问题。

人生归有道，衣食固其端。孰是都不营，而以求自安。
开春理常业，岁功聊可观。晨出肆微勤，日入负耒还。
山中饶霜露，风气亦先寒。田家岂不苦，弗获辞此难。
四体诚乃疲，庶无异患干。盥濯息檐下，斗酒散襟颜。
遥遥沮溺心，千载乃相关。但愿长如此，躬耕非所叹。

先逐句顺读一下，略做解释：头一句“人生归有道，衣食固其端”，是说人生的归宿有一定的法则，穿衣吃饭原本就是人生的头等大事。“孰是都不营，而以求自安”，意思是，连这样的事一点都不过问，怎么还想求得自己的安身？“开春理常业，岁功聊可观”，意思是，春天来了就按季节种地，一年下来收获也还可以。“晨出肆微勤，日入负耒还”，一早起来就到地里努力劳作，太阳落山才扛起农具回家。肆：指尽力。耒（lěi）：指农具。陶渊明写此诗时毕竟46岁了，这个“微”字用得很实在。“山中饶霜露，风气亦先寒”，即：山区多霜露，天气总是冷得早。“田家岂不苦，弗获辞此难”，即：谁说农家不苦？只是没法不去做那些苦累的农活罢了。弗获：不得，不能够。“四体诚乃疲，庶无异患干”，即：手脚实在累得不行，只希望平安无事就好了。异患：其他的灾难。干：犯，指遭逢“异患”。“盥濯息檐下，斗酒散襟颜”，指劳动完之后洗净手脚，坐到屋檐下歇息，饮杯酒放松放松。盥濯：洗涤。散：排遣，使……舒展。“遥遥沮溺心，千载乃相关”，即：遥想古时的隐士沮溺，自己的心意与他们是相通的。沮（jù，一音 jū）：长沮。溺：桀溺。《论语·微子》：“长沮、桀溺耦而耕。”二人均为孔子时代的隐士。“但愿长如此，躬耕非所叹”，即：就希望这样过下去吧，亲身从事农耕生活没有什么值得叹息的。躬耕：亲身从事农耕。

这首诗比较明确表达了陶渊明归隐的心态与生活的情状。

陶渊明（约365—427）原先也是当过“公务员”的，比如州祭酒、参军、县令等，都是一些小官。比较被人传扬的是他曾因生计所迫而官彭泽令，任上仅八十多天，即以不堪忍官场繁文缛节而去职，返乡躬耕。归隐的生活是很清苦的，晚年更是贫病交加，非常难熬，并不见得如他笔下那样富于诗情。陶渊明不过是将日常生活诗化罢了。不过这不是矫饰，而是性情的真实流露。他从事过农耕劳作，自食其力，以此为心安，并非“作秀”。如同诗中所写：一天劳作之后，在自己的屋檐下，洗干净手脚，喝点小酒，也颇自得其乐。因崇尚自然，安贫乐道，他只愿“躬耕非所叹”，长保这样的生活旨趣。这一点很难得。从来的世家子弟都轻视体力劳动，陶渊明却志趣不同，有一种自食其力、回归自然的追求，《宋书》和《晋书》都将其列入“隐逸”类。《饮酒二十首》之五“结庐在人境，而无车马喧”一诗，是大家都读过的，表现隐逸的心志。本文选的这首，虽然也有隐逸，但更自然，少有借诗谈玄的味道，多写自食其力的愉悦和农作生活的恬淡适意。在这里，人与自然融为一体，不只是一种悠然自得的生活，也是一种人生方式。

读诗时放开思路，有些细节还可以比较和探究。比如，古来很多诗人都写贫穷困苦（比如杜甫），陶渊明也写贫苦，但因为人生态度或思考问题的角度不同，陶诗中的贫苦是“过滤”了的，审美的，给人的感觉也就不是那么“苦”，而是“苦中有乐”了。“过滤”即艺术处理，将日常生活诗化，能满足审美所需的必要的距离。

陶渊明的诗质直平淡，抑扬爽朗，怀抱旷真，自成一格。可是他生前只是被看作隐士，作品影响不大，后世才越来越受重视。更重要的是他的品格情操，以及他所代表的闲情文化，与有高度文化素养的文人心理相契合，得到历代文人的认同与向往。在一定程度上，陶渊明成为传统文化中淡泊超越的一种精神象征。

诗的欣赏需要“悟”

古典诗歌分为古体和近体，魏晋南北朝时期多写古体诗，以五言为主。汉末魏初出现的“三曹”“七子”，领袖人物是曹氏父子：曹操、曹丕、曹植；围绕他们的有“建安七子”和女诗人蔡琰。“建安七子”指孔融、陈琳、王粲、徐干、阮瑀、应玚、刘桢。刘勰在《文心雕龙》中，对这一作家群体的创作有过这样评说：“观其时文，雅好慷慨，良用世积乱离，风衰俗怨，故志深而笔长，并梗概而多气也。”他们学习汉乐府，用五言诗这一新的体裁抒情、言志、叙事。曹植的诗里多用“悲风”这个意象，如“高树多悲风”“弦急悲风发”，体现了建安文学那种悲凉的气息。他的《杂诗》这样表达离愁别怨：

高台多悲风，朝日照北林。之子在万里，江湖迥且深。
方舟安可极，离思故难任。孤雁飞南游，过庭长哀吟。
翘思慕远人，愿欲托遗音。形影忽不见，翩翩伤我心。

曹操是叱咤风云的人物，诗也开一代雄风。名篇《短歌行》原是汉乐府中的宴会歌辞，一经他手，却张扬了渴慕贤才、重建天下、追求不朽功业的壮志，寄寓着一种建立功业、不负此生的豪情。

建安诗歌多写政治理想的高扬，人生短暂的慨叹，有浓烈的悲剧色彩，这种诗歌风格，被后人追慕，称之为“建安风骨”。

到两晋、南北朝，五言诗更加成熟而繁荣，涌现出阮籍、左思、陶渊明、鲍照、谢灵运、庾信等一批杰出诗人，一时可谓星空灿烂。这里重点介绍一下阮籍（210—263）。他是魏晋时期的著名诗人，“竹林七贤”之一，不拘礼教，任性狂放。当时专权的司马氏集团屡次授以官职，甚至以联姻相诱，他都装病谢绝，甚至曾以喝酒大醉六十日的特殊方式躲避被卷入政治漩涡。其个性张扬与现实之间激烈冲突，压抑的情怀转为诗文写作。代表作是《咏怀诗》，有八十二首，写黑暗的社会环境中的孤独与苦闷。我们来读其开篇第一首吧。

夜中不能寐，起坐弹鸣琴。薄帷鉴明月，清风吹我襟。

孤鸿号外野，翔鸟鸣北林。徘徊将何见？忧思独伤心。

诗歌抒发的是忧郁悲伤的心情。开头两句写忧思难眠，弹琴抒怀。三、四两句借清风、明月比喻心绪的冷峭孤洁。五、六两句又用北林翔鸟、野外孤鸿的鸣号，表现愤懑和悲哀。最后两句直抒胸臆，表达那种难于排遣的忧愁和悲苦。

阅读时应注意诗歌的意象表达：清风、明月、翔鸟、孤鸿，都含有诗人的哀思愁绪，互为比照，融为一体。诗中也有叙事，但与乐府、拟乐府类的叙事型诗歌艺术不同，阮籍的叙事在往意境创造的方面发展，这种手法比较含蓄，也更适合体现情感思绪的隐曲复杂。

不过吸引人的还是这首古体诗的简洁素淡，以及五言所特有的明快疏朗，这是古体诗的魅力。此诗产生在专制黑暗的魏晋时代，残酷的屠杀使名士忧生畏祸，一腔忧愤只有婉转曲折地表达，借物写情，由此形成一种新的诗型和新的格调：只见孤凄的情，不见孤凄的事；“言在耳目之内，情寄八荒之表，志在刺讥，文多避隐”（李善《文选注》）。阮籍诗风虽隐曲，但韵致深婉，技艺精湛，具有简洁刚劲的特殊美感。现今读来仍令人感动，是因为“厥旨渊放，归趣难求”（钟嵘《诗品》），其情思意趣道出了人们普遍的感受，包括某些隐秘的难于言说的部分。

诗歌欣赏有时需要的是“悟”，感触通达即可，不一定非得有清晰的说明，或者要归纳出什么“意义”之类。

注意那“不可重复之美”

读古典文学，因为时代和语言的隔膜，不容易进入。一旦疏通了语言，消除了隔膜，再设身处地，设想自己生活在古代，那特别的情韵多少就出来了。那往往是一种“不可重复之美”。现代人的生活太复杂，有太多纠结，年纪轻轻可能就“曾经沧海”，无论如何也写不出《诗经》这样“干净”的作品了。读古代作品，正可以让人沐浴灵魂，得到片刻的清净。我们试一试读《诗经》的《蒹葭》，看是不是有“干净”的感觉：

蒹葭苍苍，白露为霜。所谓伊人，在水一方。
溯洄从之，道阻且长。溯游从之，宛在水中央。
蒹葭萋萋，白露未晞。所谓伊人，在水之湄。
溯洄从之，道阻且跻。溯游从之，宛在水中坻。
蒹葭采采，白露未已。所谓伊人，在水之涘。
溯洄从之，道阻且右。溯游从之，宛在水中沚。

对这首怀人诗，历来解说不一。一说是借怀友讽刺当政者不礼贤下士，乃明志之作；一说怀恋爱人。我们不妨取后者，把这首诗看作情诗，或者再引申一步，将其看作是表达企慕之情的诗。

读“蒹葭苍苍，白露为霜”等几句，想象一下那河边苍青的芦苇、晶白的霜、秋水泛起的寒气，以及歌唱者徘徊眺望的焦灼情状。“所谓伊人，在水一方”几句，表现望穿秋水，思见心切。“伊人”被反复提及，只是河水隔绝，相会不易。若沿着河边小道向上游去寻找，道路艰险漫长，要相见真是困难重重；想象游渡过去，似乎很近，还是难于真实地抵达，仿佛只能见到伊人的身影在水中央。“伊人宛在，觅之无踪”，时远时近，时隐时现，时有时无，使这位追求者欲找无方，欲罢不能。这都是写那种对企慕的对象可望不可即的心情。这种心情可能恋爱中有，其实生活中其他方面也会有。每个人读这首诗都可能有自己的想象。世上的事情总是这样：越是美好的事物，越难于企及，而追求不到，就愈觉可贵，愈加有追求的迫切心情，也许是愁肠寸断、无限怅惘，也许是剪不断、理还乱。这就是所谓“含不尽之意于言外”了。所谓“诗无达诂”，一般读诗不必全用考证的办法，也不一定要落实唯一的结论，重要的是顺着诗歌所焕发的情思，展开自己的想象与体验。

注意诗中所用叠唱的几组词语之变换。首章的“苍苍”，次章的“凄凄”，末章的“采采”，表现出芦苇的颜色由苍青至凄青到泛白，深秋的气氛越来越浓，烘托出歌唱者的心境愈加寂寞。白露"为霜""未晞""未已"的变换，是时间的流逝，衬托着寻人不着的焦急和惆怅。另外，像"长""跻""右"和"央""坻""沚"的变换，也都从不同的方位描述了寻见伊人的困难，以及想见友人的急切。

自古以来，秋景肃杀，令人伤悲，这首诗在秋气之中表达追求不获的失意、烦恼、痛苦与秋之悲凉交融，萧索的秋境正是凄苦心绪的外化。这也是《诗经》中常见的赋中见兴的笔法。也就是在景致变化的描写中渲染营造一种特别的气氛，笼罩全篇，此中也浸透了歌唱者的心境。正如王国维在《人间词话》所说，《蒹葭》一篇"其言情也必沁人心脾；其写景也必豁人耳目；其辞脱口而出，无矫揉妆束之态"。

从这首诗也可以领略《诗经》的风致：内容都极其单纯，有一种不可重复的质朴之美。

文学不等同于历史

说到白居易（772—846），大家都知道他是新乐府运动的主要倡导人，主张"文章合为时而著，诗歌合为事而作"。他的讽喻诗继承了杜甫诗歌的现实主义传统，指斥时弊，诗风平易通俗，对比强烈鲜明。如果从艺术欣赏角度看，他的某些怡情悦性的闲适诗和叙事诗，比如《长恨歌》《琵琶行》，有更高的成就。这里重点欣赏《长恨歌》。

《长恨歌》以历史事实为基础，吸收民间传说，进行了艺术再创作，叙述一个富有传奇色彩的故事。其情节回环曲折、婉转动人，具有强烈的悲剧美学效果。

对《长恨歌》主题的理解，有三种说法：一是讽喻说，认为其通过对唐玄宗、杨玉环故事的叙述，暴露了统治阶级荒淫无耻的生活，反映了中唐时代各种社会矛盾；二是歌颂说，认为表现的是唐玄宗和杨玉环真挚专一的爱情；三是双重主题说，认为所展示的爱情悲剧有其特殊性，作者对唐玄宗和杨玉环有谴责也有同情，怒其作孽，哀其可怜。其实第三种理解比较切合作品实际。还可以加上一点理解：杨玉环是作为美的象征来表现的，这首诗写的就是美的存在、美的追求与美的毁灭。这可能是最牵动人心的潜在主题。一篇优秀的作品往往主题有多义性。

所以，对历史题材的文学作品，还是要作为艺术品来读，而不只是当作历史事实来看待。在《长恨歌》里，唐玄宗与杨玉环是活生生的艺术形象，而不是历史人物的翻版，不要完全对号入座。

在唐代天宝年间，关于马嵬之变就有种种传说，白居易显然是被民间传说感动才引起创作的。虽然他抱有“惩尤物，窒乱阶”（陈鸿《长恨歌传》）的创作意图，但进入创作实践后，会情不自禁地按照爱情故事的规律来处理。显然，《长恨歌》里边不全是历史，其中很多是诗人的幻想创造，他歌颂赞美了唐玄宗和杨玉环的爱情，使这首长诗成为绝妙之词，博得“古今长歌第一”的美誉。白居易本人把这首长诗列入感伤诗。他说写感伤诗是“事物牵于内，情理动于内，随感遇而形于咏叹者”。

在安史之乱的背景下，《长恨歌》描写了唐玄宗、杨玉环从相见欢爱到死别招魂的爱情悲剧。其中以杨玉环之死为界限，前半部分写“长恨”的原因，后半部分写绵绵的“长恨”之情。诗中对唐玄宗、杨玉环两人因生活荒淫而招致祸乱是有所讽刺的，但对杨玉环的死和两人诚笃的眷恋则赋予很大的同情。感人的正是后者。

全诗分为四部分：从“汉皇重色思倾国”到“不重生男重生女”，写爱情悲剧的起因；从“骊宫高处入青云”到“回看血泪相和流”，写安史之乱中马嵬事变的政治悲剧和爱情悲剧；从“黄埃散漫风萧索”到“魂魄不曾来入梦”，写唐玄宗对杨玉环的思恋；从“临邛道士鸿都客”到“此恨绵绵无绝期”，写方士招魂见到杨玉环，表现杨玉环对爱情的始终如一、生死不渝。

《长恨歌》的艺术成就，主要表现在对人物性格细腻的刻画，唐玄宗和杨玉环都有鲜明的个性，而个性又与命运相连。另一特色是在叙事中写景状物，反复烘托、渲染人物心理。有触景伤情，如“芙蓉如面柳如眉，对此如何不泪垂”；有借景传情，如“春风桃李花开日，秋雨梧桐叶落时”；有融情入景，如“黄埃散漫风萧索，云栈萦纡登剑阁。峨眉山下少人行，旌旗无光日色薄”，等等。

作为长篇叙事诗，《长恨歌》构思精巧，结构严密，故事情节的发展波澜起伏，描写详略得当，细节剪裁得体。语言精练传神，有鲜明的形象性。如“回眸一笑百媚生”，写出杨玉环的千娇百媚；“梨花一枝春带雨”，生动地描绘仙境中杨玉环的美丽凄凉的情态。这首诗还借鉴发挥了乐府歌行的特点，音节优美，语言流畅，非常适合诵读。

《长恨歌》对后世的小说、戏曲产生了巨大的影响。元曲中的《梧桐雨》，清代传奇中的《长生殿》，都曾取材与参照过《长恨歌》。

读《九章算术》：数学与语文的融合*

凡是上过中学的人，几乎都从历史课中知道中国古代的《九章算术》，但可能绝大多数没有接触过这本书。我也是在编“大学语文”时，才找来认真读的。我的数学不是很好，所具备的知识大都只是中小学课堂上得来的，日久不用，很多又已经“交还给老师”了。现在读《九章算术》，却又要动用仅存的那点数学知识了。《九章算术》这本书很有意思，边读边设身处地，想象古人的生活，假设自己就生活在东汉之前，那时是不可能像现在这样每个人从小就要学习数学、知道一些基本运算的方法的。当生活中需要用数字来计算的时候，该怎么办？古人是如何把日常生活中数的现象抽象为数的运算的？文言文是如何表达像运算这样的抽象事物的？数学属于自然科学，那么数学和语文有什么关系？有人说从《九章算术》就可以看出中国古代数学主要靠联想和模糊的思考，缺少严格求

* 本文选自笔者“大学语文”讲稿。

证，这是中国式思维的表现，这也导致形式逻辑难以在中国形成。这结论有道理吗？诸如此类的问题，都在引发我的思考。我找了一些中国科技史的资料，包括李约瑟的《中国科技文明史》来看，越发有兴趣，也增长了不少知识。后来我就特地从《九章算术》中选择《穿地》和《勾股》两篇，编进“大学语文”教材中。让大学生（特别是理工科学生）接触一下这两篇古文，相信这也一定会引发他们兴趣的。下面就是编进“大学语文”中的课文和相关的问题设计。我们可以先读课文，参考文后的注解来读，大致了解课文的意思即可。

穿地

今有穿地积一万尺。问为坚、壤各几何[①]？

答曰：为坚七千五百尺。为壤一万二千五百尺。

术曰：穿地四，为壤五，为坚三，为墟四。以穿地求壤，五之[②]，求坚，三之，皆四而一[③]。以壤求穿，四之；求坚，三之，皆五而一。以坚求穿，四之；求壤，五之，

① 坚：指夯实的土。下文说“穿地四……为坚三”，意思是夯实的土体积只有一般土地的四分之三。壤：土壤，指经过耕种变得松软的土地。下文说“穿地四，为壤五”，意思是一般土地的体积只有松软土地的五分之四。

② 五之：乘以五。下文“三之”即乘以三，“四之”即乘以四。

③ 四而一：被四除。下文“五而一”即被五除，“三而一”即被三除。

皆三而一。

城、垣、堤、沟、堑、渠皆同术[①]。

术曰：并上下广而半之[②]，以高若深[③]乘之，又以袤[④]乘之，即积尺[⑤]。

勾股[⑥]

今有勾三尺，股四尺，问为弦[⑦]几何？答曰：五尺。今有弦五尺，勾三尺，问为股几何？答曰：四尺。今有股四尺，弦五尺，问为勾几何？答曰：三尺。

---

① 城：城墙。垣：房屋的墙。堤：堤坝。沟：水沟。堑：护城河。渠：渠道。这些在古代都是土木工程。城、垣、堤是用土夯成的，属于坚，沟、堑、渠是挖成的，属于穿地。这些工程的体积的计算方法都一样。术：《九章算术》的程式化用语，即计算方法。

② 并：加在一起。上下广：即城的横断面的上底和下底。广，即宽。半之：取其半，即被二除。

③ 高若深：如果是筑上去的，即高度；如果是挖下去的，就是深度。

④ 袤：长。

⑤ 积尺：体积。这是求锥台的体积，综上可得公式：[(上底 + 下底) ÷2] × 高 × 长。

⑥ 本文选自《九章算术》卷九“勾股”。勾：曲。股：人的肢体。勾股即人体的上下肢屈曲成直角。古典数学以“勾股”为直角三角形的称谓。“勾”以称短直角边，“股”以称长直角边。

⑦ 弦：以弓弦喻斜边。

勾股术[①]曰：勾股各自乘，并而开方除之，即弦。又股自乘，以减弦自乘，其余开方除之，即勾。又勾自乘，以减弦自乘，其余开方除之，即股。

大家参考注解读完这两篇《九章算术》，对这部古代数学著述就有了一点感性的了解了。

现今大家学习的数学，主要来自西方，特点是重视概念与推理，其成果以定理的形式来表达。但是大家从历史书上知道的《九章算术》却很特别，它着重应用计算，算法表达不是用数学符号，而是用文言书面语言阐述。也就是说，中国古代的数学是用语文方式表达的。今天我们广泛使用着的数学术语，比如“加减乘除”“公约数”“余数”“几何”“方程”“勾股弦”，等等，中国古代数学典籍里早就有。举个例子说，“除”的本义是“陛阶”，也就是庭堂前的台阶，台阶是一级一级平均等高的，所以“除”又引申为“等分”，用以表述数的等分。数学和语文就这样结合起来了。

阅读《九章算术》，我们会有独特的感受，从这些典籍里，可以窥探到古人如何把日常生活中数的现象抽象为数的运算思

① 勾股术：即直角三角形的解法。上文即我们常说的“勾三股四弦五”，下文即我们常用的公式 $a^2+b^2=c^2$。

维，了解古代数学的语文表达特征，以及《九章算术》在世界数学史上的地位。注意不要用现代数学去简单附会，附会可能轻而易举就知道那些今天看来很简单的数学问题，但你就难以了解古人的思维习惯了。

《九章算术》是我国现存最古老的数学专书，作者不详，成书年代大约在东汉初年（公元一世纪），但它的内容应当是两周时代逐步积累起来的。[①]《九章算术》足以和欧几里得《几何原本》媲美，两者既是世界数学史上的奠基石，又是现代数学的两大源头。《九章算术》搜集了246道生产实践中较实用的数学问题及其解法，依照问题的性质和应用领域，分成方田、粟米、衰分、少广、商功、均输、盈不足、方程和勾股九章。其中有多个方面是世界上最早发现的。如“方田”章记载的四则运算，已经有最小公倍数的概念，比十三世纪意大利数学家斐波那契（Fibonacci）发现最小公倍数要早1400多年。书中对分数和负数的记载，也是世界上最早和最系统的。

在当今，用汉语书面语来表述抽象的高难度的数学问题，人们已经难以适应。但1900多年前《九章算术》精彩的内容及其所显示的智慧，仍然让我们惊叹，古代数学的思想和精

---

①《周礼》记载，西周负责教育的官员是保氏，他的任务是“养国子以道，乃教之六艺：一曰五礼，二曰六乐，三曰五射，四曰五驭，五曰六书，六曰九数”。

神，对我们仍然有着激励和启发。

最后，大家可以做两个练习：

一、根据《穿地》的叙述画出立体图，并用现代算式解这道题。

二、阅读《九章算术·均输》中的两道题："今有不善行者先行十一里，善行者追之一百里，先至不善行者二十里。问善行者几何里及之？答曰：三十三里少半里。"又，"今有客马日行三百里。客去忘持衣，日已三分之一，主人乃觉。持衣追及与之而还，至家视日四分之三。问主人马不休，日行几何？答曰：七百八十里。"将这两道算题列成现代数学运算式，算出得数，看是否与《九章算术》的"答曰"一致。

如果哪位同学对《九章算术》还有进一步学习的兴趣，建议找一本书来看看，就是白尚恕的《〈九章算术〉注释》（科学出版社 1983 年版）。该书对《九章算术》重新校勘，并采用了现代数学的表达方法加以注释。

读罗素《好的生活》：举重若轻讲哲学 *

《好的生活》是罗素的一篇哲学论文。罗素（Russell）的名气很大，是十九世纪到二十世纪英国著名的哲学家，另外他还是数学家、逻辑学家和社会活动家。这篇文章选自他的《为什么我不是基督教徒》一书。该书是讨论宗教的，但涉及人生意义等很多哲学问题。罗素的文章读起来好像还比较浅显，但那是深入浅出，其实理论含量很大，读时需要放慢速度，理清其基本思路与观点，同时大胆加入自己的思考。哲学研究一般都是比较超越的，往往涉及诸如世界观、人生观等根本性、普遍性的问题。我们在忙碌的日子里如果能够稍微停下来，问问自己，到底生活的本质和人生的意义何在，实际上就已经涉及哲学，只不过我们往往缺少理论探究的自觉罢了。而哲学家的任务就是把某些普遍存在的问题揭示出来，加以深入地研究和论说，让人们读了，可能会获得重新发现生活的智慧。比如什

* 选自笔者主编的《大学语文读本》（西安交通大学出版社 2010 年版）。

么是“好的生活”？见仁见智，每个人都有自己的看法，似乎很难有定论。罗素提出“好的生活是由爱激发和由知识引导的生活”，也只是一种观点。不过我们读后会发现，在这个非常普通而又重要的问题探究中，罗素的确是从根本上做了细致而有说服力的解释的，这种解释灌注了浓厚的人文精神，也显示了生活的艺术。

阅读哲学论文或者说理性强的文章，要抓住某些关键的概念，这可能就是文章展开的立场与主要观点。比如罗素所说的“爱”是什么含义，他对“知识”是如何界定的？为何要反复使用“激发”与“引导”这两个动词？罗素这样解释生活，他的理想指向是什么？如果参照罗素的解释来调整我们对于生活的习惯行为，是否可以“过得”比较充实和美好？最好能联系自己的生活实际或者经验，来认真思考罗素的解释，也许这能增加我们“生活的艺术”。讨论哲学问题容易玄妙奥涩，让人敬而远之，但罗素这篇论文所论观点多是和普通生活的实际有联系，不是从概念到概念地兜圈子，不时插入生动的事例，让人读来觉得亲切有趣。我们读时也许还会注意到整篇文章思路非常清晰，注意到其如何立论，如何提出中心概念并界定内涵，又如何通过逻辑推理层层展开，那种强大的思辨力如同旋风般能把人裹挟进去。虽然是哲学论著，却又用随笔体写就，注重修辞，文字很美，表达举重若轻，生动而有理趣。读过这篇论说，我们也许会感到自己的思维与语言表达都变得灵动起来。

顺便再简单介绍一下罗素吧。这位哲学家于 1872 年生于英国蒙茅斯郡的特雷列克，毕业于剑桥大学三一学院，毕生从事著述，并在英国、美国的多所大学任教。他很长寿，寿命几乎跨越了一个世纪，到 1970 年 98 岁时辞世。著作很多，主要有《数学原理》《数理哲学导论》《心的分析》《物的分析》《宗教与科学》《西方哲学史》《人类的知识——其范围与限度》《逻辑与知识》《为什么我不是基督教徒》等。他在数学、逻辑学等方面有界碑性的贡献，然而在普通读者中影响较大的是他的《西方哲学史》。

这部书我读过，没有一般学院派的拘泥，不满足于罗列哲学名家言论或构设体系，而是力图从历史的角度来观察哲学思想及其发展，对许多哲人的评价眼光独到。他研究历史的观点与方法也很特别，那就是以人性作为观察角度，认为人生的各种因素，如饮食、男女、贪婪、享乐、权力、虚荣、创造等，都在本能地起作用，也就是历史的动因。这和一元论的简单化的历史观大异其趣。罗素并非书呆子，他不厌其烦地从事各种社会活动，包括反战、反核、倡导试婚和离婚从简、女权、支持同性恋，等等，因此也屡遭各种打击，甚至被剥夺教职，经历颇为坎坷。然而戏剧性的是，1949 年他被选为英国科学院荣誉院士，1950 年居然又以哲学家身份获得诺贝尔文学奖，获奖的原因是罗素的“哲学作品对人类道德文化做出了贡献”。《好的生活》的确有好文笔，但更重要的是有深邃的哲思。

读爱因斯坦《我的信仰》：智者纯净的内心*

爱因斯坦这个名字我们太熟悉了，连中学生的“宿构作文”，也开口闭口就是“爱因斯坦”怎么地。可是我们恐怕很多人并没有读过爱因斯坦的任何著作，也不见得了解爱因斯坦的思想人格。事情往往这样：最熟悉的，其实又可能是最陌生的。这次课我们挑选了爱因斯坦的一篇文章来读，这就是《我的信仰》，这篇文章会让我们看到这位科学巨人的内心世界，也许会有某些令人惊异的发现。

我们都知道，阿尔贝特·爱因斯坦是人类历史上少数最伟大的科学家之一。他于1879年生于德国乌尔姆镇，1921年获得诺贝尔物理学奖，1933年因反对希特勒的法西斯专制统治，放弃了德国国籍赴美国任教、研究，1955年逝世。爱因斯坦最杰出的贡献是提出相对论，奠定了现代物理学的理论基础。他的另一建树是对物质粒子转为巨大能量的探究，现在已得到

---

*选自笔者主编的《大学语文读本》（西安交通大学出版社2010年版），有改动。

确证。一提到爱因斯坦，人们很自然就会想到他在科学研究方面界碑性的贡献，即使我们并不具备多少这方面的知识，也会对他产生无比的敬仰。爱因斯坦这个名字家喻户晓，几乎就成为科学境界的象征。

然而人们未必知道，这位科学巨人对宗教、政治、社会、人生也有独到的看法，在这些领域也留下了许多杰出的论说。《我的信仰》就是他发表于1930年的一篇著名的文章。在这篇名作中，爱因斯坦声称“人是应当为别人而生存的”，因为每个人的精神生活与物质生活都依靠着别人的劳动，包括生者和死者，所以必须尽力报偿。他相信简单淳朴的生活对每个人都有益。他从来不把安逸和享乐看作生活目的本身。他的道路是追求善、美和真。他的政治理想是民主主义。他有深挚的宗教感情，不相信“彻底唯物”，对宇宙人生抱有敬畏之心，因为他意识到有太多人类智慧所不能企及的地方。科学精神与人文精神的完美结合，是爱因斯坦的精神特质，也是他所以能攀上人类智慧巅峰的原因。阅读此文，可以更深入了解这位伟大的科学家的世界观与人生观，了解他内心世界的清纯、宁静、朴实。大科学家往往都是很复杂而又很简单的一类人。我们大都是普通人，未见得有爱因斯坦那样的睿智和思想力，那样坚执的信仰，但在对这位科学家境界的神往中，自己好像也能得到精神的升华。

这篇文章多年来我读过许多遍，每读一遍都会有很大的感触。前些时候我和一些博士生讨论“为何现今人们全都如此焦虑”，也涉及“信仰”问题。大家都谈到“普遍的焦虑”源于“时代病”，也就是现实的压力，包括两极分化、竞争加剧、社会不公、信息爆炸，等等，对社会人群形成巨大心理压力，由此产生不安、无奈与焦虑。但这只是原因的一半，另外一半则是普遍的“信仰”的缺失和价值观的崩溃，人心变得无所依持，生活失去了定力。看来，我们多少年来费了很大功夫去做的思想教育，基本上是失败的。它在这种普遍的焦虑面前显得那样空洞无力。丢失了人生观培育，丢失了信仰，就丢失了一切。思想教育虽然重要，但并不能取代人生观、世界观的培育，后者是更基本的、根本的。且看当今大学校园里，拜金主义流行，“厚黑学”“成功学”时兴，学生年纪轻轻就仿佛全都变得“曾经沧海”，都那么“现实”，哪还有什么理想，什么信仰？老师们包括我自己在内，或多或少都陷于“项目化生态”，又还有多少人是以对真善美的追求作为工作与生活的动力？在这样迷惘的时代，读一下爱因斯坦的《我的信仰》，观察这位智者纯净的内心，然后想想自己的“焦虑”问题，或许也就连带想到沉重的信仰问题。这也是我推荐这篇文章的意图吧。

昨天在电视里看到一个“达人秀”，居然有三个和尚出台大唱流行歌曲，声称如何思念亲人。天哪！连出家人都如此烦躁不安分了，哪还有什么信仰，什么宗教？中国本来就缺少信仰，传统文化大都着重解决现实处世问题，孔孟之道只是场面上的哲学，老百姓大都还是相信《增广贤文》一类“行为准则”，某些人即使信教，也往往出于现实目的，并非真正将其作为生命皈依的一种信仰。革命时期有些类宗教的信仰，无论如何评价，也有它崇高的一面，可惜现在几乎已被完全颠覆。我们还相信什么？这的确是极其严峻的问题。

还是一起来品读这篇《我的信仰》吧。

《红星照耀中国》魅力何在？*

埃德加·斯诺的《红星照耀中国》，是新闻的传奇，也是出版的传奇。

昨日我重读此书，不由得想起北大未名湖畔斯诺的墓，以前我常路过那里的。斯诺若在天有灵，看到这几十年中国的巨变，看到中国和美国之间波澜起伏的复杂关系，看到现今特朗普又发起贸易战，大概会有一种沧桑之感吧。当然，如果他知道自己的书八十年后还有那么多人在读，还收进了语文教材，也一定会感慨万千。

1936 年 6 月，斯诺冒着生命危险，长途跋涉进入陕甘宁边区，他带着对红军和革命政权的许多疑问，想要“揭秘”所谓“赤匪”的真相。他是第一个在边区进行采访的西方记者。是事实吹散了斯诺的疑团，是真相征服了这位执着的记者，他为英美报纸写了一系列的通讯报道，轰动一时，后来结集出

* 本文发表于《人民日报》2018 年 5 月 8 日。

版，就是《红星照耀中国》（原中译本名《西行漫记》）。斯诺打破了新闻封锁，让西方人看到在贫瘠的中国西北土地上，那些共产党人正在为争取民主独立而进行极其艰苦的斗争，这些人的使命感、远见卓识和百折不挠的精神，是中华民族的希望之光。斯诺的报道相当程度上改变了当时国际上对“红区”的偏见，这是非常了不起的新闻之伟力。《红星照耀中国》因此成为纪实文学的经典。

经典也在改变我们。记得初读《西行漫记》（《红星照耀中国》原中译本名），是在“文革”时期，那时我颇有些惊讶：原来我们崇拜的伟人和英雄，也都有那样令人可亲的、生活化的一面，他们理想信念相同，可是性格禀赋各异，言行举止透露各自的人格魅力。伟人和英雄离我们并不遥远，他们的精神气质在感染我们。《红星照耀中国》过了那么多年，读来仍然不觉枯燥。写得真实而纯粹，是一个原因吧。

斯诺写红军，写共产党的领袖，写延安红色政权，他的观察点、态度和语言，跟我们所习惯的有些不一样。他的纪实毫不做作，是质朴而真诚的。斯诺以“他者”的目光来观察“红区”，他对共产党抗日政策的转述，对“红区”生活的描写，自然也有西方记者的立场，但力图还原真相，避讳“宣传”，没有刻意的“过滤”，从而保存了历史的真实——是那种有质感的真实。斯诺是记者，又是有天赋的作家，他的报道“很文学”，可读性很强。特别是对毛泽东、朱德、彭德怀、林彪等许多革命将领的采访，总有一种了解之同情，有人性的关怀。在他的笔下，这些人物有理想情怀，是非凡的，但又是有人间味、有人格魅力的。在诸如饮食、住宿、开会、舞会、恋爱，甚至房屋摆设、身体语言等有趣的细节中，我们能感受到“红区”那特有的气氛，在激越、紧张和进取中，也不无自由和舒展，个性的张扬。这些记载似乎信笔写成，毫无拘谨之态，跟我们平时看到的某些带有“套路”的报道或传记不一样。几十年过去，这些革命先驱大都谢世，他们的业绩也进入历史，但在斯诺的书中仍然能看到那活灵活现的身影。

《红星照耀中国》的魅力何在？当然来自于“红区”革命者的生活，也来自斯诺真实而细致的笔触。它写的是重大的历史，是堪称民族脊梁的那些人物。它大气而有味，如同《史记》，我相信这本书会流传下去。《红星照耀中国》写的是中国共产党人的故事，却在西方长期以来拥有那么多的读者，这本身就是传奇。现在倡导“讲好中国故事”，怎么才能讲好？我看可以从斯诺这里得到某些启示：“讲好中国故事”要有媒体的职业良知与素养，有直面真实、记录真实的担当，还要拓展视野，解放胸襟，了解文化的多样性。

《红星照耀中国》这部经典现在收进了新编的初中语文统

编教材八年级上册，是作为纪实类作品收录的。主要想引导学生通过这本书的阅读去感受中国共产党人的理想信念与胸襟气度，传承革命传统；还希望通过这本书的学习，掌握新闻类纪实作品阅读的方法，学会如何观察事物，抓住特点，锻炼眼力和表达能力。也让学生了解，新闻报道是纪实，但也有立场态度，有作者的关怀与选择。在当今信息爆炸的时代，让学生学会观察、思考和选择，是非常必要的。

我们也想到，初中生读《红星照耀中国》，可能会有些困难，但也会有特别的兴趣。要让学生喜欢读书，多读一些经典和品位高的书，尽可能减少低俗文化的冲击，这也是立德树人之需。新编的中小学语文教材强调“读书为要”，把培养读书兴趣作为语文教学的“牛鼻子”，是一个大的改进。新教材设计了许多读书的栏目，小学一年级就有“和大人一起读”，也就是“亲子阅读”栏目。从一年级到六年级，每次课都有延伸阅读，还有“快乐读书吧”，引导学生读童谣、儿歌、诗词、故事、寓言、童话、小说等。初中语文每一册都设计有“名著导读”，三年安排12本名著，“一课一得”，教给阅读每一类属的方法。正在编写的高中语文也安排有“整本书阅读”，以抵御碎片化阅读，从而达致“读书养性”。我们想以此来推进阅读，让学生多读书，好读书，读好书，读整本的书，以此为突破口，改进长期以来语文教学“少慢差费”的弊病。这些年语文教学有很多改革，万变不离其宗，这个“宗”就是读书，把读书变成学生的一种生活方式。

这次把《红星照耀中国》收入统编语文教材，也是出于这一期待。

读费孝通《乡土中国》：学术论作的文化底蕴*

社会科学的学术论文以调查和科学论证为主，这不同于文学性作品，但费孝通的社会学专著《乡土中国》的开篇部分还是写得很有文采，人文性很强，也很吸引人。文中渗透着对历史学、哲学、政治学等相关学科的深刻认识和精辟见解，可以说是“杂”而化之。能做到科学、严谨而又好读，这种文体风格背后，需要学科整合的开阔视野，也需要深厚的文化底蕴。读这篇学术论作，不会有专业隔阂带来的枯燥，反而会觉得引人入胜、趣味盎然，这是学术论文的一种境界。从语文的角度看，这也是一篇可圈可点的美文。比如，论文写作在科学论证的同时怎样才能更生动而且有可读性，观点与材料如何结合，叙述和论说如何平衡，以及如何摆脱从概念到概念的“八股味”，等等，这里都有值得借鉴的经验。

《乡土中国》的主题是“研究中国文化模式怎样从中国农

---

* 本文根据笔者为高中语文部编教材“整本书阅读”所撰的设计稿修改。

业和农村生活中产生出来”。这篇文选就从乡下人的“土气”入笔，一反常人对“土气”的藐视，称赞“土”字用的精当，因为中国传统社会的小农经济依靠的正是土地。也正是因为有了土的滋养，才有了“面朝黄土背朝天”的传统农业，才有了聚村而居、与世无争的传统生活，才有了中国人生生不息的传统文化根源。乡土社会的本质不是别的，而正是这种“土气”。进而又论述，中国传统乡土社会的本质也就是这种建立在相对固定的社群基础之上的稳定的社会结构。此等精辟见地，在貌似平易的叙说中层层推进引申，入情入理，思路清晰。虽然是客观的科学论说，但我们依然感觉得到，如果没有一种流淌在灵魂深处的传统文化意识以及乡土中国情结，恐怕是很难写出这等贴切的文章的。难怪有人说，费孝通对于中国传统乡土社会和传统文化的社会学解析，可以和鲁迅先生对中国人的剖析相类比，不仅提出了科学的结论，还具有发人深省的力量。

社会科学论文讲求科学的研究方法，而优秀的社会科学研究还必须具有人文关怀的眼光。费孝通深知中西文化的本质差异，借用西方的社会学方法时防止生硬套用，努力将自己对中国传统文化的体验与理解渗透其中，所以他对乡土中国的文化现象能做到透析式的微观解剖和宏观把握，对这个社会独特的结构和运行有精妙的观察和总结。学习时应注意领略该文如何采用田野调查和社区分析等社会学方法，以及对不同社会结构做比较的方法。这些对于我们学习社会调查及写作调查报告，会有帮助。

读鲁迅：认识其独特的价值*

鲁迅不是一个新话题了，但鲁迅又是说不完的，每一代人都会对鲁迅有特别的理解。鲁迅是那种超越性的作家，他当年所思考和焦虑的问题，今天恐怕还没有过时。我挑这个题目来讲也是由现实所感。现在社会上、网络上，也包括学术界，对鲁迅有很多不满与批评。有些人对鲁迅持一种否定的颠覆的态度。鲁迅当然可以批评，他不是神话，有批评是正常的。问题是批评要有根据，不能因为鲁迅名气大，你批评他也出名，所以就要批评。还有一种情况，是把鲁迅“生活化”。鲁迅以前地位很高，甚至是被“神化”了，现在打破“神化”，让鲁迅回归人间，还原真实的鲁迅，是应该的。但现在不是还原真实，而关心的就是鲁迅的吃饭、穿衣、抽烟，甚至把鲁迅和许广平

---

* 本文根据 2012 年 5 月 17 日笔者在北京大学研究生院主办的“才斋讲坛”为博士生所做的学术报告记录稿整理。后来又据此写过《鲁迅早年对科学僭越的“时代病”之预感》（载《山东师范大学学报（人文社会科学版）》2013 年第 2 期），收入本书有较大的修改。

恋爱也说成“包二奶”，这其实是贬斥，起码是抹杀鲁迅作为伟大作家的独特价值。如果鲁迅就是个普普通通的人，我们还需要鲁迅什么？不需要了。我选这个题目来讲，是有现实针对性的，想回应那些对鲁迅的颠覆，包括将鲁迅平庸化的趋向。我将针对人们可能产生的对鲁迅的一些认识的偏误，来讲讲鲁迅的独特价值，以及今天为什么还需要鲁迅。

我认为受过比较完整教育的中国人，都应该读点鲁迅，特别是文科的大学生，更要系统地读鲁迅，包括他的小说、杂文。什么理由呢？近百年来的知识分子中，对中国文化了解最深入的，鲁迅是第一人。怎么深刻？可以说，鲁迅发现了中国和中国人。中国和中国人都是现实的事物，还用“发现”吗？这里说的“发现”，意思是对我们民族、对国民的反省与理性的认识，这要独特的眼光。鲁迅的眼光是不一样的，他透过传统的认识，透过国人的思维习惯，看到我们民族，我们传统文化的弊病。这些弊病现在还大量存在于社会中。所以鲁迅批判的眼光和精神没有过时，读鲁迅是为了更好地了解我们民族，我们的文化，了解中国人包括我们自己。鲁迅有个特点，他的文章主要不是知识层面，像我们做学术论文那样的知识层面的，主要是带有他自己很痛切的感受，是从生命的体验里总结出来的。所以他对中国文化有很多批评，但也不完全是批评。读鲁迅可以带给你一种真正的文化体验，鲁迅对人性的了解也是最深的。他很敏锐，有时候说话也批判性太强，可能说得很难听，甚至有点过。但是读鲁迅起码可以让我们读懂中国，知人论世，了解国情，了解我们的国民性。

当然作为一个作家，鲁迅也并不是完美的。鲁迅的个性对他来说可能在某些方面是个利器，是长项。鲁迅的个性，如果用心理学来说不一定很健康，作为普通人的鲁迅的心理状况有时候不见得好。比如说鲁迅对很多事很悲观，有时候甚至绝望。鲁迅也有点圆滑，你要说他世故，他是圆滑，看得太透了，甚至在某些问题上鲁迅多少有点过于敏感、多疑，就是有点“病态”，我说这个“病态”是带引号的。作为一个文艺家、哲学家，最高顶端的那个人，往往都带有一点“病态”，就是说他的感觉跟普通人有时候不一样。所以也可以说鲁迅是有一些“病态”的，正因为如此，他在文学上能够发酵出精品。鲁迅已经是我们重要的文化遗产，弥漫在我们的现实生活里，成为中国人知识结构的某些成分。我们应该珍惜鲁迅这份遗产。

我想谈三个问题：

一、怎么看鲁迅批判传统的偏激？

现今人文精神衰落，道德滑坡，有些人找原因，首先就找到“五四”，认为“五四”以来传统文化的“断裂”，而鲁迅和他们那一代人在反传统问题上的偏激难辞其咎。近来有些人对鲁迅的指责就是他的偏激。这问题怎么看？关于现实中的道德滑坡是否可以简单地归咎于“五四”，以及传统文化的现代转型是否可以概括为“断裂”，都是值得认真探讨的大问题，这里不可能展开讨论。但讨论百年中国文化转型这样复杂的课题，不能简单化、情绪化，一定要有充分的历史感，浮泛的“翻烧饼”的思维是无济于事的。这里我们就集中讨论一下鲁迅对于传统文化的“偏激”现象。

鲁迅偏激不偏激呢？说不偏激，不是实事求是。鲁迅确实是很偏的，有时他走偏锋，把话说得很死，很绝对，好像没有分寸了，到头了。鲁迅对中国传统文化有非常厉害的批判，往往是决绝的态度，简直要推倒一切。比如他说“无论是古是今，是人是鬼，是三坟五典，百宋千元，天球河图，金人玉佛，祖传丸散，秘制仙丹，全部踏倒他”（《突然想到》）。这还不偏激吗？又譬如，鲁迅谈到青年人读什么书时，这样说：“我看中国书时，总觉得就沉静下去，与人生离开；读外国书——除了印度——时，时时就与人生接触，想做点事。中国书虽有劝人入世的话，也多是僵尸的乐观，外国书即使是颓废与厌世的，但却是活人的颓废与厌世，所以主张少看或不看中国书，多看外国书。”这当然也显得偏激，所以这句话就常常被一些人抓住，当作鲁迅偏激的例子。但问题这就提出来了：鲁迅说这一类偏激的话的时候，语境是什么？他是在什么历史条件下说的？他的批判所指是什么？不能否认，鲁迅对传统的批判采取了相当激进的姿态，他那种与惯常思维不同的逆反的评判，让人震撼，惊愕，虽然不习惯却又顿觉清醒，思路别开生面。鲁迅是有意的逆反，有意采用一种批判的、不合作的精神。这大概就是鲁迅式的思维方式和话语方式。如果保留一点历史感，从特定的历史语境中来研究鲁迅的言论，会发现鲁迅的批判虽然偏激，但绝不是无的放矢，而且只有如此，才更能一针见血，深入本质，打到疼处。鲁迅毕竟不是做博士论文，不必求系统全面，他常用的是杂文笔法，把问题强烈地突出出来，给人警醒。现在那些颠覆鲁迅的人往往就丢掉了历史感，他们并不顾及鲁迅的批判语境和有意的逆反思维，断章取义抓住鲁迅一两句偏锋的话，孤立地提取出来，随意加以否定，甚至要推而广之，把整个鲁迅都看作是如此片面和不负责任。这样怎么可能接近历史的真实，理解真实的鲁迅呢？

现在有些人要强调传统了，就不顾历史发展的基本事实，说什么如果不是“五四”的激进，不是鲁迅、陈独秀等一代人和后来的革命派“割裂”了传统、搞“文化决定论”，中国百年历史就不至于那样坎坷。这些“事后诸葛亮”从“后设”的观念出发去想象和剪裁历史，而且他们对“五四”、对鲁迅的批评也很不公平，因为他们常常使用脱离历史实际的“摘句法”。比如，前面我们已经提到的例子，乐于把鲁迅说成是对文化传统的虚无主义和偏执狂的那些人，常常引用的一句话就是鲁迅曾经说过“不要读中国书”。北京学界有位著名学者断言：中国近代文化激进主义者，“对文化经典及其所代表的传统采取了全盘否定的姿态。鲁迅先生的《狂人日记》在此具有典型意义。那位患有‘被吃恐惧症’的‘狂人’，在写满了‘仁义道德’的经典中看来看去，结果看到上面写的全是‘吃人’二字。‘狂人’的这种阅读经典的方法当然是鲁迅教给他的，同时也是现代反传统的激进主义知识分子普遍的阅读方法。”“这种阅读态度还被极大地情绪化和非理性化，终于走向对于经典的变态抵抗（所谓‘不读中国书’）。”

这样来阐释《狂人日记》，显然不符合作品的实际，是这位学者“欲加之罪”式的论定。这里不妨就探究一下鲁迅常被诟病的所谓“不读中国书”事件。到底怎么回事呢？原来，1925年《京报副刊》曾经征集名人对青年人读书的意见，许多名人都写了，请到鲁迅，他没有开书单，但也写了一篇文章，后题为《青年必读书》。其中的确有这样一段很出名的话，主张“少看或不看中国书，多看外国书”。前面也引述过了。这是鲁迅当时有些感慨的话，后来有些人，就举这些话作为鲁迅偏激和“割裂传统”的例证。我想还是应该回到鲁迅说这些话的语境。在二十世纪二十年代，“五四”刚过去不久，中国仍然处在封建文化非常严重压制的状态下，有人却要回头提倡“尊孔读经”了。鲁迅对当时复古的思潮，对许多名人引导青年多读古书很不以为然，他要冲破这个压制，让青年获得思想的解放，才针锋相对提出“少看中国书”的。应当了解鲁迅主张“少读中国书”的历史背景和情由。显然，鲁迅是从总体的感觉来谈所谓“中国书”“外国书”的。这里所说的“中国书”“外国书”有象征意义，就是代表对中国传统与西方现代文化的总体认识与比较判断。鲁迅仍然是在严厉地批判中国传统文化的弊病，他对“中国书”也就是传统文化中那种麻木人心的“僵尸的乐观”很反感，这是鲁迅对传统文化的一种整体感受，他基本上认为中国传统文化是不尊重人的，是缺少活力的。他是从这个角度看问题，又采用了杂文笔法，是一种象征性的、批判式的情绪表达，而不是一般意义上的提倡看哪些书。

当传统作为一个整体仍然拘绊着社会进步时，要冲破“铁屋子”，鲁迅只好采取断然的态度，大声呐喊，甚至是矫枉过正。鲁迅是把所谓“中国书”也就是中国文化作为一个整体来批判的，他对传统文化中封建性、落后性的东西批判得非常厉害，完全不留情面，不留余地了。但这是为了打破封建禁锢，提醒人们不要落入复古的老套。可以说鲁迅是全盘否定传统，但是这种全盘否定，是有历史理由的。为什么要把话说得那么绝对、那么过激啊，温和一点不是更好吗？不能告诉青年说“中国书”里如何有好的也有不好的，不能多一些所谓细致、全面、辩证的分析吗？鲁迅没有这样，他是要大家整体上对中国传统文化有一个基本的判断，采取的是一种批判的态度。鲁迅对中国文化的了解和体验是非常深刻的。他认为中国文化最大的病，是对人的压抑，对个性对生命的压抑，对创造力的压抑，所以他要猛烈攻打，冲破传统的束缚。他是从这个含义上来主张不要读“中国书”，而希望青年解放思想，面向世界，向外吸取营养，多读所谓“外国书”。如果离开特殊的语境，简单地指责鲁迅教青年不读“中国书”，认为他不该表现如此偏激，那就不可能理解鲁迅批判性的精神指向，就会歪曲了鲁迅的本意和用心。

鲁迅也并不讳言自己的偏激，他是要通过某种必要的偏激，来打破禁锢，激活思想，引导解放。鲁迅太了解中国的国情，太了解中国文化的弊病了。他说，“中国人的性情是总喜欢调和、折中的。譬如你说，这个屋子太暗，须在这里开一个窗，大家一定不容许的。但如果你主张拆掉屋顶，他们就会来调和，愿意开窗了。没有更激烈的主张，他们总连平和的改革也不肯行。”（《无声的中国》）鲁迅还说，“可惜中国太难改变了，即使搬动一张桌子，改装一个火炉，几乎也要血；而且即使有了血，也未必一定能搬动，能改装。”（《娜拉走后怎样》）这也是一种体验，一种整体性的把握，鲁迅对中国人，对中国的文化的利弊，的确看得很透。试想，如果一开始不用全盘否定式的彻底决裂的态度，如果总是“因时制宜，折中至当”，那势必被折中调和的社会惰性所裹挟，任何改革都会流于空谈。中国传统文化中确实有很多糟粕，整体上很难适应现代中国的变革。鲁迅对于传统文化的现代转型，是有怀疑，有焦虑的。我们通常的思维往往似乎很全面又很辩证，结果却钝刀子割肉，解决不了什么问题。比如讲国情，讲传统文化教育，我们有多少是讲弊病、讲问题、讲负面的东西的？全都是文明之光，一片辉煌。结果这种片面的宣扬可能掩盖了问题，助长了盲目性与闭关自守的狭隘的心态。这样培养的所谓“爱国主义”，是很成问题的。

由此联想到现在重新关注的所谓“国学”研究。什么是“国学”？这本是带有民族主义救亡性质的概念，是相对“西学”而言，带有褒扬的立场，其涵盖的范围也太大，凡是传统的东西几乎都可以囊括进去。所以提倡“国学”研究要有一份清醒，“国学”研究有没有价值，首先还要看这种研究有没有现代批判的眼光。我们讲张扬传统文化，除了讲优秀的、可以转型并为现代文明吸纳的部分，也应当注意摒弃其中的糟粕，摒弃那些落后的负面的东西。如果认同这一点，我们就比较能够理解鲁迅对于传统的攻打，理解他那种决绝甚至是偏激的批判态度。所以我们说鲁迅对传统的批判是偏激的，甚至是全盘否定的，但这又是一种有历史理由的偏激和否定。

上面谈到如何看鲁迅激烈反传统的问题，这只是一方面。从另外一个层面，我们发现鲁迅又对传统做了大量的整理工作，他对传统又是非常有分析、有积极的继承。可以这样理解，在策略的层面上鲁迅是猛烈地攻打传统的，但在操作的层面上呢，鲁迅又注意对传统进行分析和继承。所以不能轻易断言鲁迅割断了传统，或全盘否定了传统。鲁迅绝非历史和传统的虚无主义者。这里可以提供一些数据。鲁迅活了五十多岁，实际做了大约三十多年的工作，除了写小说，写杂文以外，他的三分之二的功夫都是在整理和研究中国古代文化。他整理《唐宋传奇集》，写《中国小说史略》《汉文学史纲要》。他收集过大量的文物，比如汉代石刻呀，汉唐碑帖呀，现在这些都是宝啊！鲁迅批判中国传统文化，然而他对传统文化的整理研究又达到了近百年来最高的水平，他的一些研究专著，如《中国小说史略》，至今仍是学术界的典范。鲁迅攻打传统，但他对传统进行研究时，又采取分析的态度，褒贬鲜明，常有独到眼光，绝非如某些人所说的是不负责任地将孩子和洗澡水一块倒掉。鲁迅是对传统的激烈批判者，同时又是对传统最有见地的继承者、价值重估者。那些笼统地批评鲁迅偏激和割裂传统的人，其实并不真的了解鲁迅的独特价值。

“五四”那一代先驱者都表现得比较激进，如陈独秀、钱玄同、刘半农，甚至胡适，都曾经猛烈攻打过传统，表现出叛逆者的姿态，其实他们又都在不同程度上为传统的转化及新文化的建立建功立业。所以，不能轻易地说“五四”造成了传统的断裂。事实上我们今天文化生活中享用着的成果，许多都是“五四”那个时期栽培得来的。最明显的，是以白话文为基础的现代文学语言的确定，这也是现代文学区别于古代文学的最重要方面。现代文学语言适度的欧化加上民间语言资源的吸收，逐步形成了更加适合表现现代人思想情感的文学语言形式与规范。毫无疑问，我们现今所享用的汉语文学语言变革的成果，构成了现代文学传统中重要而又稳定的部分。我们还可以举出许多方面的例子，来说明新传统作为民族语言想象“共同体”的存在，及其对当代的影响。只不过，人们似乎总不太在意这些“常识性”的东西，甚至无视这些常常在身边起作用的东西，他们没有意识到这就是新的传统。

关于“五四”是否造成文化的断裂。这些年来有这样一些观点，认为五四运动反传统过分，甚至把当时的“非孔”与“文革”的“批林批孔”相提并论。此说主要发源于海外华人学者，近年来也颇盛行于内地。

需要说明的是，包括鲁迅在内的“五四”先驱者，都是身受传统文化的浸淫、有很深的旧文化底蕴的饱学之士，绝非盲目地批判和扬弃。而他们的对立面是强大的政治、军事权力和全社会，包括草根的，顽固习惯势力，因此需要大声疾呼，有一些语言比较激烈也不足怪。

“五四”为什么要反传统？因为旧礼教、僵化的思想和习惯势力如果不打破，新思想进不来，制度改革就无从谈起，民族就无法新生。今天我们可以从容不迫地来研究儒学，可以有各种诠释和理解。但是不应忘记，几千年的皇权专制是以孔孟之道为说辞的，种种罪恶也假此以行。

事实上，整个二十世纪上半叶中国文化并没有断裂，而且无论是在道德伦理上还是在各个领域的建设中都有中西优势互补的成果。中国现代教育、文化、新闻、出版、实业，包括我们北京大学真正朝着现代大学的方向建立，都获益于“五四”。所以我们看待“五四”，一定要有历史的同情和理解。

二、怎样看待所谓鲁迅的“骂人”，以及“国民性批判”？

现在有些人认为鲁迅的作品把中国人说得太丑了，鲁迅笔下的中国人都是病态的，丑陋的，几乎看不到哪一个是正常人形象。什么“狂人”、孔乙己、祥林嫂、华老栓，甚至子君、涓生，全都带有某些病态，是批判性形象。有些人还由此对鲁迅创作所秉持的宗旨——“国民性批判”也表示反感，认为丑化了中国人，给国民丢脸。他们认为近代以来，中国屡遭外来的侵略欺凌，民族的自信心本来就很弱，现在要的是增强文化自信，所以鲁迅这种批判国民性为主要内容的创作，就缺少价值了。持这种认识的朋友可能并不了解鲁迅创作的思想价值和艺术价值，不了解“批判国民性”的具体内涵，因而对鲁迅这种批判性的艺术表现方式反感，不能接受。

确实，鲁迅毕生在批判国民性，批判中国人，这是他理解和实现文化转型的很重要的工作。鲁迅做得最大的工作之一就是批判国民性，他对中国人的批判非常犀利。他写小说、杂文都不忘揭露和批判中国人的劣根性。

鲁迅的作品中经常出现的一个“主角”，就是“看客”。用现在的话来说，就是“吃瓜群众”。在《娜拉走后怎样》中，鲁迅是这样来写“看客”的：

> 群众，——尤其是中国的，——永远是戏剧的看客。牺牲上场，如果显得慷慨，他们就看了悲壮剧；如果显得觳觫，他们就看了滑稽剧。北京的羊肉铺前常有几个人张着嘴看剥羊，仿佛颇愉快，人的牺牲能给与他们的益处，也不过如此。而况事后走不几步，他们并这一点愉快也就忘却了。

这里所写的“看客”，是多么冷漠！麻木！自私！鲁迅批评的这种“看客”，并不只是普遍存在于二十世纪二三十年代，可以说现今也还是很多。在生活中我们见到的“吃瓜群众”多了去了。这就是一种受传统文化中的荼毒浸润的“国民性”吧。鲁迅在另外一篇文章中这样愤慨地写到这种“看客”的冷漠：

> 在中国，尤其是在都市里，倘使路上有暴病倒地，或翻车摔伤的人，路人围观或甚至于高兴的人尽有，肯伸手来扶助一下的人却是极少的，这便是牺牲所换来的坏处。

鲁迅说这句话是在七八十年前，现在的情况呢？是不是好转了？大家自有结论。

鲁迅“国民性批判”中，批评最多的是“奴性”。鲁迅有一句话说得似乎很绝对，仔细想想又不无道理：

> 中国只有两个时代，一个是想做奴隶而不得的时代，一个是暂时做稳了奴隶的时代。

这里说的是历史在循环，不管怎么变迁，也都是当奴隶，习惯了，也就很自然服帖了，于是有了普遍的“奴性”。鲁迅是非常憎恶这种奴性的，他认为中国传统文化是奴性长期滋生的土壤。鲁迅常说中国人不能正视现实，喜欢以“瞒”和“骗”来制造“奇妙的逃路”，碰到什么困境，都能化解，以为那逃路即为正路，于是在这条路上就证明着国民性怯弱、懒惰、巧滑，一天天满足，一天天堕落，但又觉得日见光荣。这其实也是《阿Q正传》里描写的。鲁迅憎恶这种“瞒”和“骗”。明明处在很糟糕的境遇中，却能自欺欺人地挖掘出许多“美好”来，也就用不着去改变。鲁迅看到国民性中的奴性，与那种乐天知命、左右逢源、不思进取、自我麻醉的人生态度，是很有关系的，鲁迅认为这就是中国国民性的弱点，也是传统社会封闭、衰败的一个原因吧。记得黑格尔也说过类似的话，说中国没有哲学。这话也有点绝对了，但黑格尔的意思是中国人过于实际而且中庸，无操持，无信仰，也无终极关怀。他大概是从这一角度来议论所谓中国人无哲学的吧。冯友兰不赞同黑格尔的观点，他说中国每个人都是哲学家。这意思是每个国人都有一套一套的人生哲学。传统文化所强调的“中庸”，也是一种哲学，照理说也有其好处，但是作为一种“国民性”来说，它的弊病就显示出来了。中国人无论碰到什么都能挺，能忍，或者就是“难得糊涂”，结果就是妥协，就是心安理得，就是奴性。鲁迅的“国民性批判”很多，批判太多，如愚昧、保守、麻木、卑怯、自私、狭隘、马虎，等等，这些习性在鲁迅的作品中都得到辛辣的表现与鞭挞。鲁迅这样写肯定是有根据的，是他对中国人“根性”的了解和分析，是事实。鲁迅赤裸裸地写出，让大家看到本民族也有这等灰暗的一面，难免不痛快，反而责怪鲁迅为何要这样写。

鲁迅说自己是“论时事不留面子，砭锢弊常取类型”。他对“国民性”毫不留情的批判，对于凡事都比较讲面子、讲中庸的传统社会来说，是有悖“家丑不可外扬”的古训，有悖中国人的普遍社会心理的。作为深刻的文学家，作为一个用批判性为社会与文明发展提供清醒的思想参照的知识分子，鲁迅对国民性的批判其实是我们民族改造的苦口良药，所以我们要理解鲁迅的用心，应该承认鲁迅的批评是有他启蒙主义的目的，是中国进入现代化、凤凰涅槃的需要。

我们读鲁迅小说有时候感觉不舒服，甚至觉得恶心，鲁迅在揭短和露丑，但仔细一想它又带有真实性，是一种毫无伪饰的真实，没有一点装饰，所以我们理解他的目标就是要写出“国民沉默的魂灵”。中国人有太多压抑，有太多沉默的灵魂，鲁迅偏要打破沉默，宣泄压抑。中国人得一些共同的疾患久矣，司空见惯了，见怪不怪，也都麻木了，鲁迅却要真实地说出，我们通过鲁迅可以发现自己，重新打量我们周遭有哪些落后和灰暗的情形，这是鲁迅的贡献。鲁迅是深刻的，但他不是居高临下地写，他总是带有自己生命的体验，带有悲悯、无奈，读鲁迅会很难受，但不能不思考，不能不反观自己的生活，自己的灵魂。鲁迅痛切地感到中国社会和中国文化存在着严重的病，他批判国民性是“哀其不幸，怒其不争”。鲁迅是不开药方的，他甚至有些绝望，但是把“病根”指出来了，让我们震撼，鲁迅的使命也就完成了。

今天我们读鲁迅，不要用一种读论文的心态去苛求鲁迅，我们应该看鲁迅那种对文化的理解与感觉，看他的那种整体性批判中锐利的部分。应该很看重鲁迅的批判性思维，应该去思考鲁迅所挖掘的那些“病根”对不对，现在是否还存在？

鲁迅为什么那么执着地批判国民性？这与他对中国的传统文化，对中国现实深刻的认识有关。1907 年鲁迅才 26 岁，就写过一篇文章，认为中国贫弱，弱在精神，若要立国，首先要“立人”，让国民有强健的精神，“人立而后凡事举”。怎么去实施呢？鲁迅的设想就是要冲破传统的束缚，“尊个性而张精神”，把人的创造力释放出来。其实就是改造国民性。鲁迅提出“立人”的主张是比较早的，那时离张扬个性解放的“五四”还有十多年呢。这个“立人”的思想贯穿了鲁迅的一生，和他的“国民性批判”是有密切联系的。

其实对国民性的关注也并不是鲁迅独有，晚清以来像梁启超、严复等先驱者都提倡过类似的口号。我们北大的老校长严复最有名的事是翻译《天演论》，引入了社会达尔文主义，推崇优胜劣汰的价值观，其中就提倡民立、民智、民德，就指出中国要生存就必须要民“立”起来。那一代中国人，包括知识分子都在提倡国民性的改造。梁启超在1900年给康有为的一封信里有一段话，其实跟鲁迅也是相通的，他说：“中国数千年之腐败，其祸及于今日，推其大原，皆必自奴隶性而来，不除此性，中国万不能立于世界万国之间。而自由云者，正使人自知其本性，而不受钳制于他人。今日非施此药，万不能愈此病。”

梁启超1902年办《新民丛报》，提出“新民”说，也是“立人”，改造国民性的意思。孙中山也认为中国几千年的积习太重，要改。不过和严复的主张有所不同，严复认为中国的民智未通。就不适合“共和”，必须先做开民智这个工作。当时孙中山嘲笑严复不切实际，说不能这样分先后，等不及了。这就是政治家跟思想家、文学家不一样的地方。

鲁迅和梁启超、严复也不一样，鲁迅对国民性的认识是清醒的，他主张“立人”，改造国民性，但又觉得这很难，感觉是无力的。鲁迅常说有点“泄气”的话，诸如写文章就如一箭之入大海等，他对于国民性的改造是有些悲观的，不过，他还是知其不可为而为之，坚忍不拔地做这方面的工作。我们对鲁迅改造国民性的“苦心”应当有些了解。

有一点值得注意，鲁迅和近百年来的很多知识分子不同，他对国民性的批判不光是给别人动手术，往往也是给自己开刀。鲁迅对国民性的批判有自省，也有自剖。中国人缺少忏悔精神，鲁迅的作品中是有忏悔有自省的。鲁迅的作品富有批判性，是一种民族的自我批判，是“刮骨疗伤”，很痛苦的。我们看鲁迅的作品，觉得沉重，甚至很难受，似乎总有某种悲哀缠着你，让你不得安宁。这就是鲁迅，他的国民性批判常常带给我们这种感觉。鲁迅的作品不是给十七八岁的少年男女写的，读鲁迅要有一定的生活经验，有一定的历练，年轻人不那么喜欢鲁迅，也可以理解，这跟年龄有关系。但还是要沉下心来读点鲁迅，特别是对“国民性批判”有些了解。

接下来，还要讲讲所谓鲁迅“骂人”的问题，这也是现今有些人不满鲁迅的原因吧。鲁迅杂文“骂人”，怎么看？确实他的杂文里有很多“骂”。譬如他骂梁实秋，骂“学衡派”，很厉害，他一“骂”谁，谁就倒霉，谁就出大名。当然，以现在眼光看，鲁迅有时也“骂”得太狠了。比如他“骂”“学衡派”，简直有些刻薄。“学衡派”其实也有其道理，虽然比较保守，有点书呆子气，他们当时否定新文化运动是很不明智的，但在文化建设上面，学衡这拨人采取比较稳的步骤，也提出了很多建设性的意见。鲁迅当年批判“学衡派”，专门找他们的“硬伤”，嘲笑他们的学问也“衡”不出多少斤两来。这是够损的！这样的杂文笔法会给人“骂战”的感觉。但我们应当结合历史的情景来了解。鲁迅“骂”过很多人，给这些人画像，三笔两笔，这些人就脱不掉了。比如梁实秋被描画为“资本家的乏走狗”，鲁迅还骂什么“媚态的猫”“洋场恶少”“革命小贩”“奴隶总管”等等，当然他都有所指，会联系到具体的人事，但是我们不要理解为他“骂”的就是某一个人，其实他是在描画某种社会现象。鲁迅他没有私仇，只有公敌。所以我们读鲁迅这些所谓“骂人”的文章，要尽可能了解一下时代背景，不能只是从字面上对所谓“骂人”做评价。

鲁迅刻薄，确实，他的文章有时就像鞭子一样，把论敌抽得够呛，所谓“鞭辟入里”，是相当厉害的。难怪有人说鲁迅是“绍兴师爷”“刀笔吏”。那是绍兴以前乡间替人写状纸的角色，能把死的说成活的。如果说鲁迅的文章厉害，应该承认，确实是有点“刀笔吏”，不过他比“刀笔吏”要高多了。鲁迅杂文有眼界，有思想，有发现，绝对不是蛮横不讲理。鲁迅自己也承认——他在《华盖集》里面说过这样一句话:“我自己也知道，在中国，我的笔要算较为尖刻的，说话有时也不留情面。但我又知道人们怎样地用了公理正义的美名，正人君子的徽号，温良敦厚的假脸，流言公论的武器，吞吐曲折的文字，行私利己，使无刀无笔的弱者不得喘息。倘使我没有这笔，也就是被欺侮到赴诉无门的一个；我觉悟了，所以要常用。”鲁迅很自觉，你说我是“刀笔吏”，我就是“刀笔吏”，所以谁跟鲁迅论争，都很难占上风。

鲁迅杂文的所谓尖刻与骂人，和这种文体的批判功能有关。鲁迅杂文就是批判的、论战的。鲁迅杂文的批判广度，以及批判的深刻性与尖锐性，在现代中国是独一无二的。鲁迅杂文总带有某种先锋性，从思想到艺术常对读者的思维与审美惯性构成挑战。鲁迅那种“不克厥敌，战则不止”的批判精神，有违于中国传统文化的所谓“恕道”“中庸”，具有鲜明的反叛性、异质性，这也是鲁迅其人其文容易被人看作尖刻、骂人的原因吧。

现代知识分子与他所生活的现实世界总有一种不相容性，揭示现实人生真相，揭示社会思想文化的困境，是他们的使命与习惯，从社会文化结构来说，有这样一部分批判的成分，才会活跃有生机，社会只能在不断的反省与批判中往前推进。鲁迅是近百年来最清醒的知识分子，对中国文化与中国人看得很透彻，他主要是从反省与批判的角度写杂文的。知识分子天然地具有独立批判的精神，这是他们的功能，社会有这些不那么和谐的声音，才能进步。从这个角度看，鲁迅杂文的批判精神是非常可贵的，我们不能被所谓“尖刻”“骂人”之类的表面印象所左右，轻视乃至抛弃了这份可贵的精神遗产。

三、鲁迅对科技与人性的思索有哪些值得关注？

鲁迅对文化转型的焦虑与思索，涉及面很广，我这里就其中一点来讨论，那就是鲁迅早年对现代“文明病”的感悟，以及对科技发展与人性关系的思索。他在一百多年前的思考，现在看来是非常有价值，甚至在当今也还有尖锐的警示性，好像就是针对当下中国的情形来说的。

鲁迅年轻的时候在南京水师学堂学做水手，后来到日本学医，他最初可以说是“理工男”吧，后来为了疗救国民精神，才立志转向文学创作。鲁迅其实最有资格从科技与人文的“结合部”来谈论问题。他早年非常关注世界科技的发展，甚至写过很多与科技有关的文章，比如《中国地质略论》《科学史教篇》《文化偏至论》等，都是二十世纪初写的，当初影响不大，后来几乎不为人所知。但今天看来，这些论著都很“前卫”，鲁迅的问题仍然缠绕和警示着我们，应当珍视这位文化巨人留给我们的思想资源。

鲁迅写这些文章的时候，中国非常落后，经济上贫弱不堪，文化上、精神上也几乎垮了。不少先驱者提出向西方学习，期盼能“科技救国”。也有人看出西方文明有很多弊病，认为只有东方文明最好，幻想最终还是要靠东方文明来“挽救”世界。鲁迅在诸多争论中显得比较独立。他不反对学习西方，科技兴国，但更看重的是“立人”。鲁迅在《文化偏至论》中提出，“将生存两间，角逐列国是务，其首在立人，人立而后凡事举；若其道术，乃必尊个性而张精神”。他认为“立人”

是“立国”的前提。鲁迅所要“立”的“人”，当然不再是传统意义上的“国民”“良民”，而是具有健全、独立人格的新人，这种新人脱离了旧的传统道德的束缚，又能摆脱过于物欲化的现代文明的利诱。我们当然不必理解为科技和“立人”是对立的，鱼和熊掌不可兼得；也不能实用主义地断言，必须先把科技搞上去，等经济大发展了，回过头来再考虑人的精神问题。鲁迅是人文学者，他的意见是在科技发展的同时更注重民族精神的重建。一百多年前鲁迅看到了，科技的发展是世界性大趋势，必然极大地改变世界，包括改变中国，这是不可逆的趋势。但他的高明之处就在于，当人们普遍地举起双手欢迎科技时代到来时，当科技极大地改变世界并给人类物质生活带来便利时，鲁迅似乎先知先觉地感觉到这个改变可能是有正负两方面的。一方面，科技进步当然是可以给世界带来好处，鲁迅说那是照耀世界的神圣之光，科技带来的物质文明是人类社会进步的一翼。但是鲁迅又说，不能过高地评价科学对国民精神改造的价值，不是科技发达了，生活质量就高了，人的素质就高了。他甚至怀疑科学、物质文明无节制的极大发展，可能会构成对人生的一种“威胁”，他提醒如果片面地追求科学和物质文化，可能带来负面的影响和潜在的危害。这些观点在《科学史教篇》和《文化偏至论》两篇文章中得到充分的阐述，当时是在 1907 年，五四新文化运动还没有拉开序幕。

鲁迅在《科学史教篇》中非常明确地提出一个观点：科学的发展必须“致人性以全”。科学发展为了什么？还是为了人类更加美好的生活，为了人性的健全。所以他反对过分崇奉科学和物质文明的发展，而忽略精神的解放与重建。鲁迅这样提醒人们：“盖使举世惟知识之崇，人生必大归于枯寂，如是既久，则美上之感情漓，明敏之思想失，所谓科学，亦同趋于无有矣。”意思是说，知识呀、科学呀，虽然重要，但不应当过分推崇，更不能当成人生的目的，否则会丢掉人性健全发展这一根本，那就本末倒置了。

鲁迅这样提出问题，绝非危言耸听。他是有“前车之鉴”的。鲁迅看到了十九世纪后半叶西方社会的教训。那时欧洲科技发展已经显出对科学与物质文明“崇奉逾度”的弊果，用鲁迅的话来说，就是“诸凡事物，无不质化，灵明日以亏蚀，旨趣流于平庸，人唯客观之物质世界是趋，而主观之内面精神，乃舍置不之一省”，“物欲来蔽，社会憔悴，进步以停，于是一切诈伪罪恶，蔑弗乘之而萌，使性灵之光，愈益就于黯淡”。鲁迅指出科学偏至、物欲膨胀所带来的人文衰落，当然是指西方当时的社会弊病，鲁迅认为这是一种“通蔽”，是“新疫”，是普遍的，一经出现，就不容易控制的，这也就是“时代病”，或“文明病”。事实上，鲁迅的担忧已被近百年来世界科技发展所付出的巨大代价所证实。

但鲁迅又不是抵御物质文明的清教主义，他用的是二律背反的思维方式。他承认西方的科学和物质文明毕竟有代表社会进步的一面，或者说这是一种趋势。这一点，鲁迅和当时那些只盯着西方出现的弊端，盲目以为只有东方文明可以救世的国粹派和改良派是不同的。鲁迅认为中国的出路还是要冲破传统，另辟蹊径，向西方学习科学和物质文明，不过也应该注意吸取西方的教训，不能以为“科学万能”，还应警惕从西方可能传过来的“新疫”。

在谈到科技和人性的关系时，鲁迅是非常谨慎的，他说科学发展要注意“致人性以全”，也就是以人为本，做科学研究，从事科技工作，不忘记终极目标是为了提高人的整体生活素质。这是非常重要的提醒。鲁迅反对在崇奉科学物质文明的同时放松对人的尊重。鲁迅显然意识到，如果放任科学僭越自身界限，科学就会“异化”，就会抑制和消解人所当有的自由意志，毁坏人伦道德的底线。鲁迅说到了科学的偏至带来的后果问题，认为物质的、科学的无序发展足以引起人的欲望的加速发展，拜金主义、利己主义、享乐主义必将泛滥，这将是人类的灾难。鲁迅这种意识是超越了当时中国思想界的。可惜大音希声，当时鲁迅的文章影响并不大，甚至多年以来始终也没有引起国人的注意。

这些年我国科技和经济都有了大的发展，人们物质生活条件也大大改善了，毫无疑问，这是巨大的进步。但我们是否也付出了过多的代价呢？我们在发展经济、推进科技的同时，是否注意做到了“以人为本”呢？实际上问题很大。鲁迅当年所说的“通弊”“新疫”，或者说“文明病”，现在似乎都出来了。鲁迅说物欲膨胀的后果会造成一种通病，人文精神、人性的关怀可能会受到破坏。现在不就这样吗？比如环境生态问题、诚信问题、道德底线的突破问题，还有安全感问题，都出来了，严重了，被鲁迅不幸而言中。欲望的膨胀，人类邪恶的好奇心，都可能会在科技发展里带来人类所不能控制的灾难。比如说克隆人，现在尽管美国、英国等很多国家都发表声明，不准克隆人，但我想迟早会有好事者把人克隆出来的。这是人类邪恶的一面，后果不堪设想。

现在经济上去了，物质生活改善了，但人们仍然有许多抱怨，多集中在人文精神失落、价值标准混乱、道德滑坡等方面，其实也就是物质文明与精神文明发展不协调的问题。要解决这些问题并不容易，因为“以人为本”这个观念被我们淡漠太久了。看来是要补课，上上下下都来培育“以人为本”的意识。在这一点上，如果回顾一下近百年来发生在中国的关于科学与人生的许多争论，会发现前人已经给我们留下不少智慧的资源。比如鲁迅，他是文学家，同时又是非常深刻的思想家，他对现代中国文化转型就有许多独特的看法，对“科学的发展观”也有超前的提示，不妨温习一下，从中也许能得到新的启示。

中国之路应当怎么走？当时年轻的鲁迅不可能有明确答案。他不是革命家，只是人文思考者，他的思考也许难有可行性，但起码是一种观照与警醒，所谓人文价值也就在这里。

重读鲁迅早年那些默默无闻的旧作，我们似乎能发现些什么——希望中国能“别立新宗”，真正成为少受现代“文明病”困扰的“人国”，就要珍惜鲁迅以及百年来中国变革中成就的思想遗产，不受浮躁风气的左右，扎扎实实前行。

读鲁迅《朝花夕拾》:“思乡的蛊惑”

鲁迅的《朝花夕拾》,是七年级上册“名著导读”的第一本。我们已经学过《从百草园到三味书屋》,七年级下册还有《阿长与〈山海经〉》,八年级上册有《藤野先生》,都是《朝花夕拾》中的散文。这些作品都非常有趣,有“童趣”,是鲁迅作品中最好读的,比较适合中小学生阅读。希望同学们从读《朝花夕拾》开始,对鲁迅这位伟大的作家能有初步的了解,以后有兴趣再多读一些鲁迅。

《朝花夕拾》一共十篇,文章不长,最好能够完整地读下来。《从百草园到三味书屋》回忆上学前后那一段童年生活,《阿长与〈山海经〉》怀念保姆长妈妈,《藤野先生》写日本留学生活以及师生情谊。这三篇语文课上都要学的,我这里先不去说,其他几篇多说一点,提示阅读时应当关注的问题,以及可能碰到的障碍。

比较难读的两篇

《朝花夕拾》中有两篇读起来可能比较难一些，会有阅读障碍，那就是《狗·猫·鼠》和《二十四孝图》，这里特别要说一说的。《狗·猫·鼠》是第一篇，有些同学碰到这开头一篇，就觉得很难，读不下去了。难在哪里？因为一开头有些议论，用的是杂文讽刺的笔法。鲁迅写的文章中提到过要打"落水狗"，也就是对于虚伪的论敌要彻底揭露与批判，不留情面，这就"得罪"什么"名人或名教授"，要来分析鲁迅要打"落水狗"的言论如何不对。于是就从鲁迅的一些作品中分析出鲁迅所谓"仇猫"的心理——既然鲁迅是"仇猫"的，就和狗应当是同一立场，因为狗也"仇猫"嘛。鲁迅既然承认自己"仇猫"，那么就不应当打"落水狗"了，鲁迅打"落水狗"的言论也就不能成立了。这似乎有点"绕"，我们也不用去细究，大致知道是鲁迅与当时一些论敌论争，引起他写这篇《狗·猫·鼠》。这篇文章的前半部分几乎都是说鲁迅和他的论敌之间争论的，可以看到鲁迅的那种很犀利的批判性。但我们阅读时参考一些注释和材料，大致知道一些论争的背景就可以了。阅读的重点可以不放在前半部分，而放到后半部分。

后半部分写的是什么？是孩子眼中的宠物与动物世界，是鲁迅为何会“仇猫”，为什么会有这个心理暗影？这才是这篇作品最有趣的地方。

原来小时候鲁迅养过一只“隐鼠”，结果被猫吃掉了，他就很伤心，总想着要给老鼠报仇，而且终生都变得“仇猫”。这里写得好的是孩子的心理，非常真切感人。

我一边读，一边会想到自己童年。在大人看来不值得一提的某些琐碎的事情，在孩子的心目中可能是非常重要的。很多人小时候可能都喜欢动物，我们读的童话中动物往往都是通人性的。动物的世界和孩子的世界似乎没有什么界限，这种混淆容易被看作幼稚，其实又可能包含有某种人性的柔弱与善良。而到了成年，这些都会被改变。

鲁迅回忆自己小时候为什么会“仇猫”，写得那样感人，如果你阅读时，也把兴趣放到这里，就会勾起自己的回忆，这也是很自然的。

这篇回忆最吸引人的是鲁迅对自己童年经历的回忆。不过，鲁迅在叙说自己“仇猫”心理来由的同时，牵涉和当时一些所谓“名流”的论争，不时在回忆和叙事中插进一些讽刺与议论。鲁迅讽刺那些“名流”的虚伪，说他们做坏事的前后还要先啰唆许多堂而皇之的“理由”，甚至还比不上动物界“适性任情”。我们读到这些故事之外的议论，可能有些困惑。但如果同学们阅读理解力比较高，能在“仇猫”的故事之外，读出鲁迅议论的含义，他的“话中有话”，那就是更大的收获。要知道，鲁迅的文章常常这样，从事情本身延伸出去，联想或者思考某些更加深远的道理，使文章的思想性更加丰富。

有些同学读《狗·猫·鼠》，可能不太习惯那种比较随意的写法：说到哪里是哪里，读起来会觉得“散”。为什么会不习惯？因为我们的语文课一般都要归纳“中心思想”，要归纳“主题”。碰到鲁迅这种比较随意的写法，会觉得陌生，甚至怀疑：文章能这样写吗？其实这也是散文的一种，是随笔的写法。读的时候可以放松一点，就顺着鲁迅的叙述和议论去读好了，不必总想着要归纳某个“主题思想”。

《狗·猫·鼠》是《朝花夕拾》开头第一篇，可不能因为读起来比较难，不习惯，就不读下去了。

另一篇比较难的，是《二十四孝图》。这《二十四孝图》是元代开始流行的宣传儒家孝道思想的普及读物，有图有文，讲了传说中二十四位古人如何孝敬父母的故事。

孝敬父母本来是必须的，是一种基本的道德。但在封建社会，往往把这个道德要求极端发挥，变成可以牺牲子女的幸福去无条件服从父母，甚至有很多非常苛刻的毫无人性的做法，也成为要人们学习的楷模。

比如鲁迅这篇作品提到的“郭巨埋儿”，说的是晋代有一孝子郭巨，家贫，有个3岁孩子，还有个老母亲。因为要侍奉老母亲，怕老母亲照顾孙子而减少她自己的进食，居然要掘个坑把孩子埋掉。

另外还提到“老莱娱亲”，说老莱孝养二老，自己72岁了，为了使老父母快乐，还经常穿着彩衣，做婴儿的动作，以取悦双亲。还有“卧冰求鲤”，讲晋代有一人叫王祥，他的母亲在冬天想吃鲜鱼，但天寒冰冻，打不到鱼呀，他就解衣卧冰求之。结果冰突然开裂，双鲤跃出，持归供母。总之都是这一类牺牲后代以孝敬父母的故事，是非人性的。现在你们如果读《二十四孝图》，会感到很恐怖，对不对？中国传统文化是过去那个时代的产物，有些东西在当时可能是被看作理所当然的，但现在就是荒谬的、难于理解和接受的。传统文化有优秀的成分，可以为当今所继承发扬，也有一些是腐朽的、过时的，比如过分的孝道就是这样，应当批判和抛弃。

“五四”时期那些改革的先驱者就激烈抨击儒家这些迂腐的思想。鲁迅这篇《二十四孝图》，和其他几篇不太一样，杂文的议论比较多，批判性很强。开头就是这样一段：

> 我总要上下四方寻求，得到一种最黑，最黑，最黑的咒文，先来诅咒一切反对白话，妨害白话者。即使人死了真有灵魂，因这最恶的心，应该堕入地狱，也将决

不改悔，总要先来诅咒一切反对白话，妨害白话者。

为什么这么激烈，因为鲁迅写这文章时，一些复古文人正在企图剿灭五四新文化运动所提倡的白话文，鲁迅要毫不留情地回击。

我们懂得了这个背景，就好理解为何鲁迅用许多笔墨来写自己小时候读《二十四孝图》的那种困惑与反感了。比如他回忆读“郭巨埋儿”的故事时，这么一段心理描写的回顾，也是带有讽刺与批判的：

> 我最初实在替这孩子捏一把汗，待到掘出黄金一釜，这才觉得轻松。然而我已经不但自己不敢再想做孝子，并且怕我父亲去做孝子了。家景正在坏下去，常听到父母愁柴米；祖母又老了，倘使我的父亲竟学了郭巨，那么，该埋的不正是我么？如果一丝不走样，也掘出一釜黄金来，那自然是如天之福，但是，那时我虽然年纪小，似乎也明白天下未必有这样的巧事。
>
> 现在想起来，实在很觉得傻气。这是因为现在已经知道了这些老玩意，本来谁也不实行。

阅读《狗·猫·鼠》和《二十四孝图》，也不要完全当作故事来读，要适当关注其中的批判性内容，这样，也就比较能理解，比较读得进去，而且会很有兴味。这两篇最难的如果都有兴趣读完，说明你的理解力和阅读能力相当不错了，那么阅读整个《朝花夕拾》也就没有什么大问题了。下一讲我会讲《五猖会》《无常》《父亲的病》《琐事》等几篇，比起《狗·猫·鼠》和《二十四孝图》，更加有趣。我做一些阅读的提示，看怎么来欣赏这些作品。

其他几篇更加精彩

首先是《五猖会》，这一篇比较短，也收到教材中作为“精彩选篇”。这篇作品前半部分写迎神赛会和五猖会，都是民间的风俗，离我们很遥远的，但读起来还是那么有趣。你看看鲁迅笔下的那种热闹情形：

> 记得有一回，也亲见过较盛的赛会。开首是一个孩子骑马先来，称为“塘报”；过了许久，“高照”到了，长竹竿揭起一条很长的旗，一个汗流浃背的胖大汉用两手托着；他高兴的时候，就肯将竿头放在头顶或牙齿上，甚而至于鼻尖。其次是所谓“高跷”，“抬阁”，“马头”

了；还有扮犯人的，红衣枷锁，内中也有孩子。我那时觉得这些都是有光荣的事业，与闻其事的即全是大有运气的人，——大概羡慕他们的出风头罢。我想，我为什么不生一场重病，使我的母亲也好到庙里去许下一个“扮犯人”的心愿的呢？……然而我到现在终于没有和赛会发生关系过。

写得多么有趣！

注意，这一切是通过孩子的眼光去看，通过孩子的心理去想象的。孩子多么想去看难得一见的五猖会呀！可是文章后半部分笔锋一转，写到这兴头上，父亲却如何让孩子背书。好不容易背完了，煞风景，兴味也全无了。以致鲁迅成年之后，一想起这事，“还诧异我的父亲何以要在那时候叫我来背书”。那么有情趣的一件事，却这样结束，留给孩子很尴尬无奈的记忆。

鲁迅为什么要写这件事？可能有些评论或者有些老师非得把这篇文章的主题说成是对于封建家长制和僵化的旧教育的批判。虽然这也可以自成一说，但我觉得也不必把“主题”提拔得这么严重。大概许多家长都没有意识到，孩子的心灵世界和好奇心是需要呵护和照顾的，但这是比较常态的，我们也不必去深究里面是不是有什么僵化思想。

我们读这篇作品，一是对诸如迎神赛会和五猖会这样的民俗多一份了解，另外对成长过程中很难避免的所谓“代隔”，也有所了解。这就够了。我觉得读《朝花夕拾》，可以放松一点，那才读得更加有味。

接下来，再说说另外一篇——《无常》。这是写民间传说与戏剧的，其中主要写“无常”这种传说中的“鬼”。现在提到“鬼”大家都会说是迷信，不存在的。但在老辈人那里，“鬼”是一种很普遍的似有实无，而且又时常对人产生影响，甚至让人惧怕的事物。

我读《无常》，很自然想起小时候，特别怕听却又特别喜欢听“鬼”的故事，那种刺激、那种想象，是你们现在所不了解的。鲁迅写“无常”，其实也是写他们那个时代童年文化生活的一个部分。我们来念一段吧：

> 人民之于鬼物，惟独与他最为稔熟，也最为亲密，平时也常常可以遇见他。譬如城隍庙或东岳庙中，大殿后面就有一间暗室，叫作“阴司间”，在才可辨色的昏暗中，塑着各种鬼：吊死鬼，跌死鬼，虎伤鬼，科场鬼，……而一进门口所看见的长而白的东西就是他。我虽然也曾瞻仰过一回这“阴司间”，但那时胆子小，没有看明白。听说他一手还拿着铁索，因为他是勾摄生魂的

使者。相传樊江东岳庙的“阴司间”的构造，本来是极其特别的：门口是一块活板，人一进门，踏着活板的这一端，塑在那一端的他便扑过来，铁索正套在你脖子上。后来吓死了一个人，钉实了，所以在我幼小的时候，这就已不能动。

这段描写可以算是相当妙趣横生了。大家一定非常好奇，也非常喜欢读。当然，这篇回忆除了孩童的经历，也还有许多议论，很多关于人生的思考，也是值得去琢磨的。

现在我们来读《父亲的病》这一篇吧。鲁迅在文章中回忆庸医如何耽误父亲治病，是他少年时期一段很不幸的经历。我们知道鲁迅在日本曾经学过医学，自然是西医。他对中医是不太信服的，可能也和少年时期这段经历的阴影有关吧。但这篇作品并不是否定中医的，他批判的是不负责任的庸医。而且从中还思考中西文化的不同。

中西的思想确乎有一点不同。听说中国的孝子们，一到将要“罪孽深重祸延父母”的时候，就买几斤人参，煎汤灌下去，希望父母多喘几天气，即使半天也好。我的一位教医学的先生却教给我医生的职务道：可医的应该给他医治，不可医的应该给他死得没有痛苦。——但这先生自然是西医。

父亲的喘气颇长久，连我也听得很吃力，然而谁也不能帮助他。我有时竟至于电光一闪似的想道："还是快一点喘完了罢……。"立刻觉得这思想就不该，就是犯了罪；但同时又觉得这思想实在是正当的，我很爱我的父亲。便是现在，也还是这样想。

那么读到这里，恐怕你也一定会陷入沉思的，感觉自己一下子长大了似的。鲁迅的作品常常具有这种发人深思的力量。

《琐记》回忆离家到南京上学所接触的种种世态人情，《范爱农》怀念同乡好友。这两篇都是写得很有趣而且好读的。我就不展开来说了。

十篇散文可以分开来读，但彼此也有些联系，合在一起，就呈现了鲁迅对自己童年到青年生活的有些连贯的回忆图景。"这组散文是鲁迅作品中最富生活情趣的篇章，我们可以借此了解鲁迅从幼年到青年时期的生活道路和心路历程。"这句话是"名著导读"上的，可以看作学习《朝花夕拾》的一个目标。

我们学习这本经典，就可以了解鲁迅的少年和青年时期的经历，接触这位伟大的作家、思想家。我们容易有这样的印象：鲁迅是战斗的，批判的，总是那么严厉，文章也不好懂。学生中流传一句话：一怕文言文，二怕周树人。好像都有点

"怕"鲁迅。这也反映一些实际情况。那么"高级"的鲁迅就这样被颠覆了。

不过不要紧，随着年龄与阅历增长，对鲁迅肯定会有更深的认识。就拿我们学过的《朝花夕拾》那些课文来说，现在重新阅读，肯定会有不同以往的新体会。读了《朝花夕拾》，你就会发现，鲁迅原来这么富于情趣，这么"好玩"，不像我们原来印象中的那么威严、难懂、难于接近。

如何消除阅读中的"隔"

之前已经讲《朝花夕拾》的核心内容，下面我们继续分享《朝花夕拾》的艺术，特别要说说如何消除阅读中的那种"隔"。

应当承认，鲁迅的文章和我们还是有些"隔"，也就是阅读的障碍，不容易懂。我们阅读《朝花夕拾》之前，要有这方面的思想准备。只有消除"隔"，才能更好地进入鲁迅的作品世界。什么"隔"呢？有两方面。

一是语言上的"隔"。大家都有这样的体会，鲁迅文章的语言和其他作家的语言很不一样，有时有点拗口，有些用词很特别，甚至不合常规，读起来不那么顺。比如，我们已经学过的《从百草园到三味书屋》，开头一段：

> 我家的后面有一个很大的园，相传叫作百草园。现在是早已并屋子一起卖给朱文公的子孙了，连那最末次的相见也已经隔了七八年，其中似乎确凿只有一些野草；但那时却是我的乐园。

“现在是早已并屋子一起卖给朱文公的子孙了”，用如今通常的说法是“好多年以前这园子就连同房子一起卖给姓朱的人家了”；“连那最末次的相见也已经隔了七八年”，就是“最后一次见到这园子也已经过去七八年了”。

鲁迅的语言带有二十世纪二十年代书面语的特点，有点文白夹杂，又有点欧化，是那个从文言到白话的转型时期的特点。当然，又还有鲁迅自己的特点，他特别重视用一些连接词或者转折词，让语言多一些张力，不那么直白，反而可以更好地体现思维的复杂性和丰富性。有些“不合常规”的语言，细加琢磨，又别有味道。例如“其中似乎确凿只有一些野草；但那时却是我的乐园”，怎么会用“似乎确凿”这样“不合常规”的说法？

其实这很适合回忆中的思维状态，前一个“似乎”，那些回忆中的景象是遥远而模糊的，紧接着的“确凿”，并不矛盾，那景象那样鲜明地浮现在眼前了。

让我又联想到鲁迅的散文诗《秋夜》开头一句:“在我的后园，可以看见墙外有两株树，一株是枣树，还有一株也是枣树。”有些人认为啰唆，其实是有意在表达那种寂寞的心境，重复和单调的语感，加深了这种心境的表达。如果把这句话改为规范通行的语言:“在我的后园，可以看到墙外有两棵树，都是枣树。”怎么样? 语感不一样了，虽然不重复，诗意却跑了。

让我们再举一个例子，就是《琐记》中的一段，说鲁迅对于家乡 S 城的流言蜚语已经感到腻味和绝望，他想尽快走出封闭的乡镇，到外边去。当时也就是你们这个年龄，或者稍大一点，正处于青春期的叛逆，希望能离家到外面闯荡世界。作品这样写的:

> 好。那么，走吧!
>
> 但是，那里去呢? S 城人的脸早经看熟，如此而已，连心肝也似乎有些了然。总得寻别一类人们去，去寻为 S 城人所诟病的人们，无论其为畜生或魔鬼。

注意这些用词和句式:“如此而已，连心肝也似乎有些了然”“总得寻别一类人们去”，如果按照现在通行的语言习惯来读，这是有些拗口的。但细读一遍再一遍，会感觉一般语言所没有的那种节奏、韵味。刚读有些不习惯，你会不由自主慢下来品读，不只是读懂其意思，还能体会到那种语言背后的情感和思想。

如此看来，鲁迅的语言虽然有些“隔”，这是鲁迅所处那个特定时代语言的特点，更是鲁迅自己语言创造的特色，理解这一点，才不怕这种“隔”，不让这种“隔”妨碍自己去阅读鲁迅。

鲁迅语言是有张力，有诗意，有韵味的，要细心去读，一遍一遍读，体会那种语感。读多了，可能会感觉自己平常使用语言虽然通顺，符合规范，可是无味，没有分量。如果有了这种自省和自觉，你的语言水平也可能得到某些提高了。

阅读《朝花夕拾》可能有第二个“隔”，就是文化历史常识。鲁迅这些回忆写的是一百多年前中国的社会生活，牵涉到很多历史、文化常识，如果不懂，的确会处处都是障碍。很多同学不喜欢读鲁迅文章，除了语言上的“隔”，还有这时代和知识上的“隔”。

也举个例子。如《无常》开头一段：

迎神赛会这一天出巡的神，如果是掌握生杀之权的，——不，这生杀之权四个字不大妥，凡是神，在中国仿佛都有些随意杀人的权柄似的，倒不如说是职掌人民的生死大事的罢，就如城隍和东岳大帝之类，那么，他的卤簿中间就另有一群特别的脚色：鬼卒，鬼王，还有活无常。

你看，像“城隍”“东岳大帝”“卤簿”等，都是民间文化和传说中的角色事物，文中还提到《玉历钞传》《陶庵梦忆》等多种典籍，对这些多少要有所了解才能读下去。

又如另外一篇《范爱农》，写到安徽巡抚徐锡麟、秋瑾、满洲、恩铭，等等，都和辛亥革命前后的历史有关，如果不了解，读起来也会感到有些“隔”，甚至不懂，读不进去。

碰到这种阅读障碍怎么办？

不要怕，也不要偷懒，就查字典词典或者相关的历史书，大致能懂，就读下去。这样，会有意外的收获，那就是通过读《朝花夕拾》，读鲁迅作品，对中国传统文化以及近代文化、历史有了一定的了解，而且是感性的了解。这是历史书上也不一定学得到的。

如果读历史，可能比较概括，比较理论化、知识化，而结合着鲁迅作品来读，就可以获得鲜活的历史感受。认真读《朝花夕拾》，把那些相关的人物史事都大致弄清楚，哪怕是大致，就很不简单，人文学科基本的素养都在其中了。

我们正确认识为何读鲁迅会有些“隔”，不怕这种“隔”，还要力求打通这种“隔”，进入鲁迅的精神世界。这样，我们就提升了自己的语文水平和思想水平。

顺便提一下，教材中有关《朝花夕拾》名著导读这一课，其标题就是《朝花夕拾：消除经典的隔膜》。其中讲到现在是媒体时代，许多年轻人没有耐性读经典作品，经典似乎离我们越来越远。

然而，经典是人类智慧的结晶，读经典可以加大文化积累，可以锻炼思考能力，可以丰富人生的感受，可以涵养性情，等等。要让自己聪明，最好的办法就是从经典中吸取智慧。但是由于时代的隔膜，语言的隔膜，年轻人读经典，是有困难障碍的，就是前面说的要消除“隔”。而且一般来说，对经典的不喜欢，也属于正常反应。

怎么消除与经典的“隔膜”？前面也提到一些办法了，比如细读，了解相关的历史文化知识，等等。但消除对于经典的“隔”，主要还是认识问题。

年轻的时候，容易被流行的文化包围，所以还是要有定力，有毅力，适当远离流行文化，多读一些经典，读一些深一点的书。《朝花夕拾》提示我们如何消除与经典的隔膜，在今后接触其他中外经典时，也是适用的。

《朝花夕拾》的艺术特色

最后我们讨论一下《朝花夕拾》最主要的艺术特色，或者说，我们阅读中应当抓住的整体感受，以及如何去把握和分析这些感受。在初中语文课上，我们学《朝花夕拾》中的三篇作品，是一篇一篇精学精讲的，那么我们阅读《朝花夕拾》整本书，就要有个整体把握。

首先，阅读时要注意感受那种大气。鲁迅的文章毫不拘谨，放得开，收得拢，这是大气度。鲁迅在叙说已往生活经历，时而沉湎回忆，时而感慨迸发，时而勾勒一幅景致，时而揣摩某种心理，时而考核故实，时而旁敲侧击……真正做到了作者所主张的“任意而说”“无所顾忌”。然而细细琢磨，一篇仍有一篇的中心，各篇还都不脱离全书的基本线索。我把这叫作雍容大气。

比如《藤野先生》开头讲中国留学生油光可鉴的辫子，会馆里乌烟瘴气的跳舞，随便说到这些怪现象，却是自己离开东京去仙台的原因。接着写仙台的经历，藤野先生的热心和作者受到的民族歧视穿插表现，恩师的形象逐渐显示，仿佛就是闲聊，漫不经心，从容自然。这就是大气，是雍容。不像有些散文过分讲究结构篇章，反而显得拘谨、做作。

鲁迅曾经和一位青年谈到怎样写文章：“要锻炼撒开手，只要抓紧辔头，就不怕放野马，要防止走上小摆设的绝路。”这提醒对于我们写文章应当是有帮助的。刚开始学写文章，可以有些模仿，有些章法结构的要求。但慢慢写得多了，就要注意文字背后的思维，让思维的变化去引领文章写法。只有思想放得开，不拘谨，文章才有大气度。这也是一种向往吧。

第二，幽默。我们可能都喜欢幽默，乐于和幽默的人在一起。网上很多段子，也是有些幽默的。但这些幽默可能格调不一定高，那就是“搞笑”而已。

鲁迅的幽默是很“高级”的。阅读《朝花夕拾》，要欣赏鲁迅式的幽默。《朝花夕拾》中很多顺手而来的讽刺，注意了，这种讽刺往往不是单刀直入，而是多少有点开玩笑的方式去回敬论敌，这笑就像鞭子，给论敌以苦辣的抽打，叫论敌挨了打却有苦难言，这正显现了幽默的力量。

《朝花夕拾》中有许多议论，写得很幽默。比如《父亲的病》中揭露庸医行骗，开的方子用奇特的药引，“最平常是蟋蟀一对，旁注小字道，要原配，即本在一窠（kē）中。”（补充解释）鲁迅插入议论：“似乎昆虫也要贞节，续弦或再醮，连做药资格也丧失了。”这很可笑，会让人联想到封建礼教。讽刺的意味就在幽默之中加强了。

另外一种幽默比较平静和善，读来有很好的逗乐愉情的效果。如《阿长和〈山海经〉》里写善良可亲的长妈妈那些可笑的缺点，是用仿佛很“严重”的口气说的“满床摆着一个大字，一条臂膊还搁在我的颈子上。我想，这实在是无法可想了”。但自从听了她讲长毛的故事之后，“对于她就有了特别敬意，夜间的伸开手脚，占领全床，那当然情有可原的了，倒应该我退让”。这幽默的表达，让人感觉怀念的真切，连缺点都可亲。

站在更高的阶段回顾过往，审视处在荒唐情境中的童年或有趣的弱点，有一些戏剧性的兴奋。我们和同学、玩伴回想往事，常有类似的情况吧。

再举个例子。《琐记》中记叙在日本留学生活，有这么一大段：

初进去当然只能做三班生，卧室里是一桌一凳一床，床板只有两块。头二班学生就不同了，二桌二凳或三凳一床，床板多至三块。不但上讲堂时挟着一堆厚而且大的洋书，气昂昂地走着，决非只有一本“泼赖妈”和四本《左传》的三班生所敢正视；便是空着手，也一定将肘弯撑开，像一只螃蟹，低一班的在后面总不能走出他之前。这一种螃蟹式的名公巨卿，现在都阔别得很久了，前四五年，竟在教育部的破脚躺椅上，发见了这姿势，

> 然而这位老爷却并非雷电学堂出身的，可见螃蟹态度，在中国也颇普遍。

是不是特别可笑？这就是幽默的力量。

鲁迅的幽默是有力的，自信的，是一种智慧，一种语言的风格，更是一种气质的表现。欣赏《朝花夕拾》，要格外注意这种由幽默产生的美感。

读完《朝花夕拾》，鲁迅在你们心目中的形象可能有所改变：他不单是黑暗时代最勇敢的战士，不单是寂寞、忧虑、愤怒的，同时也是有温情的，淘气的，可爱的，幽默构成了鲁迅形象一个重要侧面。在现代中国，极少有比鲁迅更有趣、更幽默的“老头”了！

第三，简单味。这个词有点生吧？是说《朝花夕拾》的风格，非常洗练、清晰，文字不多，印象很深。和文字表达也有关。

鲁迅的这些文章似乎在说“闲话”，也称“漫笔”，是一种比较随意的写法，要细细品味，才能更加体会到那种特别的情趣。每一篇集中勾勒一二个人或一二件事，既概括了这一历史过程中的几个社会侧面，也写了作者几十年生活的踪迹。

如《范爱农》写清末浙江发生的反清革命家徐锡麟被杀事件，心肝都被清兵炒了当菜吃。消息传到日本，留学生开会讨论如何应对，要不要发电报。

> 我是主张发电的，但当我说出之后，即有一种钝滞的声音跟着起来：
>
> “杀的杀掉了，死的死掉了，还发什么屁电报呢。”
>
> 这是一个高大身材，长头发，眼球白多黑少的人，看人总像在渺视。他蹲在席子上，我发言大抵就反对；我早觉得奇怪，注意着他的了，到这时才打听别人：说这话的是谁呢，有那么冷？认识的人告诉我说：他叫范爱农，是徐伯荪的学生。

几句话，把范爱农愤世嫉俗、耿介直爽的个性写出来了。提炼典型的细节，多采用“白描”的勾勒，也可以造成一种简单味，耐读，就像欣赏线条清晰简练而富于表现力的素描，着墨不多，余韵无穷，我们不能不佩服这种洗练的功力。

这对我们的写作也有启示：写某个人物，某件事情，如何在有限的篇幅中写出其特点？每一个人，很有特点，你能用三两句话把他写出来吗？首先要观察，看这个人给人印象最深、最能显示其个性特征的是什么？写的时候就抓住特征，加以突出，而不是眉毛胡子一把抓，平铺直叙。

当然，要达到鲁迅那样的“简单味”，可不容易。观察是一种思维能力，能抓特点，抓重点，这也是需要训练的。我们学习《朝花夕拾》时，多注意一点鲁迅行文的“简单味”，让自己的作文更加简练，不啰唆，不繁杂，不“记流水账”，这也是一个收获吧。

第四，“思乡的蛊惑”。这是《朝花夕拾》开头那个“小引”中的话。鲁迅说他写完这十篇回忆散文，要结集出版了，那时他的心情不太好，是四个字：“离奇”与“芜杂”。但还是想寻求一点“闲静”。鲁迅说：

> 我有一时，曾经屡次忆起儿时在故乡所吃的蔬果：菱角，罗汉豆，茭白，香瓜。凡这些，都是极其鲜美可口的；都曾是使我思乡的蛊惑。后来，我在久别之后尝到了，也不过如此；惟独在记忆上，还有旧来的意味存留。他们也许要哄骗我一生，使我时时反顾。

这段话对理解欣赏整个《朝花夕拾》很重要，特别是“思乡的蛊惑”那一句。一个人成年之后，特别是如果离开家乡，在外面漂泊多年之后，很容易回忆家乡与童年，在回忆中寻找一些安慰与快意。这种回忆可能是“过滤”了的，是选择性想象中的童年，带有成年人的感伤与怀旧，不再是原汁原味的童年了。所以鲁迅说他的《朝花夕拾》，不过是在回忆中“哄骗”

自己，是满足“思乡的蛊惑”。我们现在还是少年，还比较难于理解成年人的复杂感情，但阅读《朝花夕拾》，也让我们感到，童年和少年在人的一生中是非常珍贵的，又是转瞬即逝的，有其不可重复之美。以后我们长大成人了，年少时期那些快乐、哀伤、追求与无奈，都会成为一种绵绵不绝的思念。我们也许和鲁迅那样，选择性地回忆童年和少年生活，满足“思乡的蛊惑”。读了《朝花夕拾》，不只是了解鲁迅那一代童年的悲欢，也可能会跳出来“打量”自己的生活，突然觉得自己成熟一些了。另外，从《朝花夕拾》中我们似乎看到了另外一个鲁迅，是一想起童年那些乐事和“糗事”，就变得那样柔和、幽默和亲切的鲁迅，是更“酷”、更可爱的鲁迅。也许这也是读《朝花夕拾》的收获吧。

读鲁迅《伤逝》：在意那些被忽略的缝隙*

鲁迅的《伤逝》发表于1925年，是一篇抒情意味很浓的小说，情节很简单。涓生和子君相爱，勇敢地冲破世俗的偏见，我行我素就同居了。但他们的结合为社会所不容，生活也碰到很大的困难。后来涓生的感情发生变化，终于向子君明白说出他已经不爱她了。子君无所依恃，在绝望中默默死去。涓生在悔恨中挣扎，希望能觅得新路，但前途渺茫。类似的写青年男女恋爱题材的小说，在“五四”时期和1920年代非常流行。但和流行写法大相径庭的是，鲁迅并不讴歌自由恋爱，而是为“五四”式的爱情唱起了挽歌。这篇小说情节比较简单，但含义复杂，历来有各种不同的解释。我们从中可以看到现代小说的某些特点，包括结构、叙事角度等方面的特点，并领略鲁迅小说的艺术风采。

---

* 本文根据笔者在北京大学、山东大学为本科生讲授“现当代作家作品专题研究”的讲稿整理。

应当怎样来读《伤逝》呢？比较常见的读法，是偏重作品思想内涵的发掘。许多研究者就认为，《伤逝》写的是“五四”一代青年的精神追求及其困境，一方面，揭露了当时黑暗的专制的社会如何迫害着子君、涓生们；另一方面，又表现了子君、涓生们的脱离实际以及心灵的软弱、空虚。过去比较公认的观点是：《伤逝》对“五四”思想解放潮流有反思。“五四”时期提倡“易卜生主义”，也就是个性解放。但鲁迅考虑得更实际一些，认为个性解放终究不能离开现实，所以《伤逝》中才有这句警策之语：“人必生活着，爱才有所附丽。”评论家进一步的解读便是：鲁迅在借《伤逝》来思考“娜拉出走之后会怎样”，子君、涓生故事的意义是在诠释中国式“娜拉”的命运。

以上这种读法的确能看到作品的社会意义，但不一定能结合小说艺术特征对作品的独创性做出更细腻的剖析。这些年来，对于《伤逝》的解读又有许多新的角度与方法，细读是其中一种。所谓细读，一般是在对文本的认真阅读分析过程中，细致体察作品的象征世界，寻找作品情感或思维展开的理路，往往质疑既定的评论，还特别在意那些容易被忽略的缝隙与矛盾。我们可以尝试一下看看这种阅读方式是否更有利于打开思路，深化对作品的了解。

我们就从小说的第一句话开始。这句话是主人公涓生“手记”的开头，也就是他的表白吧：“如果我能够，我要写下我的悔恨和悲哀，为子君，为自己。”一般第一遍阅读，对这句话可能不太在意，如果读完全篇回头琢磨，就可能有疑问：写下悔恨与悲哀为什么要以“如果我能够”作为前提呢？难道会有什么原因“不能够”吗？这时，细读就发现“缝隙”了：涓生是否真的完全写下了他的悔恨与悲哀，还要打个问号。当涓生听说子君已经死去时，是痛苦与悔恨的，但悔恨的不是抛弃了子君，结果导致子君的死，而是不该“将真实说给子君”，恨自己“没有负着虚伪的重担的勇气”。从作品描写的事实看，同居之后不过两三个星期，涓生“逐渐清醒地读遍了她的身体，她的灵魂”，感觉就悄悄改变，有“所谓真的隔膜了”。小说中大部分篇幅其实就是涓生回忆他对子君感觉的“变化”，也是感情的淡化。如同他自己所慨叹的：“人是多么容易改变呵！”小说情节的发展表明，涓生其实已经不爱子君了，即使他不向子君明确表白，悲剧也要发生的，“只争一个迟早之间”。但涓生始终没有从自己感情变化这个“根”上责怪过自己，而对他的潜意识做些分析，我们看到他是厌倦子君的，所以他的悔恨是有限的、不能完全说出缘由的。小说开头那句话其实早就打了埋伏，暗示了整个悲剧的发展。

如果进一步细读，可以发现悲剧的原因很复杂，起码比前面那种从社会外部原因的解释要复杂得多。这对年轻情侣同居之后，因为失业，经济困难，这确实是促使他们感情破裂的外在因素，所谓“贫贱夫妻百事哀”嘛！但我们是否也可以这样反驳说：真正的爱情不会因为生活拮据而夭折。那么很显然，悲剧起于涓生的情感之变。问题是，导致涓生厌倦子君的原因到底是什么？是同居之后“川流不息”的琐碎生活逐渐淹没了爱的激情？是子君从浪漫走向平庸？是这对年轻人尚未做好真正建立家庭的准备？是男人常见的毛病？好像都有一点关系。所以小说是很真实的。再用细读分析涓生这个人物，发现他的厌倦尽管可以找到各种解释，但骨子里还是自私，而且从他的表白看，其悔恨“不能够”彻底，也是因为他终究未能直面这种深藏的私心。只要认真分析，我们不难体味到作品对涓生有一种道德层面的谴责。

非常有意思的是，这种谴责不是由作家直接表露，而是通过作品所精心经营的叙事结构来达致，读者从自己的阅读中可以很自然地去体会和接纳。这也可以做一番对叙事结构的细读。《伤逝》采用的是第一人称“手记”的形式，其中的“我”就是涓生。涓生的悔恨中带有许多他自己的体验和感觉，甚至还有潜意识，而这些都用很“个人化”的手记形式呈现出来。这回忆的过程也可看作是涓生的“表演”吧。整个小说都是“伤逝”，是涓生的追忆，重点是回忆感情如何从高峰走向低谷，包括涓生对子君“变化”的细微的感觉。但这全都是涓生自己一人的回忆与感觉，小说中的子君始终是不在场的、被动的、“失语”的。细心的读者会发现，涓生的悔恨显然只是出于涓生的立场，因此是打了折扣的，是不彻底的，他毕竟未能、也未敢触及私心。于是，对涓生的道德谴责也就油然而生。这就是为什么读者会更多同情子君的原因。表面上其中的“我”（涓生）是叙述者，其实小说作者是隐藏着的另一叙述者，两者的立场显然是有差别、有距离的。这种距离就可能在阅读中产生观照，引发对涓生行为的观察、思考、批评与谴责。潜隐的叙述者有意让表面的叙述者（涓生）的悔恨记录（手记）不那么“完整”，留下某些矛盾与缝隙，让细心的读者再深入发现其中的奥妙，想象涓生到底是什么样的人物？他的内心世界到底怎样？他的所为哪些值得同情，哪些应当批判？这样，我们就走进了人物复杂而鲜活的内心世界。

在道德谴责之余，读者是可能会给涓生一些同情的。如果跳出来想，涓生对同居生活的逐渐厌倦也有可以理解之处。在涓生的感觉中，子君在同居之后变得“俗气”和“粗糙”了，“她早已什么书也不看，已不知道人的生活第一着是求生，向着求生的道路，是必须携手同行，或奋身孤往的了，倘使只知道捶着一个人的衣角，那便是虽战士也难于战斗，只得一同灭亡”。也许涓生的表白是有点“推卸责任”，所谓“战士”“战斗”之类，显得有些空泛。但应当看到，和子君比起来，涓生更加不能适应从恋爱的情感高峰降落到平凡甚至琐碎的日常婚姻（同居）生活这一现实，也就是说，子君可以满足“过日子”，但涓生不能。这就是他们的差别。“爱情必须时时更新，生长，创造”，我们并不否认这是真理，但这话从涓生口中说出，总使人感觉到某种“性别的差异”——男人情感的多变。小说的隐藏叙述者对这一切都不做直接的评判，而是制造某种距离，让细心的读者有些超越，去发现与体味人生的种种情味，这正是《伤逝》艺术的高妙之处。

对这篇小说的细读，让我们领略到现代小说在结构、叙事和语言等诸多方面的特色。像鲁迅《伤逝》这样内涵丰厚的优秀小说，往往给读者留有许多想象和思考的空间，阅读时只要认真把握其艺术构思的特色，放开思路，总会有自己的发现，有审美的愉悦。

读郭沫若《女神》：三步阅读法*

学习《天狗》一诗，要知道一点关于《女神》的知识。这本诗集初版于1921年8月，收诗56首，其中许多作品发表的时间正是五四新文化运动的高潮期。如《天狗》就发表于1920年2月上海《时事新报》的副刊《学灯》。关于《女神》的评论非常多，这里不妨介绍一下周扬的评价，比较有代表性。周扬说，《女神》虽然不是最早的白话诗，却是“比谁都出色的表现了‘五四’战斗精神。在内容上，表现自我，张扬个性，完成所谓人的自觉，在形式上，摆脱旧诗格律的镣铐而趋向自由诗，这就是当时所要求于新诗的。这就是‘五四’精神在文学上的爆发。在诗的魄力和独创性上，他简直是卓然独步的。”周扬还用“暴躁凌厉之气”来概括“五四”精神，认为这也就是《女神》的时代精神和最主要特色。（见周扬

---

* 本文根据笔者在北京大学、山东大学为本科生讲授“现当代作家作品专题研究”的讲稿整理。

《郭沫若和他的〈女神〉》，1941年11月16日《解放日报》）这些评论有助于我们理解《女神》包括《天狗》的内容和精神气质。

文学史通常认为《女神》的价值除了开一代诗风，还在于创造了一个“大我”，也就是自我抒情主人公形象。这个形象当年曾经那样激动了一代青年，曾拥有无数“燃烧点相等”的读者。这个“大我”首先代表了觉醒的中华民族。如《凤凰涅槃》就是对我们这个古老民族再造新我的期盼与颂赞。《女神》的“大我”形象还是勇于反抗破坏、自由创造的时代新人，其身上体现出觉醒之后大胆地进行自我剖析、自我否定，又自我尊崇、自我扩张的特点。所以不难理解像《天狗》这样的作品，为何要爆发出那种超越一切、破坏一切、绝端自由、迎对万汇的情绪，为何采用那种自由质直、直抒胸臆的方式，唱出雄强而不免粗野的“男性音调”。

《天狗》写于1920年2月初，那时五四新文化运动的影响正在全社会辐射，郭沫若也处在他的创作高峰期。后来他回忆说:“在1919年与1920年之交的几个月间，我几乎每天都在诗的陶醉里。每每有诗的发作袭来就好像生了热病一样，使我作寒作冷，使我提起笔来战颤着有时候写不成字。我曾经说过‘诗是写出来的，不是做出来的’。便是当时的实感。”这段话可以让我们了解《女神》包括《天狗》的写作状态。我们现在接触《天狗》，可能会感到有些怪异，难于欣赏它的内容和表现形式。这牵涉到如何阅读文学史经典的问题。对于像《女神》这样带有强烈时代色彩的作品，只有尽量“设身处地”地反观历史现场，消除历史隔膜，才能领略其特有的艺术价值。建议最好用“三步阅读法”。第一步是“直观感受”，先不要受到理论干扰，直接用自己的感觉体验去触摸作品，获得最初的整体印象。举《天狗》为例，初读此诗，第一印象可能是狂躁、焦灼。那超验的形象、按捺不住的情绪、反复旋转的急遽的呼喊，和那短促的简直让人喘不过气来的句式，都给人一种异乎寻常的冲击：如同热锅上的蚂蚁，恨不得把宇宙的一切都全给一口吞了，“我便是我”了。又仿佛自身储有无穷的精力能量，简直就是拥有“全宇宙 Energy 的总量”；这才要飞奔，要燃烧，要狂叫；一时找不到宣泄的渠道，憋得难受，只得匪夷所思，要在自己的脑筋、神经或脊椎上飞跑。这是诗歌所表达的情绪直接造成的对读者的冲击，也是读《天狗》一般能得到的“第一印象”。

获得“第一印象”之后，还不急于做理论的归纳，最好转入第二步，即“设身处地”，尽可能与你所想象和理解的“历史现场”融合起来。可以想象自己也正处在“五四”时期，是刚跳出封建思想牢笼的青年，非常自信，似乎整个世界都是可以按照自我的意志加以改造的；但同时又可能很迷惘，不知“改造”如何着手，一时找不到实现自我、发挥个人潜能的机会；一方面觉得“我”很伟大，威力无穷，另一方面又会发现“我”无所适从，这便产生焦灼感，有一种暴躁的心态。有了一些历史的现场感，对诗中所抒发的那种狂放的情绪与心态，乃至那似乎怪异的表达形式，就会有能够融进去的感觉和认同。这样，原先所得的“第一印象”也就更有了着落，并在与历史想象的融会中调整、升华。

接下来要做的第三步才是“名理分析”。比较理性地思考原先阅读中直接获得的“第一印象”，到底跟《天狗》的形象、情绪、节奏等因素有何关系，并进而分析《天狗》所表达的那种火山爆发式的内发情感，是如何充分代表和满足了“五四”青年的普遍心态的。这样就把郭沫若诗歌产生的历史氛围、思想艺术特征，与同一时代读者迷狂般接受郭诗的热烈状况都结合起来，所做的则是整体性的分析。这种分析自然会注意到“五四”时期那种暴躁凌厉的普遍社会心理，阅读《女神》即找到了情绪的宣泄口，阅读行为本身也就成为一种时髦，一种反叛。这样，“读者反应”本身也丰富、加强或改变了《女神》包括《天狗》所诱发的氛围，并在事实上共同塑造着郭沫若和《女神》的“神话”，郭沫若和他的《女神》也就成了一种时代精神的象征。

《女神》中的诗，的确有许多显得散漫，太直，太坦露，是很粗糙的。如果光凭直觉，或者径直就做理论分析，可能就进入不了作品的世界，甚至还会简单地认为这并不成功。然而，如果能着眼于对作品的整体审美，并凭着历史的想象，尽量回到“五四”当年，感受那种极富时代色彩的阅读风气，那么这些“粗糙”便可能另有一种痛快淋漓的效应，甚至也是一种不可重复的特殊之美了。

读郁达夫：一种才情，一份率真*

经典作品可分为两种：一种是“文学经典”，其内容和形式达到完美的统一，独创的艺术成就足以传世，其魅力弥久不变又与时俱新；另一种是“文学史经典”，艺术上有建树但可能并不圆熟，主要是作为一种特定的文学史现象，引起后人的关注。《沉沦》就大致属于“文学史经典”。1921 年 10 月，收有这篇小说的短篇集《沉沦》在上海出版，竟如同暴风雨般的闪击，搅动了整个文坛和读书界。其内容的大胆和格式的特异，都让人震惊。而《沉沦》这一篇尤其引人注目，成了郁氏的代表作。

《沉沦》骤然造成了一种非常特殊的文学阅读风气，这种风气使得读者能完全走进作者的生活，和作者一起直切地感受人生，痛快地发抒平时可能压抑的情怀，包括青春的感伤、生命的迷惘，以及对现实丑恶的反抗。郁达夫把生命和创作搅到

---

* 本文系笔者主编的《郁达夫名作欣赏》（中国和平出版社 1998 年版）的前言。

一块儿，他的创作缺少艺术的过滤，拉不开足够的审美距离，往往显得粗糙，然而丝毫也不做作，是那样率直与真切。读者一接触到作品，就会被吸引，抛开读文学精品时惯常持有的神往与崇仰，也顾不上其粗糙的形式，而一头栽进作品情绪宣泄的氛围中，用整个身心去体验郁达夫的——同时也可能是自己的人生际遇。

后世读者读《沉沦》已经没有那种共时的感同身受，距离感会有所拉开，但同样会强烈感受到郁达夫惊人的率真，以及那特有的忧郁感伤气氛。读《沉沦》用不着仔细推敲咀嚼，只须径直进入作品所构设的艺术世界，让那情绪流裹挟自己，和作者——作品主人公一起歌哭，就会感觉到一份难得的真实，一份让世界与自我都赤裸裸地剥除了伪饰的真实。

《沉沦》通常被看作是展现爱国情怀的小说。从作品主人公所感受到的“弱国子民”被欺凌的悲哀以及那种悲愤的反抗情绪来看，确实有这一层含义。特别是把个性解放的渴求与祖国强盛的冀望结合起来，明显加强了这篇小说的现实意义。然而这毕竟不是一般的宣扬爱国主义或个性解放的创作，其特色在于病态的心理描写。读这篇小说不能不格外注意其心理描写的大胆与真实。

《沉沦》的主人公在稠人广众之中总是感到孤独，总是感到别人对自己的压迫，以致离群索居，自怨自艾。这其实就是青春期常有的忧郁症，不过比较严重，到了病态的地步。这种忧郁症表现为在性的问题上格外的敏感，如主人公遇到日本女学生时，那种惊喜与害羞，那种忐忑不安，本来也就是青春期常有的对异性的敏感，不过小说突出了其中的夸大妄想狂的症状，又加上对于“弱国子民”地位的强烈的自惭，那复杂的病态情绪就带上了特有的时代色彩。“弱国子民”的自惭与爱的渴求，是小说情节发展中互相交叉的两个“声部”。读这小说时，如果把其中爱国的反抗的意蕴剥离出来，只能说是读懂了一部分，其实小说的大部分笔力是在写性的渴求，以及青春期忧郁的伤感，这是更吸引人的地方。对异性爱的渴望而不得，并由此生出种种苦闷，实在是青春期常见的心理现象，《沉沦》把这种心理现象夸大了，写出其因压抑而生的精神变态与病态。如窥浴、嫖妓等，在旧小说中也是常见的情节，但在《沉沦》中出现，就特别注重精神病态的揭示，灵与肉冲突的心理紧张在其中得以充分地表现。《沉沦》写病态，其意却不在展览病态，而在于正视作为人的天性中重要组成部分的情欲问题。“五四”时期个性解放的思潮促使人们开始尝试探讨这个敏感问题。郁达夫用小说的形式那么大胆地、真率地写青春期的忧郁和因情欲问题引起的心理紧张，这在中国历来的文学中都是罕见的，郁达夫因此被视为敢于彻底暴露自我的作家。《沉沦》正视作为人性的情欲矛盾，题材和写法都有大的突破。

《沉沦》的故事并不曲折，全篇由八小节组成，每一节叙一事或一种心境，结构也不紧凑，叙述显得有些拖沓。郁达夫不善于讲故事，这篇小说如果从叙事的角度看，是并不怎么高明的，这都显示着初期现代小说的稚拙，但也有很吸引人的地方，那就是抒情。《沉沦》在描写主人公心境变迁的时候，常用抒情的笔调，有时是通过主人公特殊的感觉去捕捉和描绘事物，使描写富于情感色彩或象征的含义。如第一节写主人公避世的心情，那种融会于大自然的浪漫情怀，甚至会让人感觉得到周围有“紫色的气息”；最后一节写主人公投海自尽前的种种神秘的幻觉也带有某些象征抒情的意味。读这样的描写，会感到郁达夫是极富才情的诗人，他在用作诗写散文的笔法写小说，不讲求结构，语言也少锤炼，如果从小说的一般要求来衡量，似乎写得“不到位”，但读起来又很觉随意和畅快。这种不拘形式的写法，也是郁达夫这篇小说获得成功的因素之一，因为“不拘”才彻底打破陈规旧习，就如同听惯了严整细密的“美声唱法”，偶尔听听“不经意”的流行歌曲，也会觉得很随意畅快。郁达夫带给“五四”一代青年和后人的不是什么“深刻”和“完整”，而是一种才情，一份率真。

读冯至《一个消逝了的山村》：顺着“冥想”读出智性之美*

冯至的《一个消逝了的山村》选自散文集《山水》，写于抗战时期的“大后方”昆明。在战时艰苦的生活中，冯至仍然追求他一贯的写作意趣：偏爱平凡普通的题材，以质朴的笔致，写人与大自然的融合，以及大自然的永恒之美。这篇散文也体现了这个特点。这是拿诗的笔法来写散文，时而写景，时而回顾历史，还不时插入联想、议论与抒情，似乎有些散漫，总觉得有些跳跃，但认真体会，发现“冥想”是贯穿其中的线索，所有描写似乎都在导出“冥想”。这篇颇具哲思的文章，靠“冥想”带动了哲学的启示。所以阅读时应格外关注“冥想”的效应。

开头点明“一个消逝了的山村”，马上与这山村的淹没相比较，联想到“人类之外”的大自然那种“默默地对着永恒”。

---

* 本文根据笔者“大学语文”讲稿整理。

所引发的思路便是，所谓“人事变迁”并不会左右大自然的生生不息。接下来三个段落，想象山村过往的历史，感到那也只剩下草木之间的一点“余韵”。在大自然亘古常新的大气象面前，人事变迁显得那样“无常”与“渺小”。只有把人类看作是大自然的一部分，懂得对滋润自己的大自然感恩，才能懂得生命的意义。这里多少有点道家思想的风味，就是回归自然。

接下来，在文章的后半部，用较细致的笔触写一种小草——在杂草中顽强而又谦虚地生长的鼠曲草，可以看作是对生命的赞礼，是对那种简朴生活形态的肯定。当作者把小草和夕阳下聚精会神劳作的村女交织在一起，那幅动人的图景更是让人感悟到生命存在的“意义”:“一个小生命是怎样鄙弃了一切浮夸，孑然一身担当着一个大宇宙。”再下来几段，先后写雨季山上人们忘情地采菌子，写秋后风夜中山民们的无奈与恐惧，以及大风过后各种美丽动物的重新活跃，各种生命过程的悲欢沉浮，这些如同壮丽的交响，奏响了人与大自然的和谐之曲。

顺着“冥想”的线索来读这篇散文，就能读出智性之美，哲思之美，还有诗的韵味。这样的山水散文漠视“胜”与“奇”，专注于平凡的“原生态”，的确有些特别。冯至说过，他写山水喜欢“还给它们本来的面目”，不想“把些人事掺杂在自然里边”，在他眼中，将历史东拼西凑堆积起来的杭州西湖，是比不上未经任何雕饰的自然山水的。冯至推崇大自然的质朴和原始，主张融入大自然的至性常情的生活，认为只有在这种简单健全的生活中，才能明心见性，体会古今人类生息相通之处，体会生命的价值。

阅读这篇散文，除了感悟这种格外关注人与大自然的关系，因而主张回归简朴生活的思路，还可以学习如何在描写中融入想象与哲思，如何让文章富于诗的华彩。

读林庚《春天的心》：把“通感”调动起来*

自古以来写春天的诗歌很多，林庚这首《春天的心》仍然独具特色。和古诗不同，该诗没有讲求押韵和平仄，句式也长短不一，是非常自由的现代诗，一句赶着一句，很是随意，但读起来随着情感的起伏变化，会有某种很自然的心理韵律生成，就如同春天到来时那种蓬勃、自由、跃动的节奏。此诗适合朗读，要把握阅读的语感，体会那种因语感变化所带来的特殊韵味。

开头一句用“草的荒芜”来比喻春天的心，给人陌生而又惊讶的感觉。草无论怎样“荒芜”，时候一到总要返青，而且是无边无际的，这景象让人有种生命伸展的强烈渴望，也就是“春心”荡漾吧！接下来两句也是写春心的：“随便的踏出门去 / 美丽的东西到处可以拣起来”。这里的“随便”是一种放松，是春天所独有的“慵懒”和“散漫”，人们不必受什么约束，完全

---

* 本文选自笔者与陈庆元主编的《中国语文》（北京大学出版社 2009 年版），有删改。

可以放开自己，投入大自然当中，那样“美丽的东西”就会到处呈现。用“拣起来”这样很具体的动作，来表达春的发现，本来难于名状的感觉，似乎也可以很现实地捕捉了，这写法很是别致。意犹未尽，又上来一句“少女的心情是不能说的”，还是写春心荡漾，那种生机勃发的意味如同少女飘拂不定的心情，如此丰富，却又毕竟只能意会，难于言传。

下面的四句似乎也较为具体，写“春雨”“行人”，等等，其实进了一层，是对春的到来所引发的人生感悟。当然，这种感悟不是议论抒发，还是通过感觉来引发。那从天落下的“雨点”，不定就落在谁的身上；而春的“召唤”往往不也这样，给人“突然”的感觉吗？习惯于冬天的浑浑噩噩，冷不丁给“雨点”唤醒了，这种感觉有些陌生，有些神秘，你会突然意识到一个美丽的季节到来，人生重新被点亮，又变得新鲜活跃了。春心被唤醒，感觉在变化，世界一下子也变得那么温馨美好。“行人”呀，“雨伞”呀，所有琐碎的事物全都那么美，连车上不相识的人彼此“邂逅”，也那样和谐亲切了。这就是春的氛围，也是春心的感发。

意犹未尽，顺势又来了“含情的眼睛”和“潮湿的桃花”两句，同样是顺着春雨的描写而来的，但这两个意象的互相映衬，除了继续给人以春的美丽的联想，也许还会有些疑惑。是“少女”的眼睛？是“行人”邂逅的眼睛？还是春心焕发后所有人都变得多情的眼睛？不必拘泥地理解，总之，是换了一双眼睛，是春天给大家带来好心情了。

最后两句仍然在写春雨，却用“江南的雨天是爱人的”结束，像是一种说明，又像是一种慨叹，含义有些朦胧，有些歧义，可以做不同的解释。“春心”本来就是含蓄的，模糊的，是个人的，隐秘的，说得太白反而可能捕捉不了，有些歧义我们会觉得正常，正好可以满足对春天各种层面和角度的理解。看来诗的朦胧有时可以增加阅读想象的空间。

此诗的阅读还有一个特点，就是能调动“通感”的运用，视觉、听觉、味觉、触觉，全都在貌似凌乱的没有逻辑的意象组合中，互相融会触发。“潮湿的桃花乃有胭脂的颜色 / 水珠斜打在玻璃车窗上”——这里有颜色、香味、声音和触感，甚至还有“第六感官”印象，混在一起给人春天的特殊感觉。春天是什么？每个人都了解，但难于明白表述，这首诗把各种对春天的感觉融会到一起，五光十色，回环往复，那种氛围就出来了。诗的长处在于表达丰富复杂的情感，包括潜意识的东西，有时诗歌表现感觉会和惯常的逻辑思维不合，像这首诗东一句西一句，似乎有些凌乱，用逻辑直解的办法是理不清的，只能用感觉去体味，有时还要靠直觉，如果阅读过程中把“通感”调动起来了，就能处处发现春天的景象，引发春心的跃动。

附：

春天的心

林　庚

春天的心如草的荒芜
随便的踏出门去
美丽的东西到处可以拣起来
少女的心情是不能说的
天上的雨点常是落下
而且不定落在谁的身上
路上的行人都打着雨伞
车上的邂逅多是不相识的
含情的眼睛未必是为着谁
潮湿的桃花乃有胭脂的颜色
水珠斜打在玻璃车窗上
江南的雨天是爱人的

读穆旦《赞美》：在苦难面前扬起信念的旗帜*

穆旦是1940年代“九叶诗派”（又叫“中国新诗派”）的代表诗人，他的诗作多表达现代人思想的困惑，或者生命的残缺，是很“先锋”的。比如大家可能读过的《诗八首》，其中所写的爱情居然是那样矛盾、复杂、纠结，甚至撕裂，这和传统的爱的赞歌迥然不同，有点“煞风景”，却又不无清醒的审视。穆旦是在用一种复杂的思维去观察和表现爱情，有意突破传统的抒情方式。有人说穆旦的诗歌极富现代主义的象征与迷思，是“思维的复杂化，情感的线团化”。的确，穆旦很“现代”，他的诗歌总体上给人叛逆和异质的感觉。

但穆旦同时又是一个非常富于家国情怀的诗人，他的诗作中有相当一部分是现实、大气、血性的。这些诗也构成诗人成就的另一面，是同样重要的一面。比如《赞美》这首诗，就非

---

* 本文根据笔者在北京大学、山东大学为本科生讲授“现当代作家作品专题研究”的讲稿整理。

常感人，读来荡气回肠，是一首难得的杰作。

该诗一共四节，第一节表面是景物描写，“走不尽的山峦的起伏，河流和草原，/数不尽的密密的村庄，鸡鸣和狗吠”，一开始就撒播一种荒芜而又辽远的历史感。然而，诗人又在这种荒芜之中，体会到“有无数埋藏的年代”，以及“说不尽的故事”。“飞翔的鹰群”“干枯的眼睛”“在遥远的天际爬行”的行列，等等，把不同质感、复杂多层的感觉或印象叠合、融会在一起，似乎有些乱，其实就是要用这组意象群表达出复杂的历史感:“太多的话语，太悠久的感情”。其中“说不尽的灾难，沉默的”这一句，显然是对民族命运的感慨，不光有痛苦与哀伤，也还有那对自由、幸福的艰难却执着的追求。后面几句把那种对历史和现实的复杂感觉再做一归拢。先是叠用诸如“荒凉的沙漠”“坎坷的小路”“漫山的野花”“骡子车”“槽子船”之类的意象，调动各种不同质感的体验来整合对祖国的印象。接下来，将这一切感觉与印象都集中到一点，就是对底层人民的观察与同情：这是“耻辱里生活”的“佝偻的人民”！显然，同情中又带有惋惜和悲哀。诗人情不自禁要用“带血的手”与人民“一一拥抱”。“带血的手”意味着苦难，也意味着这是一种彻骨的感情，是与人民患难与共的深挚的感情。这一节的尾句是“一个民族已经起来”，把诗歌的基调亮出，从中可以读出某种在苦难面前要扬起的信念与力量。

以上对第一节的分析比较细致。我们要注意体味其中不同的意象所蕴涵的各种感情，以及意象群的并置、转换如何形成特殊的情绪氛围。整首诗都可以用这种方法阅读，最重要的是直接去感觉和体味，充分展开自己的想象。这也是阅读那种比较“晦涩”、难懂的现代派诗歌的方法之一。以下三节这里不再详析，只就几个问题略加提示。

第二、第三节写一个“农夫”和一个“老妇”，他们的劳作、家庭、生育、饥饿、忧患、欢快、恐惧、希望、失望，以至死亡，等等，这些描写都不只是个人的遭遇，而是通过两个受难者各种生活化的意象，呈现对民族历史与现实的认知与感觉。“农夫”一节偏重表达无限悠长的“忧患”。“多少朝代在他的身边升起又降落了 / 而把希望和失望压在他身上，/ 而他永远无言地跟在犁后旋转”，这是写历史的重复与沉重。

阅读时要注意其中象征的手法。“犁”翻开田地如同破浪，有“旋转”的感觉;“农夫”跟在犁后面，也会有随着泥土的破浪“旋转”的感觉。但诗歌不只是写这种劳作中的体验，而是在暗示民族苦难历史的不断重复，暗示“希望”一次次转为“失望”的那种“重压”感、晕眩感。这就是比较典型的象征的手法。“农夫”和“犁田”等事物是具体可感的“景”或“象”，关于历史的感觉体验则是融注其中的“情”或“意”，前者与后者两相融汇，借有形寓无形，借有限表无限。阅读时不断发现、体会“有形”的事物所含蓄表达的无限的意味，实际上也就参与了艺术的再创作，会获得特别的审美阅读快感。

第三节与上一节有联系。如果说第二节主要写“历史”，这一节就是写“现实”，其中的“老妇”可以理解为是国家民族现实的象征，偏重表达的是“含蓄的悲哀”。那许多母亲与孩子在“饥饿”里的“忍耐”与“期待”，也是诗人想象中整个国家人民的精神状态。“农夫”与“老妇”两个受难者都是民族苦难的象征。阅读时注意体会诸多复杂的意象表现中所突出的基调，就是“受难”和“期待”。诗中每一节最后都落实到“一个民族已经起来”这一句，如同歌曲后面反复吟唱的部分，加深了对主旋律的印象。于是诗中所表达的对国家民族的各种复杂情感，也就借此凝集和提升，表现为自信与希望。也可以理解为这是诗人在期盼通过战争的洗礼，我们国家民族将重新站立起来，获得新生。

这首诗题为《赞美》，是赞美我们民族生生不息的强大生命力，赞美那承受着苦难的历史重压却又始终不放弃希望的坚韧的民族精神，赞美“一个民族已经起来”的坚定信念。要注意诗人并非毫无保留地赞美，诗中也写到“荒凉”“单调”“黑暗”，写到人民的愚昧、保守。“人民”并没有被美化或英雄化，而是在“耻辱里生活”。但全诗总体上是充满对人民的同情和热爱，即使有批评和警惕，那也是对自己民族国家发自内心的关切与期盼，是亲情般的复杂、丰富的感情。唯其如此，这赞美的内涵才更加饱满，这是带血性的，能让人感觉到汗味、泥土味的最真挚的赞美。

附：

赞　美

穆　旦

走不尽的山峦的起伏，河流和草原，
数不尽的密密的村庄，鸡鸣和狗吠，
接连在原是荒凉的亚洲的土地上，
在野草的茫茫中呼啸着干燥的风，
在低压的暗云下唱着单调的东流的水，
在忧郁的森林里有无数埋藏的年代。
它们静静地和我拥抱：
说不尽的故事是说不尽的灾难，沉默的
是爱情，是在天空飞翔的鹰群，
是干枯的眼睛期待着泉涌的热泪，
当不移的灰色的行列在遥远的天际爬行；
我有太多的话语，太悠久的感情，

我要以荒凉的沙漠，坎坷的小路，骡子车，
我要以槽子船，漫山的野花，阴雨的天气，
我要以一切拥抱你，你，
我到处看见的人民呵，
在耻辱里生活的人民，佝偻的人民，
我要以带血的手和你们一一拥抱。
因为一个民族已经起来。

一个农夫，他粗糙的身躯移动在田野中，
他是一个女人的孩子，许多孩子的父亲，
多少朝代在他的身边升起又降落了
而把希望和失望压在他身上，
而他永远无言地跟在犁后旋转，
翻起同样的泥土溶解过他祖先的，
是同样的受难的形象凝固在路旁。
在大路上多少次愉快的歌声流过去了，
多少次跟来的是临到他的忧患；
在大路上人们演说，叫嚣，欢快，
然而他没有，他只放下了古代的锄头，
再一次相信名词，溶进了大众的爱，
坚定地，他看着自己溶进死亡里，

而这样的路是无限的悠长的
而他是不能够流泪的，
他没有流泪，因为一个民族已经起来。

在群山的包围里，在蔚蓝的天空下，
在春天和秋天经过他家园的时候，
在幽深的谷里隐着最含蓄的悲哀：
一个老妇期待着孩子，许多孩子期待着
饥饿，而又在饥饿里忍耐，
在路旁仍是那聚集着黑暗的茅屋，
一样的是不可知的恐惧，一样的是
大自然中那侵蚀着生活的泥土，
而他走去了从不回头诅咒。
为了他我要拥抱每一个人，
为了他我失去了拥抱的安慰，
因为他，我们是不能给以幸福的，
痛哭吧，让我们在他的身上痛哭吧，
因为一个民族已经起来。

一样的是这悠久的年代的风，
一样的是从这倾圮的屋檐下散开的

无尽的呻吟和寒冷，
它歌唱在一片枯槁的树顶上，
它吹过了荒芜的沼泽，芦苇和虫鸣，
一样的是这飞过的乌鸦的声音。
当我走过，站在路上踟蹰，
我踟蹰着为了多年耻辱的历史
仍在这广大的山河中等待，
等待着，我们无言的痛苦是太多了，
然而一个民族已经起来，
然而一个民族已经起来。

1941年12月

读张爱玲《金锁记》：工笔写实中有苍凉意味*

《金锁记》发表于1943年11月，是张爱玲的代表作，也是她主题挖掘及艺术创作最深刻、人物塑造最成功的小说。作品分为两部分。

前一部分写了姜公馆二奶奶曹七巧的一天，在情节发展和人物对话中交待了她的婚姻及生存状况。阅读中注意重点从七巧的遭遇中了解七巧心理变态的原因。从丫头的交谈中读者得知，七巧出身贫寒，娘家原是开麻油店的，她哥嫂贪图和有钱人“攀高枝”，把她嫁给姜家得了骨痨病的二少爷。七巧是受金钱支配的封建包办婚姻的牺牲品。在旧家族的势利场中，七巧由于出身卑下，做了二奶奶也还是没有地位，连丫鬟也瞧不起她。丈夫病入膏肓，长年瘫在床上，七巧这个年轻、粗俗、要强的女人不能过正常的婚姻生活，但封建道德要求她只能终生“照护”二少爷，这是她心理变态的主要原因。从七巧

* 本文根据笔者为“超星”讲授“中国现当代作家作品”的讲稿整理。

与三少爷季泽的调情与冲突中，可以了解到七巧非常压抑的情欲。她本想在季泽身上得到同情与安慰，但季泽占了便宜又不负责任，对七巧完全是势利的态度，这深深刺伤了七巧。七巧已经陷入这噩梦般的环境中，不能自拔。为了“熬成婆婆”，继承家财，七巧只能压抑自己的情欲，埋葬自己的青春，长年守活寡。七巧不是生来就坏，就变态，小说中写到她与哥嫂的对话，她的委屈和怄气，还有她回想自己当姑娘时的青春朝气和开心，说明她的心理变态是情欲和财欲交并作用的结果：不正常的婚姻以及压抑的情欲使之变态，她只能转向对财产的追求，特别是对季泽失望后，金钱欲望占据了她的整个灵魂。

第二部分写七巧好不容易“熬出了头”，丈夫过世了，她自立门户，带着两个儿女牢牢守着用她一生幸福换来的财产。季泽破落了，企图利用昔日的感情来算计七巧的财产，愈加使得七巧产生对男性和所谓感情的幻灭感，她痛苦地只想抓住钱，认为“靠得住的只有钱”。更让人感到吃惊的是她已经变得那样阴鸷残忍，完全不近人情，甚至出现性错乱心理和变态行为。她“恋子”，要儿子整夜陪她抽鸦片，猥亵地探听儿子媳妇的私房隐事以取乐，迫使媳妇独守空房；她“妒女”，不希望女儿出嫁得到婚姻幸福，甚至不惜在女儿的未婚夫面前编派女儿的毛病，有意断送女儿的姻缘。阅读时注意分析七巧的这些变态心理行为。七巧本来也是受虐者，后来变成施虐者，她的人性完全异化，被畸形压抑的婚姻和金钱所逼迫变态，变成一个没有人性的魔鬼。小说取名为《金锁记》，意味深长。是金钱支配的买卖婚姻让七巧陷入畸形的家庭生活，结果心理变态，转向拼命抓钱；她以青春为代价，卖掉了自己的一生，除了一点钱，她一无所有，她的整个人生都被金钱掏空，无可奈何地被金钱紧紧锁住。关于金钱对于人性的腐蚀、控制与异化的现象，在小说中被揭示得触目惊心。

《金锁记》的故事扣紧人物命运而展开，情节富于传奇性，同时又织入人物心理变态发展这条线，不只是增加了阅读的吸引力，也深化了作品的思想内涵。小说的心理描写非常到位，许多细节都在刻画人物心理活动方面下功夫。如七巧盘问儿子媳妇的私房隐事，儿子吐露一二，“七巧又是咬牙，又是笑，又是喃喃咒骂，卸下烟斗来狠命磕里面的灰，敲得托托一片响”。这一连串动作，把七巧那种空虚、压抑、恼怒的复杂心态呈现了出来。七巧因为自己婚姻不幸，心理扭曲，所以才有这样变态的表现。小说对人物心理剖析时还常常深入到潜意识层面。如七巧向季泽示爱，结果季泽冷淡她，把她晾一边跑了。小说写七巧这时神志有些迷离，别人进来也不知道，“捏着一片锋利的胡桃壳，在红毡子上狠命刮着，左一刮，右一刮，看看那毡子起了毛，就要破了”。这是一种无意识的动作发泄。

小说中给人印象特别深的还有意象的描写。有时用来点染人物的心理。如季泽来算计七巧的钱时，七巧虽然对于她和季泽昔日的欢爱多少还有些留恋，但又看破了季泽这个纨绔子弟不过是在演戏，在骗她。她好容易死了心，季泽又来撩拨她。她恨季泽，狠心把他骂跑了。小说这时写季泽走了，被打翻的“酸梅汤沿着桌子一滴一滴朝下滴，像迟迟的夜漏——一滴，一滴……一更，二更……一年，一百年。真长，这寂寂的一刹那”。这里的“酸梅汤”能引起对于七巧赶走昔日情人时那种复杂心理的联想，酸酸的，而且一滴一滴，像寂寞的夜漏，时间的感觉给强化了，“刹那”和“一百年”叠合，跟七巧寂寞而漫长的一生融合在一块儿了。

有时意象描写又用于定格、点题，突出印象，增强联想。如写七巧难讨季泽的欢心，非常失望，“她睁着眼直勾勾朝前望着，耳朵上的实心小金坠子像两只铜钉把她钉在门上——玻璃匣子里蝴蝶的标本，鲜艳而凄怆。”这写的是人物的愣神，而象征意蕴就是七巧悲剧性命运的无可逃脱。另外，小说中每当七巧感情出现大的波澜时往往就写到月亮，共六次写月亮，每次的含义都有所不同。注意分析这自然景物的意象化描写，如何象征地烘托人物的情绪，营造作品的氛围。

最后，应当感受小说语言的特有韵味。张爱玲的语言文白相济，雅俗结合，有些像《红楼梦》的笔致。特别是工笔描绘的写实，带有浓艳、繁复的效果，又往往有某些苍凉的意味。

读莫言：历史叙事的“野史化”与“重口味”*

莫言获奖已经过去半年多，有些思考逐渐沉淀下来。这次《中国现代文学研究丛刊》约稿，让我再谈谈莫言，我想着重谈两点：一是历史叙事“野史化”，二是“重口味”的问题。

先说说莫言的历史叙事“野史化”。

“讲史说书”是中国文学的一个传统，攀附“史传”，甘作“正史之补”，历来被看作是一种很高的写作追求。一代代国人也都很习惯于文学的“叙史”功能，他们从这些叙史的作品中获得了公共的历史知识与想象。到了现代，文学未曾抛弃这种重视“叙史”的传统，不少现代作家都曾迷恋于用文学来记载历史，“感时忧国”成了现代文学的一个基调。现代文学的发生与发展始终和中国社会的现代转型相互缠绕，在相当程度上，文学中的“历史叙事”又总是为社会主流价值及其历史观念所制约，或者直接充当这些观念的形象图说。近百年来的

---

* 本文发表于《中国现代文学研究丛刊》2013 年第 4 期，有删节。

普通读者已经很习惯接受这种带意识形态教化功能的叙事。如《倪焕之》《田野的风》《韦护》《蚀》《子夜》《死水微澜》《京华烟云》《财主底儿女们》《李家庄的变迁》《四世同堂》《吕梁英雄传》《太阳照在桑干河上》《暴风骤雨》等，都力图从不同角度去呈现历史的过程，充当“正史”之补，许多小说家有“史诗”的情结。如《子夜》被称作“史诗”，就是很高的褒扬。茅盾的《蚀》和《子夜》等系列小说力图全面描写 1930 年代中国社会的样貌与性质，在复杂的阶级矛盾、冲突以及时代变革的叙述中贯穿了明快的社会剖析，这种写法甚至带动形成了一个流派。往“正史”的写法靠拢，在很长时间里被看作是“正统”，这种重在呈现“大历史”的传统可谓源远流长。作家的文学叙述和读者（包括批评家）的接受，一直都比较倾向于“正史”的叙事法则。在五六十年代许多“红色经典”中，比如《山乡巨变》《红旗谱》《青春之歌》《创业史》等，都常常是以“正史”姿态出现的叙事模式，所追求呈现的都是“大历史”，是波澜壮阔的潮流。这种叙史模式之下，所有人物事件都被赋予某种历史的含义，格外注重时间性与进化性，若把其叙事的情节简化，就大致可以看到一种线性的勾勒；还有就是总喜欢以二元对立的方式去划分新与旧、进步与保守、主流与支流，价值立场非常鲜明。新时期以来，随着意识形态的世俗化，不少作家开始“告别革命”，尝试走出“正史”式的文学叙事模式。如《白鹿原》写一个乡村的百年演变，不再是波澜壮阔的“革命史”，而是一系列的“翻烧饼”和“折腾”，是没完没了的历史劫难。这部小说在试图翻转以往的历史“目的论”，结果却滑向了古老的“河西河东说”，尽管如此，这部宣扬“循环论”的作品还是获得很高的评价，因为人们还是看重它的所谓“史诗”的努力，习惯于欣赏文学中的“大历史”。

在这种我们已经习以为常的文学“叙史”的流脉中看莫言，他就显得是那样的叛逆、可疑而又引人瞩目。莫言仍然有“写史”的冲动，他的小说依旧热衷于“讲史说书”。把莫言的《丰乳肥臀》《檀香刑》《生死疲劳》等多部代表性的长篇连成一气，可以看到近百年中国历史变迁的风云变幻，读者会不由自主地拿莫言的“历史”和自己原有的历史印象做比较，产生某种“历史”的陌生化。显而易见，莫言在超越历史的叙史模式，他不再“感时忧国”，不再“说教”，甚至不再写“大历史”，他关注的大都是边缘的、民间的、日常的、琐屑的历史；他也无意构设历史变迁的大场景，感兴趣的是那些能唤起原初激情及想象的人性与欲望的场景。莫言试图将“大历史”还原给民间，他要写出另一种生生不息的历史。在莫言这里，是全新的个性化的叙史方式，通常的那种二元对立的、线性的历史叙事方式被扬弃了，所谓历史中心、主体、主流被虚化了，原先容易被看作是历史的偶然、隐没在历史的夹缝或边缘中的琐屑人事，成为作品描写的主要内容，凡俗人物的日常生活取代了大场面，人们见到更多的不再是历史的链条、规律，而是人性的复杂的表现。莫言不再去正面描写主宰历史、作为正义化身的“英雄”，而将笔墨留给了凡庸人事，包括变幻年代那些不失生命野性的本色男儿和敢爱敢恨的乡间女子。莫言极其注重感觉与想象，却无意对作品中历史人事做明晰的判断，他笔下的一切往往都是正邪纠结、善恶难断、亦喜亦悲、进退无着。莫言痛快地卸去了那种作为历史代言人的重负感，他是那样的放达和自由，他在极力发挥自己的天马行空式的想象去“创造”历史。

读莫言的小说，那感觉就像读多了“正史”之后，突然接触到“野史”，别有一番陌生与讶异。历来官修的“正史”比较正规和专业，但也可能如鲁迅所说，是“涂饰太厚”，“很不容易察出底细来”。而“野史”虽比较零碎随意，但顾忌少，不必摆“修史”的架子，反而可能写出历史的真貌。莫言小说的“讲史说书”，就有意背离“正史”一路，刻意追求类似“野史”的那种民间的真实。历史在莫言笔下失去了庄严与明快，变得多姿多彩而又歧义丛生，面目含混而又意味深长，所谓“线索”已搅乱，“规律”无关紧要，最能激起兴趣的，是历史深处的隐秘与复杂，是历史的原生态。这种“文学化的历史”不是被当作“常识”来记忆的，甚至不需要价值立场的裁定，你带着自己的感受去体验就行了，让灵魂在历史时空中穿梭，用现在时髦的话来说，这是游戏似的“穿越”。莫言极大地发挥了对历史的想象力，把历史充分文学化、人性化，赋予了历史某种毛茸茸的质感，这也就丰富了我们对历史的感受。这自然是莫言的成功。如果一定要从莫言的小说中抽离出某种历史观，那他的历史观就是反“正统”的，而一些外国的读者（评论家包括诺贝尔奖评委），也可能从莫言这里看到了中国作家心态与笔法的巨大变化。莫言多少顺从了这些年来形成的反思革命、解构历史的潮流。

不过，莫言毕竟只是小说家，他大概并不想提供特别的“思想”或者“历史观”，他对历史的“文学叙述”主要出于感觉，他时常放纵这种感觉，在人性与欲望的旷野里奔走，却不能停下来做深入的思索与把握。莫言的叙史既酣畅又世故，却未能给读者类似宗教意味的那种悲悯与深思，而这正是中国文学普遍缺少的素质。如果结合阅读感受来进一步思考，会发现莫言也有他的缺陷。也许我们会问，这位天才却又有些任性的作家刻意回避对历史的正面描述与规律的探寻，有意在“正史”模式之外尝试“野史化”的文学写作，是否无意间也迎合当下那些庸俗的虚无主义与相对主义？在当今“去革命化”和“去意识形态化”的氛围中读莫言，虽然痛快，却也可能会引发某种无常与无奈之感。

再说说莫言“重口味”的风格。

现代文学史上有太多怀旧式的乡土描写，其中寄植着浪漫的情思，或者批判的眼光。莫言也执着地描写乡土，但他既不浪漫，也不满足于批判。他把自己整个灵魂沉浸到“高密东北乡”里边，不厌其烦地描写这个封闭、原始、落后却又充满传奇的“小地方”，展现中国北方在历史变幻中的人情物理，还有那顽固质朴的生活方式。他更关注的并非时代之“变”，而是“变”中之“常”。不过让读者的心弦更强烈拨动的，是那种鲜明的地方风俗风味与浓重的乡土风格。在这方面，很少有现当代作家的笔致能像莫言这样放达畅快地挥洒。

“高密东北乡”已经作为文学的“原乡”进入现代中国文学的画廊，就如同“鲁镇”（鲁迅）、“北平市井”（老舍）、“边城”（沈从文）、“果园城”（师陀）、“呼兰河”（萧红）等经典的文学“原乡”，能让人过目不忘。莫言的“原乡”可谓五光十色，有乡野传奇、宗族演义、痴男怨女、英雄土匪、荡妇烈女、情色想象，一切写来都是浓墨重彩，毫不掩饰，读来令人震撼，那感觉大概如同痛饮小说中写的浓烈的红高粱酒。在“五四”以来许多乡土作家笔下，也能看到对野蛮、原始、血腥、神秘的描写，但那多是为了怀旧、批判或猎奇，莫言却有意超越前辈作家的写法，他虽有对乡土的眷恋，却从未把“高密东北乡”当作浪漫的“边城”或“果园”，他对典雅、含蓄、静穆并不欣赏，宁愿花更多精力去刻画那片土地上的愚昧、贫弱，甚至罪恶、暴行，他始终关注的是活跃于人性“洞穴”中的那些善恶强弱，甚至还有变态。特别是在男女性爱上表现的人性种种，莫言写来往往毫不矜持，淋漓尽致，惊心动魄，极具冲击力。这样的“重口味”在现代文学中极为鲜见，却又是一种很特异的风格，只不过那些口味清淡纯正的读者不见得能接受和喜欢。

“重口味”和小说的狂欢喧哗氛围也相关。如前所说，莫言有意回避历史的宏大叙事，而转向边缘化、野史化，走的是志怪志人、野俚荒诞一路，格外喜欢记录稗官野史之说、刍荛狂夫之语、神魔妖孽之灵;“高密东北乡”充斥着各种古灵精怪的意象，如疯长的红高粱、勾人心魄的猫腔、风水的奇异验证、乡民的呼魂问命等，让人目迷五色，亦幻亦真。这些都不能只看作是小说叙事的风俗点缀，其实也就是这块土地上人的生存的一部分。阅读莫言，常常会有“灵魂的探险”，让你游走于现实与梦幻之间，不时会跳出来思考或体验那种平时未能涉猎的“超验”境界。如《生死疲劳》写阴阳轮回、人畜转世，西门闹化身为驴、牛、猪、狗、猴，最后转生大头婴孩，这些轮回与共和国的历史、运动明暗映照，让人感到历史变迁背后那些民性与心性的顽固不变。《蛙》中的姑姑一生纠缠于“诞生与扼杀”，不能摆脱“泥娃娃”梦魇般的追逐，冥冥中似乎有因果报应的回声。这些摄人心魄的描写显然征用了民间风俗和信仰，让人浮想与体验，你大概不会简单地断言这是“迷信”，宁可暂时放下唯物的理论武器，把它看作是一种民间文化，一种深入骨髓的信仰。其实，年岁大一点从农村出来的人可能会记得，在过去的乡野生活中，神奇、荒诞的传说与幻想本来就植根于现实，和现实混淆，成为民间文化的一部分。只是后来我们接受了所谓唯物的科学的教育，才逐步抛弃了这种民间文化，思维也变得光滑与彻底。而那种生生不息缭绕在一代又一代普通子民生活中的文化，并不是字面上或庙堂里张扬的那些文化，它更实在，更广大，也更有生命力。莫言这类描写令人迷醉，也因为他对这种文化的感觉几乎是原生态的。莫言对民间文化的体认与表现，处处深入到人性的洞穴，他是那么醉心地描写无意识、直觉、生命、异化、迷狂、欲望等，这一切在莫言这里杂乱无章地造成狂欢喧哗的气氛。这也是“重口味”的表现吧。莫言的小说的确有些似《聊斋》，似福克纳的《喧哗与骚动》，又像是加西亚·马尔克斯的《百年孤独》，但仔细品味又都不全“像”。莫言就是莫言，他的小说所焕发出来的特有的味道已经部分更新了现代文学的文体气质。

莫言小说的“重口味”还与他酣畅粗鄙的“语言流”有关。有人说莫言受魔幻现实主义影响，也有人说“魔幻现实主义”其实应当翻译为“梦幻现实主义”。不管怎样，莫言是一种惯于“激情写作”的作家，他写得很快，据说有时一天就能写一万多字。可见他写作时可能是常常坠入迷狂，他不会老是停下来打磨文字与技巧，简直就着了魔似地“自动书写”，所以称之为“梦幻写作”，或者“梦幻现实主义”也是比较合适的。莫言如谵梦般沉迷于他的文学原乡，里边的幻想、荒诞、神魔如旋风那样和现实搅到一起，让他迫不及待要用那种汪洋恣肆、狂放迷乱、戏谑荒诞的“语言流”，以超越习以为常的僵化严酷的现实，把真真假假光怪陆离描述为一种全然流动的世界。这样的写法读起来似乎毫无节制，泥沙俱下。莫言要的就是那种放达与酣畅，这和鲁迅的反讽、老舍的幽默、沈从文的舒缓、张爱玲的华丽、贾平凹的遒劲迥然不同，和所有现当代作家都不同，他靠独特的语言与独特的素材建构了只属于他自己的文学世界，他有了莫言式的极其鲜明的风格。当然，这种风格在温柔敦厚的中国传统文学中见不到，在现代文学中也几乎是“独一份”，这很新鲜，但很多人不会习惯这种风格，感到这是“重口味”了。有语言洁癖的读者尤其不能接受莫言的恣肆，甚至会觉得他有些“粗鄙”。而很不幸，“粗鄙”又恰好是我们这个时代的病症。但对莫言的写作喜欢不喜欢，或者接受不接受，都只是个人的选择，不再值得讨论。只要承认并能理解莫言这种语言风格的独创性以及他凭借特别的叙事风格已抵达历史的细微之处，那就足够了。

附 录

我的读书生活*

在同代人中，我的经历没有什么特别的，但回想一下，有两点对我后来是有些影响的。

一是读书比较杂。我1964年考入中国人民大学语文系，二年级就碰上“文化大革命”，停课闹革命，但也有“逍遥派”的缝隙，加上曾有两年我到天安门历史博物馆参加“毛主席去安源”展览工作，闲来无事，便杂览群书，古今中外文史政经抓到就读。“文化大革命”毁灭文化，但也并非完全没有个人阅读思考的空间。那时整理出版了“二十四史”，同步翻译了许多西方流行的作品，说是内部发行，可是都能找来看。像《麦田守望者》《多雪的冬天》《带星星的火车票》《第三帝国的兴亡》《拿破仑传》《西方哲学史》《中国哲学史》《政治经济学》等，都读过了。马恩四卷集、“别车杜”、《论语》《孟子》

* 本文原系访谈，访问者是山东师范大学教师刘子凌，题为《学问与人生不是两张皮》，发表于《新文学评论》2012年第4期，收入本书有删改。

《左传》《史记》《世说新语》《红楼梦》，等等，也读过不止一遍。这种阅读目的性不强，不是为了上课拿学分，是“漫羡而无所归心”的“杂览”。阅读面广，有利于了解人情物理，知人论世。这种习惯延续到后来上研究生，有了专业指向了，但读书仍然很杂，数量也大。我的很多题目与研究冲动都来自这些“杂览”。

第二点是在基层待过，吃过苦。我 1969 年毕业，因“备战备荒”和清理阶级队伍，拖到 1970 年夏天才分配工作。那时都是往“三线”、农场、基层分配，我是广东人，就分到韶关。韶关在粤北，是“小三线”，一年就分去了 800 多大学生。我被留在韶关地委办公室当秘书，常下乡下厂，韶关十六个县的大多数公社大队，都跑遍了。还在英德蹲点半年多，住在农民家里，等于当生产队长，要组织农民参加当时的各种运动，耙田、插秧什么活儿都干过，对“国情”和“民情”有切身体验。如今我在北京生活几十年了，一到变天，本能地就会惦念乡亲是否受灾。这种人生历练，打破了我的知识分子空想。我知道在中国做成一件事会有多难，知道某些“可爱”的设想落实到社会生活中就可能是“不可行”的。这种生活经验会消解我的知识分子的偏至，碰到实际问题就会“调和”一点，或者反躬自问，怀疑自己的角色定位可能遮蔽了什么。我们那一代学者不是“三门干部”（即从家门到学校门再到机关门），如果说有优势，那就是人生历练多一些，学问与人生的联系紧密，不是两张皮。

在那个革命气息较浓的时代，按说我在机关也可以发展，后来为什么又转行做学问？

我在机关当秘书，接触领导多，写东西快，受重视，如果走仕途，可能是会有些前景的。但我喜安静，不爱交往，自觉不适应官场，还是想做点“自由职业”工作。当然，我太太是北京人，她也希望我回北京。于是到1978年，有一天听到中央人民广播电台播送恢复高考和研究生制度的消息，就决定报考北京的研究生了。也谈不上“转行”，我们那一代很多人都这样，在农村基层待过，后来参加高考或考研，改变命运。

我是恢复高考与研究生制度之后的第一届研究生。七十年代末到八十年代初，思想解放，各种思潮汹涌，校园文化空前活跃，我们读研究生，比较宽心，也比较静心，那是非常难得的一心问学的好时光。课不多，不用攒学分，不用考虑在什么核心期刊发表文章，就是自己看书，寻找各自的兴趣点与可能的发展方位。老师要求我们读书，熟悉基本作品和史料，对现代文学史轮廓有大致的了解。也没有指定书目，现代文学大部分作家的代表作以及相关评论，都要广泛涉猎。我们把王瑶《文学史》注释中列举的许多作品当作书目抄下来，一本一本地看。那时研究生享受老师的待遇，可以直接进入图书馆的书库，一借就几十本。研究生阶段我的读书量很大，浏览与精读结合，起码看过一千多种书。许多书虽然只是过过眼，有个大致了解，但也就感受了文学史氛围。书读得多了，旧期刊翻阅多了，历史感和分寸感就逐步形成了。

除了写读书报告，每个月还有一次“小班讲习”，由一位同学主讲某个课题，大家围绕所讲内容展开讨论，然后老师评讲总结，看有没有问题意识，以及材料是否足以支持论点，等等。这种“集体会诊”的办法，教会我们如何找题目、写文章，逐步发现适合自己的治学理路。记得当时钱理群讲过周作人、胡风和路翎，吴福辉讲过张天翼与沙汀，凌宇讲过沈从文和抒情小说，赵园讲过俄罗斯文学与中国，陈山讲过新月派，我讲过郁达夫与老舍，等等。后来每位报告者都根据讲习写出论文发表，各人的学术发展，可以从当初的“小班讲习”中找到源头。

新中国成立以来，各种政治运动不断，“土改”呀，“四清”呀，“文化大革命”呀，等等，大学很少能有完整学完的。到现在，自由度大了，可是物欲膨胀，竞争加剧，干扰也不比以前少。倒是七十年代末到八十年代初，是能够比较静心学习的难得的时期，我们幸运赶上了。应当说，研究生三年加上后来做博士论文的几年，是很专心问学的，为我后来的学术发展打下了比较好的基础。

我1978年考取北京大学的研究生，后来读博，都是师从中国现代文学学科的奠基人之一王瑶先生。我们上研究生时王先生才65岁，比我现在的年龄还小，但感觉他是“老先生”了，特别敬畏。1978年秋天的一个夜晚，第一次在未名湖畔镜春园寓所见到王先生，他不爱主动搭话，不客套，但很真实。有传说学生见到王先生害怕，屁股只坐半个椅子。我虽不至于如此，但也有被先生批评得下不来台的时候。记得有一回向先生请教关于三十年代左翼文学的问题，我正在侃侃陈述自己的观点，他突然离开话题，“节外生枝”地问我《子夜》是写于哪一年，我一时语塞，支支吾吾地说是三十年代初。先生非常严厉地说，像这样的基本史实是不可模糊的，因为直接关系到对作品内容的理解。这很难堪，但如同得了禅悟，懂得了文学史是史学的分支之一，材料的掌握和历史感的获得，是至关重要的。

后来师生熟悉了，我每十天半个月总到镜春园聆教。先生常常都是一个话题开始，接连转向其他多个话题，引经据典，天马行空，越说越投入，也越兴奋。他拿着烟斗不停地抽，连喘带咳，说话就是停不下来。先生不迂阔，有历经磨难的练达，谈学论道潇洒通脱，诙谐幽默，透露出人生的智慧，有时却也能感到一丝寂寞。我总看到先生在读报，大概也是保持生活的敏感吧，辅导学生时也喜欢联系现实，议论时政，品藻人物。先生是有些魏晋风度的，把学问做活了，可以知人论世，连类许多社会现象，可贵的是那种犀利的批判眼光。先生的名言是“不说白不说，说了也白说，白说也要说”，其意是知识分子总要有独特的功能。这种入世的和批判的精神，对我们做人、做学问都有潜移默化的影响。

先生的指导表面上很随性自由，其实是讲究因材施教的。我上研究生第一年想找到一个切入点，就注意到郁达夫。那时这些领域研究刚刚起步，一切都要从头摸起，我查阅了大量资料，把郁达夫所有作品都找来看，居然编写了一本 20 多万字的《郁达夫年谱》。这在当时是第一部郁达夫年谱。我的第一篇比较正式的学术论文《论郁达夫的小说创作》，也发表于王瑶先生主编的《中国现代文学研究丛刊》（1980 年第二辑）。研究郁达夫这个作家，连带也就熟悉了许多现代文学的史实。王先生对我这种注重第一手材料、注重文学史现象以及以点带面的治学方式，是肯定的。当《郁达夫年谱》打算在香港出版时，王先生还亲自写了序言。

硕士论文写作那时很看重选题，因为这是一种综合训练，可能预示着学生今后的发展。我对郁达夫比较熟悉了，打算就写郁达夫，可是王先生不同意。他看了我的一些读书笔记，认为我应当选鲁迅为题目。我说鲁迅研究多了，很难进入。王先生就说，鲁迅研究比较重要，而且难的课题只要有一点推进，也就是成绩，总比老是做熟悉又容易的题目要锻炼人。后来我就选择了《鲁迅的前期美学思想与厨川白村》做毕业论文。这个选题的确拓展了我的学术视野，对我后来的发展有开启的作用。研究生几年，我还先后发表过《试评〈怀旧〉》《外国文学对鲁迅〈狂人日记〉的影响》等多篇论文，在当时也算是前沿性的探讨，都和王先生的指导有关。那时我还对新兴的比较文学有兴趣，尝试做思潮研究。为了参加第一次全国比较文学研讨会，写过一篇《欧洲现实主义的传入与"五四"时期的现实主义文学》，发表在《中国社会科学》上，文章其实并不很好，但起步早些，王先生就鼓励为主，说是"还不错"。后来我在游弋寻找博士论文题目时，王先生就给我定了"现实主义思潮研究"这个题目。当时我和一些学者的这种探究，开启了八十年代思潮流派研究的先河。

我的著作不是很多，但几乎每一种出来都有相当的影响，特别是批评史和学科史的研究，受到学界的推重。我学问做得杂，面广，但用力最勤的是文学思潮与文学批评，然后就是学科史和语文教育研究。硕士论文写的是鲁迅，那时还研究过郁达夫等作家，偏重于作家论的探讨。受乐黛云教授影响，我还关注过比较文学，写过一些关于外来文学影响研究的文章，还和张隆溪等合作编过几本比较文学的论集。留校任教后发现鲁迅以及小说、诗歌、戏剧等都有老师在做，那我就"填补空白”吧，选择做思潮与理论批评。这也是工作需要。我的博士论文《新文学现实主义的流变》就是研究思潮的。当时文坛正在呼唤回归现实主义，许多文章都在说这个问题，但是它的来龙去脉不见得很清楚，梳理一下是必要的。我决定先“清理地基”，把现实主义思潮发生、发展与变化的基本事实呈现出来。我找到一个当时还较少使用的词叫“流变”，一下子把思路点亮了。接下来的工作就是大量收集整理材料，然后以史述为主，从繁复的文学史现象中选择一些最突出的“点”，去把握数十年间现实主义思潮衍变的轨迹，其成为主流的原因，以及它对新文学所起的推进或制约作用。现在看来这篇论文写得还是平，但那时关于思潮流派系统研究的专著还很少，这是第一部叙写现实主义思潮史的著作，等于开了风气之先，颇受学界的注意，很快翻译到韩国出版，还被日本某些大学选作教材。八十年代后期，许多博士论文大抵顺着这个趋向，以思潮流派的梳理作为题目，出了一批殷实的作品，比如研究浪漫主义、象征主义、现代派、左翼文学思潮等。

我的第二本专著是《中国现代文学批评史》(1993)。如果说前一本博士论文的写作还有些顾忌，要考虑如何通过答辩，那么这本批评史倒是比较放得开，也比较精心的。那是1990年前后，我给学生开批评史的课，意在接续古代文学批评史。当时北大搞古文论的有三四位专家，可是没有人关注现代文论，现代文论给人的印象似乎学术“含金量”不高。别的大学大抵如此，当时各种文体与作家研究专题课都有人讲，就是很少有人专门研究现代批评。我心想古代文论研究当然重要，但是现代文论也已经形成新的传统，对当今文学生活有弥漫性的影响，所以清理现代文学的理论批评，也应当是重要的课题。我上现代批评史这门课，带有草创的性质。为了取得教学效果，我另辟蹊径，不求面面俱到，不在乎所谓文学规律，也不打算建构系统，而是选择了十多个比较重要的批评家做深入探究，让学生领略不同的理路，观千剑而后识器，提高文学评论的能力。当时批评史研究的基础研究还比较薄弱，我讲授每一位批评家，都要从头做起，进行“打井”式的研究，非常费功夫的。不过一两轮教课下来，我积累了大量第一手材料，更重要的，是研究的现实感强了，问题意识突出了。

我的批评史研究也许并不全面，但现实的指向性明显。我意识到在现代文学研究格局中，理论批评是非常重要的，是贯串性的，置身于当代文学批评的氛围，仍然能强烈地感受到以往那些批评家根须的伸展，我们要是认识当今所讨论的许多文学命题，也能从以往的批评家那里获得某种批评传统的连续感。后来花了两三年时间，才在讲稿基础上写成了这本批评史。讲课时涉及的批评家比现在书中多一些，鲁迅、钱锺书、闻一多等都曾讲到，但出书时只集中论述了十四家。和前一本专著一样，“论”的成分比较多。那时我很痴迷于韦勒克的文学理论，受他的影响，不刻意勾勒历史链条或者什么规律，而是重点论说最有理论个性和实际影响的批评家，注意他们对文学认知活动的历程，以及各种文学认知在批评史上所构成的“合力”。这本书的确下了“笨功夫”，也提出一些新的看法，至今仍然是批评史研究中引用率最高的一本。

至于《中国现当代文学学科概要》(2005)，也是我多年来给研究生讲课的产物，我带着一些年轻学者共同完成了这本书。目的是为现当代文学研究的历史做一回顾评说，后来发现有些吃力不讨好，因为距离还不可能充分拉开，要品评学术，难免顾此失彼，甚至“得失人情”。但这个工作还是很有意思，对于学生的学术训练尤为必要。让学生能尽快入门，获得更专业、更有学术自觉的眼光，就要领略各个阶段种种不同的方法理路，从学科评论的高度，了解现代文学研究发生发展的历史、现状、热点、难点以及前沿性课题。这等于在展示一张学术“地图”，研究者可以从中了解和测定自己的方位，起码可以从中获取某种学科史评价的信息。该书原是给研究生写的，因为论涉整个学科的历史与现状，并引发诸多新鲜的话题，也引起研究者的广泛关注。值得欣慰的是，一些大学现在也开设学科史这类选修课了。

还有两本书也简单说说。写于十年前的《中国现当代文学专题研究》，是我和一些师友合作的产物，本是为电大设计的教材，但影响超出原有范围，成了一些大学中文系的选修教材，至今已印刷20多次。这本书的意图是深入浅出地领着学生进入学术研究之门。不久前出版的《现代文学新传统及其当代阐释》，也是我和一些学者的合著。近些年许多关于文化转型与困扰的讨论，包括那些试图颠覆"五四"与新文学的挑战，都迫使人们重新思考现代文学传统的问题。这本书的研究是对当下的"发言"，意在通过对传统资源的发掘、认识与阐释，参与价值重建。

迄今我出版有十多本书，比较尽力的也就是前面两三种。不过有些论文集如《文学史的视野》《文学课堂》《语文课改与文学教育》《温儒敏论语文教育》（一、二两集）等，收录了我专著之外的许多论文，也呈现了我多年来问学燕园的脚印。

我参与写作的《中国现代文学三十年》是新时期以来影响较大的著作，也是使用最广泛的教材，大家对它的写作过程可能有兴趣，我这里特别要说说。

说来有点意思，这本书成稿于1985年前后，是王瑶先生建议我们合作编写的，当时参加者还有王超冰。初稿在并不起眼的杂志《陕西教育》上连载，并没有多少影响。后来我们认真修改过一遍，准备正式出书。我就代表四位作者和北大出版社联系，很遗憾，没有通过，退稿了。想来那时我们几个都还只是讲师，写教材似乎不够资格的，而出版教材的确又是非常慎重的事，怪不得出版社拒绝。我们又另找门路，就找到上海文艺出版社。上海方面接纳了稿子，出版了，居然还印刷五六次，颇有些影响。1997 年我就任北大出版社总编辑后，打算大力扶持教材，就想到这本《中国现代文学三十年》，提议加以修订，拿回北大来出版。我们在香山一宾馆住了一个星期，拟定了修改框架，然后三个人分工，用了两个多月时间，对原书做了很大修改，几乎就是重写了。我们是考虑作为教材来写的，保持文学史知识的某些稳定性，但也很放得开，充分吸收学术界新的成果，加上我们自己的研究心得，所以“论”的色彩也是比较浓，每个人的写作风格还不尽相同，人称是专著式教材。它在史述中引发的话题很多，留给读者思考的空间也比较大，不是本科生一看就懂的那种教科书，不过，有些“张力”反而会好些，老师讲课自然可以发挥，除了本科教学，不少学校还指定它为研究生考试参考书。1998 年该书修订本出版后，被教育部指定为“九五”全国重点教材，至今已 30 多次印刷，印数近百万，还获得行内看好的“王瑶学术奖”。这本教材出版十多年了，有些明显的不足，但是否要修订，我们还没有想好。我们更希望能有更好的教材来取代它。

后　记

多年来，我在本专业研究与教学之余，用很多精力关注语文教育，包括大学语文和中小学语文。创办北京大学语文教育研究所，推动多项关于语文教育的调查和研究，承担培训语文骨干教师的“国培”计划，率北大中文系教授团队和人民教育出版社合作编写高中语文教材，主持义务教育语文课程标准的修订，编写大学语文和系列语文读本，最近五六年，又担任总主编，领衔编写部编本中小学语文教科书。本来是想“敲边鼓”，不料十多年下来，也做了不少事情。

我常在不同场合和中小学语文教师交流，上课，做讲座，接受媒体采访，日积月累，亦有不少文字发表。其中一部分已经收入《温儒敏论语文教育》一至三集。现有商务印书馆希望能结集一本谈读书的，这也是有读者需求吧，于是就从《温儒敏论语文教育》中选文若干，加上一些新的篇目，“凑”成这本书。对于已经读过我论语文几本书的读者来说，这就有些“炒冷饭”了，还请见谅。

本书所选文章，有一部分是讲座、发言、访谈之类，现场发挥，不像论文那样严谨，个别之处还难免重复。就请读者当作面谈交流，多加批评指教吧。

2018 年 3 月 12 日京西且竹斋